普通高等教育"十二五"规划教材

电子技术基础实验
（模拟、数字）

主　编　周　群
副主编　马雪莲　朱天跃
参　编　林　波　张晓东　莫　平　马　遥
　　　　许　虹　印　月　李　雷

机械工业出版社

本书是为高等学校电子类、电气类、自动化类和其他相近专业编写的电子技术基础实验教材。全书分为三篇：第一篇是绪论，第二篇是模拟电子技术实验，第三篇是数字电子技术实验。模拟电子技术实验和数字电子技术实验都分为基础实验和综合设计实验两个层次，而基础实验又有方案1和方案2之分。其中，方案1侧重验证性实验，方案2侧重在方案1的基础上进行趣味性、设计性、应用性的实验；综合设计实验侧重运用所学知识进行系统的设计实验。附录中包含本书所用仪器仪表的使用、实验箱简介、芯片的使用规则和芯片的引脚图等。

本书可作为本科生模拟和数字电子技术基础实验的指导教材，同时也可作为本科生课程设计的参考用书。

图书在版编目（CIP）数据

电子技术基础实验：模拟、数字/周群主编. —北京：机械工业出版社，2014.8（2025.6重印）

普通高等教育"十二五"规划教材

ISBN 978-7-111-46871-4

Ⅰ.①电… Ⅱ.①周… Ⅲ.①电子技术-实验-高等学校-教材 Ⅳ.①TN-33

中国版本图书馆 CIP 数据核字（2014）第 111128 号

机械工业出版社（北京市百万庄大街22号　邮政编码100037）
策划编辑：于苏华　责任编辑：于苏华　卢若薇
版式设计：霍永明　责任校对：胡艳萍
封面设计：张　静　责任印制：张　博
固安县铭成印刷有限公司印刷
2025年6月第1版·第12次印刷
184mm×260mm·14.75印张·356千字
标准书号：ISBN 978-7-111-46871-4
定价：39.80元

电话服务　　　　　　　　　网络服务
客服电话：010-88361066　　机工官网：www.cmpbook.com
　　　　　010-88379833　　机工官博：weibo.com/cmp1952
　　　　　010-68326294　　金　书　网：www.golden-book.com
封底无防伪标均为盗版　　　机工教育服务网：www.cmpedu.com

前　言

本书是为综合性高等学校开设模拟电子技术基础实验（独立设课）、数字电子技术基础实验（独立设课）及电子技术基础实验（课带实验）而编写的实验教学用书。本书参考了四川大学历年的相关课程的实验教学指导书及兄弟院校的相关教材，结合电子技术教学内容的改革、实验手段的更新和新技术的发展趋势，对实验内容和实验手段做了一定的调整更新。

综合性高等学校学科门类齐全、专业多，对电子技术掌握程度要求也不同。例如，对于四川大学，这门课程面向电子信息学院、电气信息学院、制造学院等十个学院的三十几个专业开设。其中，电子信息学院、电气信息学院两个学院的掌握程度要求最高，制造学院的掌握程度要求次之，而其他工科专业的掌握程度要求更低，特别是对于工商管理学院的工业工程专业，则只需了解相关元器件、电路及仪器基本知识和测试方法就可以了。另外，对于计算机学院硬件专业的学生，对数字电子技术实验的掌握程度要求高，而对模拟电子技术实验的要求低。对如此复杂的教学要求，要将其融汇在一本书中，的确是一个难题。本书的解决方案是，基础实验都采用方案1及方案2，方案1偏重于验证性实验，方案2偏重于设计性实验；通过选择实验个数来匹配相应专业的学时数，并通过方案1及方案2的搭配比例来满足不同专业的实验要求。例如，对于电气信息学院24个学时的实验，选择6个实验，每个实验先做方案1，加深理论教学知识的理解，然后做方案2，进行设计，完成知识的应用，每个实验4学时。而对于工商管理学院的工业工程专业，则全选择方案1的验证性实验。这样编排的好处在于一本教材满足了不同专业的需求，也便于进行实验管理。最后，通过综合设计性实验。强调基础性强、应用面宽的课题，来满足对电子技术学习兴趣更浓的学生的要求。

本书首先在第一篇绪论中介绍电子技术实验所应掌握的基本元器件和电量的测量方法，并介绍简单的电路调试和故障排除技术。第二篇为模拟电子技术实验，共15个实验，前11个为基础实验。其中，实验三~实验十一包括两套方案，后四个实验为综合性实验。第三篇为数字电子技术实验，共计20个实验。前12个为基础实验。其中，实验三~实验十二包括两套方案，实验十三~实验十九是综合性实验，实验二十是EDA实验。

对于每一个实验，首先应有预习，在预习中通过仿真，进一步熟悉电路结构，掌握电路工作原理，加深对电路中各参数的调节对电气性能影响的理解；其次，应通过了解实验原理，掌握电路的计算和设计方法；最后通过思考题思考实验中容易忽视的问题，并根据实验报告要求归纳总结实验。

本书侧重电子技术实验基本概念、基本电路、基本分析及设计方法的学习，强调基本实验技能的培训，强调学生在整个实验过程的参与性，适合于综合型大学多学科、多专业的电子技术基础实验课程选用。

参加本书编写的有周群、马雪莲、朱天跃、林波、张晓东、莫平、马遥、许虹、印月和李雷。其中，绪论、模拟部分的预习仿真实验、模拟部分的实验十一、十二及十五由周群编写；模拟部分的实验一、三、九，数字部分的实验四、五、十六及附录一、二、六、十由朱天跃编写；模拟部分的实验七、十三、十四，数字部分的八、十三、十七、十八及附录七、八、九由马雪莲编写；模拟部分的实验八，数字部分的实验二、七、十五及附录三、四由林波编写；模拟部分的实验五，数字部分的实验六、九、十四，附录五由张晓东编写；模拟部分的实验六、十及数字部分的实验三、十八由马遥编写；模拟部分的实验四及数字部分的实验十、十一由莫平编写；模拟部分的实验二由李雷编写；数字部分的实验一、十二、十九由印月编写；数字部分的实验二十由许虹编写。全书由周群、马雪莲及印月负责统稿和定稿。

  本书的特点是，同样的实验内容给出两种实验方案，满足不同的教学需求，同时，引入自主学习的理念。所做的这种尝试性工作定有不足之处，希望得到同行的批评指正。

编　者

于四川大学

目　　录

前言
第一篇　绪论 1
　一、电子技术实验的意义和目的 2
　二、学生实验守则 2
　三、实验数据的测量及处理 3
　四、电子电路的调试方法 10
　五、实验报告要求 14
第二篇　模拟电子技术实验 15
　实验一　　常用电子仪器的使用 16
　实验二　　虚拟电子实验平台的使用 22
　实验三　　晶体管共射极单管放大器 25
　实验四　　射极跟随器 34
　实验五　　差动放大器 37
　实验六　　负反馈放大器 45
　实验七　　集成运算放大器的基本应用 53
　实验八　　音频功率放大器 64
　实验九　　集成运算放大器的非线性应用 72
　实验十　　RC 正弦波振荡器 78
　实验十一　直流稳压电源的安装及设计 89
　实验十二　集成运算放大器的应用 97
　实验十三　水位指示及水满报警器 99
　实验十四　声光控制节能开关的设计 100
　实验十五　数控直流电源 102
第三篇　数字电子技术实验 105
　实验一　　脉冲参数测量 106
　实验二　　集成逻辑门与三态门电路的测量 110
　实验三　　组合逻辑电路设计 114
　实验四　　译码器及其应用设计 119
　实验五　　数据选择器及其应用设计 126
　实验六　　集成触发器及其应用设计 132
　实验七　　移位寄存器及应用电路的设计 137
　实验八　　计数器及其应用设计 142
　实验九　　脉冲波形的产生与整形电路 146
　实验十　　555 时基电路及其应用设计 151
　实验十一　A-D、D-A 转换器的应用 155
　实验十二　大规模集成存储器 EPROM 的应用 160
　实验十三　数字秒表的综合设计 163

实验十四 光控防盗报警器的设计	165
实验十五 数字石英钟的设计	166
实验十六 数字频率计的设计	168
实验十七 声控循环彩灯的综合设计	170
实验十八 声光显示智力抢答器的设计	172
实验十九 数字交通灯控制电路的综合设计	174
实验二十 EDA 基础实验	176

附录 179
附录一 示波器的原理及使用	179
附录二 信号发生器的原理及使用	192
附录三 DH1718E—4 型双路直流稳压电源的原理及使用	199
附录四 FLUKE45 型数字式万用表的原理及使用	200
附录五 常用电子元器件的基础知识	202
附录六 THM—1 型模拟电路实验箱介绍	206
附录七 THD—2 型数字电路实验箱介绍	209
附录八 集成电路应用的基本知识	212
附录九 PLD 简介及设计流程	216
附录十 部分常用集成电路的功能及引脚图	220

参考文献 228

第一篇

绪 论

一、电子技术实验的意义和目的

电子技术是一门技术性、实践性很强的基础课，它包括基础理论和实验两个重要的环节。基础理论主要讲授电子技术的基本原理和基本分析方法，而实验则是在理论教学的基础上，通过实践环节完成电子电路的安装、调试和测量等任务。然而，实验又不单纯是为了验证和应用电子技术的基础理论，更重要的是通过实验教学使学生掌握电子技术的基本实验技能、技巧，培养实事求是的工作作风和独立工作的能力，为从事各项科学技术工作打下良好的基础。

电子技术实验课的目的如下：
1) 巩固和加深对电子技术的基础理论和基本概念的理解，学会电子技术的应用技能、技巧。
2) 熟悉常用电子元件和器件的性能，掌握其测量方法和使用方法。
3) 熟悉电子技术实验中常用电子测量仪器的基本工作原理和性能，掌握调节和使用方法。
4) 掌握电子技术基本参数的测量原理及测量方法。
5) 掌握电子电路的安装、调整技术，学会分析、判断电路故障的技能和培养解决问题的能力。

二、学生实验守则

实验教学是对学生进行工程实践能力培养的必要教学环节，也是培养合格人才的重要环节。学生通过实验可以培养学生的动手能力、观察能力、分析能力和创新能力以及独立工作的能力，可以培养学生严谨的科学态度和理论联系实际的务实作风；通过实验也可以深化对所学理论知识的认识。为了严肃认真地完成实验教学的全部任务，对如下规定必须认真执行。

1) 为了避免盲目性，提高实验效率，学生应对实验内容进行充分的预习，包括认真阅读实验指导书，掌握实验仪器使用方法，了解实验目的与要求等。应根据每个实验的预习要求，通过仿真软件掌握实验的原理，完成电路设计，拟定实验方法和步骤，设计记录表格，了解注意事项，解答思考题等。一般需按要求写出预习报告。

2) 严格遵守实验课的上课时间，不得无故迟到、早退和缺席。上实验课应保持实验环境安静、整洁。

3) 指导教师针对设计方案报告中存在的问题加以点评，指出设计报告中的错误。待学生修正后，方可按可行的设计方案报告进行实验。

4) 学生在实验室上课必须严肃认真，按操作规程进行操作，认真观察分析实验现象，如实记录实验数据，不得抄袭他人实验结果。

5) 爱护实验室一切仪器、工具和器材。各组配备的仪器、工具和器材应妥善保管，不得擅自拆卸、改装和调换。未经同意不得将仪器、工具和器材搬出实验室。如发现损坏，应及时报告指导教师。蓄意损坏公物，应该照价赔偿。

6) 实验中应注意安全，如遇到异常情况，应立即切断电源、熄灭火源、关闭水源，防止事故蔓延扩大。应保持现场，并及时报告指导教师作善后处理。

7）实验结束后，原始数据、结果交指导教师审阅合格签字后，切断仪器电源，将工具、器材及仪器设备整理好。做好实验室的卫生清洁工作，关好门窗及水电，避免意外事故发生。

8）认真处理实验结果，完成实验报告，分析解释实验中出现的各种现象，按时交给指导教师批阅。

9）学生应严格遵守上述规定，如有违反，应给予批评教育。必要时，给予一定的纪律处分。

三、实验数据的测量及处理

（一）电子电路的基本电量测量

电子电路的设计和调试离不开对电量的测量。测量是人们借助于专门的设备，把被测量对象直接或间接地与同类已知单位进行比较，取得用数值和单位共同表示的测量值。它所涉及的内容包含以下几个方面：电能量的测量（如电压、电流、功率）；元器件和电路参数的测量（如电阻、电容、电感、晶体管参数）；电信号特性参数的测量（如频率、相位）；电路性能指标的测量（如放大倍数、噪声指数）；特性曲线的测量（如晶体管特性曲线、电路的幅频特性曲线）等。上述各参数中，电压、电流、电阻等是基本电量。由于受篇幅所限，下面仅介绍几个基本电量的测量，其他有关电量的测量，请参阅有关参考书。

1. 电阻的测量

电阻由于其结构上的特点，存在引线电感和分布电容，当工作于低频时，电阻分量起主要作用，电抗分量可以忽略不计，但当工作频率升高时，电抗分量就不能忽略不计了。此时，工作于交流电路的电阻的阻值，由于趋肤效应、涡流损耗等原因，其等效电阻随频率的不同而不同。实验证明，当频率在1kHz以下时，电阻的交流阻值和直流阻值相差不过$1 \times 10^{-4}\Omega$，随着频率的升高，其间的差值增大。

用万用表的电阻档测量电阻时，先根据被测电阻的大小，选择好万用表电阻档的倍率或量程范围，再将两个输入端（称表笔）短路调零，最后将万用表并接在被测电阻的两端，读出电阻值即可。

在用万用表测量电阻时应注意以下几个问题：

1）要防止用双手把电阻的两个端子和万用表的两个表笔并联捏在一起，因为这样测得的阻值是人体电阻与待测电阻并联后的等效电阻的阻值，而不是待测电阻的阻值。

2）当电阻连接在电路中时，首先应将电路的电源断开，决不允许带电测量。为了避免其他并联等效电阻的影响，最好将被测电阻拆下来测试。

3）用万用表测量电阻时应注意被测电阻所能承受的电压和电流值，以免损坏被测电阻。例如，不能用万用表直接测量微安表的表头内阻，因为这样做可能使流过表头的电流超过其承受能力（微安级）而烧坏表头。

4）用万用表测量电阻时，测量之前每换一档都应将两支表笔短接，重新进行一次调零。当某一档调节调零电位器不能使指针回到0Ω处时，表明表内电池电压不足了，需要更换新电池。

5）由于模拟式万用表电阻档表盘刻度的非线性，测量误差也较大，因而一般作粗略测量。数字式万用表测量电阻的误差比模拟式万用表的误差小，但当它用以测量阻值较小的电阻时，相对误差仍然是比较大的。

2. 电容测量

电容的主要作用是储存电能。它由两片金属中间夹绝缘介质构成。由于存在绝缘电阻（绝缘介质的损耗）和引线电感，而引线电感在工作频率较低时可以忽略其影响，因此电容的测量主要包括电容量值与损耗（通常用损耗因数 D 表示）两部分。对于电容，有时还需要测量其分布电感。

用模拟式万用表的电阻档测量电容，不能测出其容量和漏电阻的准确数值，更不能知道电容所能承受的耐压，但对电容的好坏程度能粗略判别，在实际工作中经常使用。

1）估测电容量。将万用表设置在电阻档，表笔并接在被测电容的两端，在元件与表笔相接的瞬间，表针摆动幅度越大，表示电容量越大，这种方法一般用来估测 $0.01\mu F$ 以上的电容。

2）电容漏电阻的估测。除铝电解电容外，普通电容的绝缘电阻应大于 $10M\Omega$，用万用表测量电容漏电阻时，将万用表置于 $\times 1k$ 或 $\times 10k$ 倍率档，当表笔与被测电容并接的瞬间，表针会偏转很大的角度，然后逐渐回转，经过一定时间，若表针退回到 $\infty \Omega$ 处，说明被测电容的漏电阻极大；若表针回不到 $\infty \Omega$ 处，则示值即为被测电容的漏电阻值。铝电解电容的漏电阻应超过 $200k\Omega$ 才能使用。若表针偏转一定角度后，无逐渐回转现象，说明被测电容已被击穿，不能使用了。

有些数字万用表具有测量电容的功能，其量程分为 $2000pF$、$20nF$、$200nF$、$2\mu F$ 和 $20\mu F$ 五档。测量时可将已放电的电容两引脚直接插入表板上的 Cx 插孔，选取适当的量程后就可读取显示数据。经验证明，有些型号的数字万用表（例如 DT890B）在测量 50pF 以下的小容量电容器时误差较大，测量 20pF 以下电容几乎没有参考价值。此时可采用串联法测量小值电容。方法是：先找一只 220pF 左右的电容，用数字万用表测出其实际容量 C_1，然后把待测小电容与之并联测出其总容量 C_2，则两者之差（$C_1 - C_2$）即是待测小电容的容量。用此法测量 1~20pF 的小容量电容很准确。数字万用表也可用电阻档检查电容的好坏。方法是将万用表拨至合适的电阻档，红表笔和黑表笔分别接触被测电容器 C_x 的两极，这时显示值将从"000"开始逐渐增加，直至显示溢出符号"1"。若始终显示"000"，说明电容器内部短路；若始终显示溢出，则可能是电容器内部极间开路，也可能是所选择的电阻档不合适。检查电解电容器时需要注意，红表笔（带正电）接电容器正极，黑表笔接电容器负极。此方法适用于测量 $0.1\mu F$ ~几千微法的大容量电容器。

3. 电压测量

在电子电路中，应根据被测电压的波形、频率、幅度，以及被测电路的等效内阻等，针对不同的测量对象采用不同的测量方法。

（1）直流电压的测量

1）数字式万用表测量直流电压　数字式万用表的基本构成部件是数字直流电压表，因此，数字式万用表均有直流电压档。用它测量直流电压可直接显示被测直流电压的数值和极性，有效数值位数较多，精确度较高。一般数字式万用表直流电压档的输入电阻较高，可达 $10M\Omega$ 以上，将它并接在被测支路两端对被测电路的影响较小。

用数字式万用表测量直流电压时，要选择合适的量程，当超出量程时会有溢出显示，如 DT—990C 型数字式万用表，当测量值超出量程时会显示"OL"，并在显示屏左侧显示

"OVER"表示溢出。

数字式万用表的直流电压档有一定的分辨力,即它所能显示的被测电压的最小变化值。实际上,不同量程档的分辨力不同,一般以最小量程挡的分辨力为数字式电压表的分辨力。例如,DT890型数字式万用表的直流电压分辨力为100μV,即这个万用表不能显示出比100μV更小的电压变化。

2) 模拟式万用表测量直流电压。模拟式万用表的直流电压档由表头串联分压电阻和并联电阻组成,因而其输入电阻一般不太大,而且各量程档的内阻不同,各量程档内阻 R_v = 量程×直流电压灵敏度 S_v,因此同一块表,量程越大内阻越大。在用模拟式万用表测量直流电压时,一定要注意表的内阻对被测电路的影响,否则将可能产生较大的测量误差。例如,用 MF500—B 型万用表测量图 1-3-1 所示电路的等效电动势 E,万用表的直流电压灵敏度 S_v = 20kΩ/V,选用 10V 量程档,测量值为 7.2V,理论值为 9V,相对误差为 20%,这就是由所用万用表直流电压档的内阻 R_v 与被测电路等效内阻相比不够大所引起的,是测量方法不当引起的误差。再例如,用灵敏度为 10kΩ/V 的万用表的 2.5V 直流电压档,去测量图 1-3-2 所示单管放大电路中晶体管的发射结电压 U_{BE}。如果不直接测量 U_{BE},而是分别测得 $U_B = -0.88V$,$U_E = -0.92V$,计算得 $U_{BE} = U_B - U_E = 0.04V$。根据这个测量结果,放大器必然处于截止状态,而实际上放大器却工作在放大状态,且 $U_{BE} = -0.32V$。

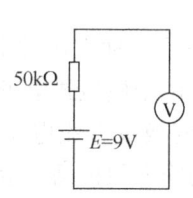

图 1-3-1 测量直流电压

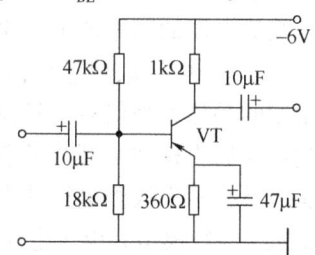

图 1-3-2 单管放大电路

造成这个错误结论的原因是万用表 2.5V 档的内阻为 25kΩ,这个电阻并联在基极与地之间,减小了下偏置电阻,因而测出的 U_B 值比实际值小得多,而测得的 U_E 值由于发射极输出阻抗低,仪器内阻的影响小而接近其实际值。可见,上述误差是由于测试方法不当引起的,应直接测量基极与发射极之间的电压 U_{BE}。因此,模拟式万用表的直流电压档测量电压只适用于被测电路等效内阻很小或信号源内阻很小的情况。

3) 示波器测量直流电压。用示波器测量直流电压时,首先应将示波器的垂直偏转灵敏度微调旋钮置于校准档,否则电压读数不准确。用示波器测量电压的方法请看本书关于仪器使用的部分。

(2) 交流电压的测量 电子技术实验中,交流电压大致可分为正弦和非正弦交流电压两类,测量方法一般可分为两种,一种是具有一定内阻的交流信号源的测量,另一种是电路中任意一点对地的交流电压的测量。在此注意,测量两点之间的交流电压时,用间接测量法。先测两点到地的电压,然后求差值电压即为两点电压之差。求差值电压时,其值由矢量差求出,只有当电压同相位时,才能用代数差表示。在时间域中,交流电压的变化规律是各种各样的,有按正弦规律变化的正弦波、按线性变化的三角波、按跳跃变化的方波和随机变化的噪声波等,但无论变化规律多么不同,一个交流电压的大小均可用峰值(或峰峰值)、平均值、有效值、波形因数、波峰因数来表征。

实验中对正弦交流电压的测量，一般测量其有效值，特殊情况下才测量峰值。由于万用表结构上的特点，虽然也能测量交流电压，但对频率有一定的限制。因此，测量前应根据待测量的频率范围，选择合适的测量仪器和方法。

1）模拟式万用表测量交流电压。用万用表的交流电压档测量电压时，交流电压是通过检波器转换成直流后直接推动磁电式微安表头，由表头指针指示出被测交流电压的大小。因此，这种表的内阻较低，且各量程的内阻不同，各挡的内阻 R_v = 量程 × 交流电压灵敏度 S_v，测量时应注意其内阻对被测电路的影响。此外，模拟式万用表测量交流电压的频率范围较小，一般只能测量频率在1kHz 以下的交流电压。它的优点是：由于模拟式万用表的公共端与外壳绝缘胶木无关，与被测电路无共同接地（即"机壳接地"）的问题，因此，可以用它直接测量两点之间的交流电压。这是它的一大优点。

2）数字式万用表测量交流电压。数字式万用表的交流电压档，是将交流电压检波后得到的直流电压，通过 A-D 转换器转换成数字量，然后用计数器计数，以十进制显示被测电压值。与模拟式万用表交流电压档相比，数字式万用表的交流电压档输入阻抗高，如 DT890 型数字式万用表的交流电压档的输入阻抗为 10MΩ（在 40 ~ 400Hz 的测量频率范围内），对被测电路的影响小。但数字式万用表同样存在测量频率范围小的缺点，如 DT890 型数字式万用表测量交流电压的频率范围为 40 ~ 400Hz。

3）模拟式电子电压表测量交流电压。模拟式电子电压表是一种常用的电子测量仪器，实验室中常用的晶体管毫伏表就是模拟式电子电压表的一种。由于模拟式电子电压表是将被测信号经过放大后再检波（或先将被测信号检波后再放大）变换成直流电压，推动微安表头，由表头指针指示出被测电压的大小，因此，这类电压表的输入阻抗高，量程范围广，使用频率范围宽。一般模拟式电子电压表的金属机壳为接地端，另一端为被测信号输入端，因此，它只能测量电路中各点对地的交流电压，不能直接测量任意两点间的电压，实验中应特别注意。

通常，模拟式电子电压表的表盘都是按正弦波的有效值刻度的，所以，用它来测量正波形的电压时，可以由表盘直接读取电压有效值。但若用它测量非正弦电压，则不能直接读数，需根据表内检波器的检波方式和被测波形的性质将读数乘上一个换算系数，才能得到被测非正弦波的电压有效值。

4）示波器测量交流电压。用示波器法测量交流电压的方法请参看示波器的使用。

4. 电流的测量

在电子测量领域中，电流也是基本参数之一。例如静态工作点、电流增益、功率等的测量，许多实验的调试和电路参数的测量，也都离不开对电流的测量。因此，与电压的测量一样电流的测量也是电参数测量的基础。实验中电流可分为两类，即直流电流和交流电流；测量方法有两种，即直接测量和间接测量。直接测量法是将电流表串联在被测支路中进行测量，电流表的示数即为测量结果。间接测量法利用欧姆定律，通过测量电阻两端的电压来换算出被测电流值。与电压的测量相类似，由于测量仪器的接入，会对测量结果带来一定的影响，也可能影响到电路的工作状态，实验中应特别注意。不同类型电流表的原理和结构不同，影响的程度也不尽相同，一般电流表的内阻越小，对测量结果影响就越小；反之越大。因此，实验过程中应根据具体情况，选择合理的测量方法和合适的测量仪器，以确保实验的顺利进行。

(1) 直流电流的测量

1) 用模拟式万用表测量直流电流。模拟式万用表的直流电流档一般由磁电式微安表头并联分流电阻构成，量程的扩大通过并联不同的分流电阻实现。这种电流表的内阻随量程的大小而不同，量程越大，内阻越小。用模拟式万用表测量直流电流时是将万用表串联在被测电路中的，因此表的内阻可能影响电路的工作状态，使测量结果出错，也可能由于量程不当而烧坏万用表，所以，使用时一定要注意。

2) 用数字式万用表测量直流电流。数字式万用表直流电流档的基础是数字式电压表，它通过电流—电压转换电路，使被测电流流过标准电阻，将电流转换成电压进行测量。数字式万用表的直流电流档的量程切换通过切换不同的取样电阻来实现，量程越小，取样电阻越大。当数字式万用表串联在被测电路中时，取样电阻的阻值会对被测电路的工作状态产生一定的影响，在使用时应注意。

3) 电流的直接测量法要求断开回路后再将电流表串联接入，往往比较麻烦，容易疏忽而造成测量仪表的损坏。当被测支路内有一个定值电阻 R 可以利用时，可以测量该电阻两端的直流电压 U，然后根据欧姆定律算出被测电流：$I = U/R$。但需注意，此方法适用于电阻阻值小于 500Ω，否则误差较大。当被测支路无现成的电阻可利用时，也可以人为地串入一个取样电阻来进行间接测量，取样电阻的取值原则是对被测电路的影响越小越好，一般在 $1 \sim 10\Omega$ 之间，很少超过 100Ω，这个电阻 R 一般称为电流取样电阻。

(2) 交流电流的测量　按电路的工作频率，交流电流可分为低频、高频和超高频电流。在超高频段，电路或元件受分布参数的影响，电流分布是不均匀的，因此，无法用电流表来直接测量各处的电流值。只有在低频（$45 \sim 500$Hz）电流的测量中，可以用交流电流表或具有交流电流测量档的普通万用表或数字万用表，串联在被测电路中进行交流电流的直接测量。而一般交流电流的测量都采用间接测量法，即先用交流电压表测出电压后，用欧姆定律换算成电流。

用间接法测量交流电流的方法与间接法测量直流电流的方法相同，只是对取样电阻有一定的要求。当电路工作频率在 20kHz 以上时，就不能选用普通线绕电阻作为取样电阻，而应采用薄膜电阻。由于一般电子仪器都有一个公共地，在测量中必须将所有的地连在一起，即必须共地，因此取样电阻要安排连接在接地端，在 LC 振荡电路中，要安排在低阻抗端。这种利用取样电阻的间接测量法，不仅将交流电流的测量转换成交流电压的测量，使得可以利用一切测量交流电压的方法来完成交流电流的测量，而且还可以利用示波器观察电路中电压和电流的相位关系。

5. 时间、频率及相位的测量

1) 时间的测量。时间的测量通常是测量周期、脉冲宽度、上升时间及下降时间等，通常用示波器测量。测量前应对时间灵敏度进行校准，将扫描微调置于校准位置，再用示波器本身的标准信号进行校准，检查扫描速率 t/DIV 的标称值是否准确。用示波器测量周期时可以测量多个周期时间，再除以周期数，减小测量误差。测量脉冲宽度、上升时间、下降时间等参数时，只需按其定义测量出相应的时间间隔即可。

2) 频率的测量。频率的测量可以先测周期，周期的倒数就是频率。目前，很多示波器已经可以直接显示频率值。除了用示波器，也可用频率计测量。频率计测量频率的原理是计数法,即测量标准时间间隔 T 内被测信号重复出现的次数 N,频率 $f=N/T$。频率测量时,应注意触发电平的调节,当测量值稳定后再读数。

3) 相位的测量。所谓相位测量,通常是指测量两个同频率信号之间的相位差,一般采用双踪示波器测量两信号之间的相位差。具体方法请参考模拟电子技术实验一。

(二) 测量误差的来源及分类

1. 测量误差的来源

测量的目的是获取被测量的量值。测量误差始终存在于一切科学实验的过程中,测试环境条件的千变万化,测量方式和方法往往不够完善,测量设备不会完美无缺,再加上测量者对客观认识的局限等,这些都是造成测量误差的因素。研究测量误差的目的,在于分析误差产生的原因、性质,以便消除、补偿和减少误差对测量结果的影响。掌握误差产生的规律,有助于合理设计制造测试仪器,恰当选择测试设备和测量方法,正确地组织测量,从而以最经济的方式获得最有效的测量结果。此外,测量误差的研究对于保证计量基准的统一及正确传递具有积极的作用。

测量误差是不可避免的,但又是可以控制的。随着科学技术水平的发展,测量误差可以被控制在更小的范围内。企图获得当前科技水平上的"最佳"测试结果,所付出的代价必然是昂贵的。在对测量误差的要求不是很高的情况下,片面追求最准确的"最佳值"是没有必要的。正确的作法应该是:在满足测量误差要求的前提下,从测试方案的经济性、可靠性、重复性等方面作全面的考虑。

2. 误差分类

为了便于对测量误差进行分析研究,有必要对误差进行分类。按误差的基本性质、特点可分为系统误差、随机误差和粗大误差。系统误差是绝对值和符号恒定或按一定规律变化的误差,而随机误差是绝对值和符号都不固定,但在大量重复测量中,遵从统计规律的误差。粗大误差是指明显歪曲测量结果的误差。

按产生误差的来源分类,误差又分为工具误差、方法误差和人员误差。工具误差是测量系统的原理不完善所引起的误差。方法误差是测量仪表系统不完善引起的误差。人员误差是测量工作人员的个人特点、习惯所引起的误差。

按仪表的工作条件可分为基本误差和附加误差。基本误差是仪表在规定工作条件下使用时所产生的误差。附加误差是仪表在偏离规定的工作条件下使用时所附加的误差。

(三) 误差的产生原因及其消除

误差产生的原因较多,这里仅从电子电路实验的角度来分析误差的原因及消除方法。系统误差:在同一测试条件下,对同一被测量进行测量时,误差的绝对值和符号保持恒定或按一定规律变化(例如随时间或空间递增、递减、周期性变化等),这种误差带有系统性和方向性,称为系统误差。

1. 系统误差产生的原因

1) 测量装置或仪表的不完善。仪表在设计、制造、工艺等方面的缺陷,仪表中所用元器件、材料性能不合要求,如仪表刻度不准,轴和轴承的摩擦、功耗、游丝变软等引起的误差。这种误差通常称为仪表的基本误差。

2) 测量环境条件的改变。因为仪表是在规定的工作条件(即规定的温度、湿度、空气压力、放置方式,频率和波形,无外电场和外磁场的影响)下校验出来的。若仪表不是在规定的工作条件下工作，条件改变，就会引起测量误差。这种误差，通常称为仪表的附加误差。

3）测量方法和理论的不完善。测量仪表接入电路后，相当于接入一个无源元件或有源元件，势必会引起原有网络中激励与响应间关系的变化，因此产生误差是不可避免的。例如，用电流表、电压表测电阻时，不管测量电路怎样连接，测量结果中总包含有电流表或电压表内阻的影响所引起的误差。此外，限于认识的局限性，经验公式，函数类型选择的近似性以及公式中各系数的近似性都会引起误差。这类误差统称为方法误差。

4）人员误差。由测量工作者的技术水平、生理特点及习惯引起，如经验、视觉习惯等，总是把读数读得偏高或偏低，听觉不够灵敏，在以耳机作平衡电桥指示器的交流电桥测量时也会由于错误判断引起测量误差。

2. 系统误差的消除

从理论上讲，测量误差是客观存在的，是不可避免的，没有误差的测量才是不可想象的。误差只能减小，不能根本消除。但在工程中当误差被减小到可以忽略的程度时，就可认为误差被消除了。消除系统误差一般可针对产生误差的原因采取相应措施，常用的方法有：

1）引入更正值，以消除由于测量设备的不准确所引起的基本误差。即在测量前，对测量中所用的仪器仪表及度量器，用高准确度的仪器仪表及度量器进行校验，得出校正曲线。测量时，将测量值加上对应的校正值即可。图 1-3-3 为对某一电流表校验后所得到的校正曲线。若该电流表接入被测电路中指示为 4.00A，则被测量的实际值为：4.00A + 0.03A = 4.03A。

2）尽量消除产生附加误差的条件，即尽量使仪器仪表工作在规定的环境条件下，如测量前仔细检查仪表是否校零和安放情况是否符合规定等。若因条件限制，不能使测量设备在要求的环境条件下工作，则也可引入更正值，例如环境温度不在正常范围内，可引入温度引起的误差进行校正。

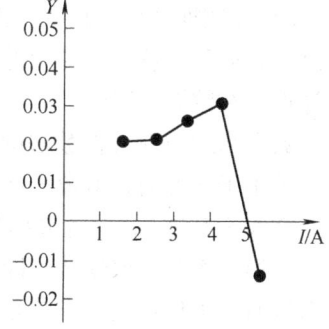

图 1-3-3　某电流表的校正曲线

3）采用特殊测量方法。例如，采用替代法可消除因测试仪表的不准确及环境条件的改变等所引起的系统误差，而采用正负误差抵消法可消除某一恒定系统误差。在恒定系统中，如果经分析可能出现正误差也可能出现负误差，则可测两次，使一次误差为正，另一次为负，测量结果取其平均值，即能消除此误差。例如用磁电式仪表测量时，为了消除恒定外磁场的影响，可先将仪表在某一位置读数一次，然后将该仪表转动 180°再测一次。取两次的平均值作为测量结果。

系统误差决定测量的准确度。测量中系统误差越小，测量结果越逼近真实值，说明测量的准确度越高。

3. 随机误差的产生原因

在同一测试条件下，对同一被测量进行多次测量时，误差的绝对值和符号的变化，时大时小，时正时负，没有确定的规律，也不能预知，但在大量重复的测量中，误差服从统计规律，这种带有随机性的误差称为随机误差或者偶然误差。

随机误差的产生可以归结为由很多影响量微小变化的总合所造成，难以具体分析。例如电磁场微变、空气扰动、大地微震、电源电压或频率的瞬时变化，测量者的心理或生理上的某些变化等，都会使测量受这些外界条件的随机扰动而产生随机误差。

随机误差不能用校正方法加以消除，但是可以利用概率论及统计学，通过数据处理，估计它对测量结果的影响。

随机误差决定测量的精密度。精密度越高，多次重复测量时的分散性也就越小。

（四）电子电路数据处理

粗大误差的消除，由于电子电路的实验测量及数据处理主要面对工程应用而非科学研究，因此对于由元器件所构成的电子电路均有一个理论设计的参考值及大致范围，粗大误差比较明显，所以工程上基本可以通过观察加以去除。

系统误差，一方面可通过将设备的定期送到计量部门校准加以消除，另一方面在使用设备前仔细阅读仪器使用说明书，也可消除由于使用不当带来的系统误差。

随机误差是无法避免的，由于随机误差属于正态分布，因此可以采用多次测量取平均的方法加以消除。

进行数据处理时有几个问题需要注意：

1) 在读取仪表读数时，应该注意有效位数的读取，一般在仪表精确刻度读数基础上再多估计一位作为最后读数。从左边第一个非零数字到最末一位数为止的全部数字，称之为有效数字。

2) 在数据处理过程中，无理数（e、$\sqrt{2}$、$\sqrt{3}$ 等）不可能取无穷位，所以通常计算得到的测量数据和测量结果均为近似值，其位数各不相同。为了使测量结果的表示准确唯一，便于计算，在数据处理时，需对测量数据和所用常数进行修约处理。

数据修约规则（偶数法则）如下：

①小于 5 舍去，即舍去部分的数值小于所保留末位的 0.5 个单位时，末位不变；

②大于 5 进 1，即舍去部分的数值大于所保留末位的 0.5 个单位时，在末位增 1；

③等于 5 时，取偶数，即舍去部分的数值恰好等于所保留末位的 0.5 个单位，则当末位是偶数时，末位不变；末位是奇数时，在末位增 1（将末位凑为偶数）。

对于测量数据的绝对值比较大（或比较小），而有效数字又比较少的测量数据，应采用科学计数法，即 $a \times 10^n$，a 的位数由有效数字的位数决定。

四、电子电路的调试方法

电子电路的制作即使按照设计的电路参数进行，往往也难于达到预期的效果。这是因为人们在设计时，无法确定各种复杂的客观因素（如元件值的误差，器件参数的分散性，分布参数的影响等），必须通过安装后的测试和调整，发现和纠正设计方案的不足，加以改进，使电子电路达到预定的技术指标。因此，电子电路的调试技能对从事电子技术及其有关领域工作的人员来说，是必不可少的。

调试的常用仪器有万用表、示波器和信号发生器等。所谓电子电路的调试，是以达到电路设计指标为目的而进行的一系列的测量——判断——调整——再测量的反复过程。

（一）电子电路调试的一般步骤

1. 调试前的准备工作

（1）搭建调试工作台 工作台配备所需的调试仪器，仪器的摆设应方便操作，利于观察。学生往往不注意这个问题，在制作或调机时工作台面很乱，工具、书本、衣物等与仪器混放在一起，这样会影响调试。特别提示：在制作和调试时，一定要把工作台布置得干净、整洁。这便是"磨刀不误砍柴工"。

（2）调试计划制定　根据待调系统的工作原理拟定调试步骤和测量方法，确定测试点，在电路图上和实验电路板上标出位置，并画出调试数据记录表格等。

（3）调试设备准备　对于硬件电路，应视被调系统选择测量仪表，测量仪表的精度应优于被测系统设计指标；对于软件调试，则应配备微机和开发装置。最好准备两套硬件电路，便于对比调试，快捷发现问题。

2. 通电前电子电路的检查

（1）连线是否正确　检查电路连线是否正确，包括错线（连线一端正确，另一端错误）、少线（安装时完全漏掉的线）和多线（连线的两端在电路图上都是不存在的）。查线的方法通常有两种：

1) 按照电路图检查安装的线路。这种方法的特点是根据电路图连线，按一定顺序逐一检查安装好的线路，由此可比较容易地查出错误。

2) 按照实际线路对照原理电路进行查线。这是一种以元件为中心进行查线的方法。把每个元件（包括器件）引脚的连线一次查清，检查每个去处在电路图上是否存在，这种方法不但可以查出错线和少线，还容易查出多线。为了防止出错，对于已查过的线通常应在电路图上做出标记，最好用指针式万用表"$\Omega \times 1$"挡，或数字式万用表"Ω挡"的蜂鸣器来测量，而且直接测量元器件引脚，这样可以同时发现接触不良的地方。

（2）元器件安装情况　检查元器件引脚之间有无短路，连接处有无接触不良，二极管、晶体管、集成器件和电解电容的极性等是否连接有误。

（3）电源供电检查　检查电源供电（包括极性）、信号源连线是否正确。在通电前，断开一根电源线，用万用表检查电源端对地（⊥）是否存在短路。

若电路经过上述检查，并确认无误后，就可转入调试。

3. 通电后电子电路的检查

通电后不要急于测量电气指标，而要观察电路有无异常现象，例如有无冒烟现象，有无异常气味，手摸集成电路外封装，是否发烫等。如果出现异常现象，应立即关断电源，待排除故障后再通电。

4. 静态调试

静态调试一般是指在不加输入信号，或只加固定的电平信号的条件下所进行的直流测试。可用万用表测出电路中各点的电位，通过和理论估算值比较，结合电路原理的分析，判断电路直流工作状态是否正常，并及时发现电路中已损坏或处于临界工作状态的元器件。通过更换元器件或调整电路参数，使电路直流工作状态符合设计要求。

5. 动态调试

动态调试是在静态调试的基础上进行的，在电路的输入端加入合适的信号（模拟电路加标准的正弦信号），按信号的流向，顺序检测各测试点的输出信号，若发现不正常现象，应分析其原因，并排除故障，再进行调试，直到满足要求。

测试过程中不能凭感觉和印象，要始终借助仪器观察。使用示波器时，尽量把示波器的信号输入方式置于"DC"档（除非直流电压值远大于交流信号幅值，导致无法观察到交流信号才将其置于"AC"档），通过直流耦合方式，可同时观察被测信号的交、直流成分。通过调试,最后检查功能块和整机的各种指标(如信号的幅值、波形形状、相位关系、增益、输入阻抗和输出阻抗等)是否满足设计要求。如必要,可再进一步对电路参数提出合理的修正。

(二) 电子电路调试的注意问题

1) 根据电子电路的工作原理制定调试步骤,确定测试点,在电路图上和实验电路板上标出位置,并画出调试数据记录表格等。在调试过程中,要认真观察和分析实验现象,做好记录,保证实验数据的完整可靠。

2) 凡是使用地端接机壳的电子仪器进行测量,仪器的接地端都应和放大器的接地端连接在一起,否则仪器机壳引入的干扰不仅会使放大器的工作状态发生变化,而且将使测量结果出现误差。根据这一原则,调试发射极偏置电路时,若需测量 U_{CE},不应把仪器的两端直接接在集电极和发射极上,而应分别对地测出集电极到地电压 U_C 和发射极到地电压 U_E,然后将二者相减得 U_{CE}。若使用干电池供电的万用表进行测量,由于电表的两个输入端都是与接地端隔绝的,所以允许直接跨接到测量点之间。

3) 应视电子电路指标选择测量仪表,测量仪表的精度应优于被测系统指标。测量电压所用仪器的输入阻抗必须远大于被测处的等效阻抗,若测量仪器输入阻抗小,则在测量时会引起分流,给测量结果带来很大误差。

4) 测量仪器的带宽必须大于被测电路的带宽。例如,MF—20 型万用表的工作频率为 $20\sim20000\text{Hz}$。如果放大器的 $f_H = 100\text{kHz}$,就不能用 MF—20 型万用表来测试放大器的幅频特性,否则,测试结果就不能反映放大器的真实情况。

(三) 电子电路故障排除方法

要认真查找故障原因,切不可一遇故障解决不了就拆掉线路重新安装。因为重新安装的线路仍可能存在各种问题,如果是原理上的问题,即使重新安装也解决不了问题。应当把查找故障,分析故障原因,看成一次好的学习机会,通过它来不断提高自己分析问题和解决问题的能力。查找故障的一般方法有:

1) 直接观察法。是指不用任何仪器,利用人的视、听、嗅、触等作为手段来发现问题,寻找和分析故障。直接观察包括不通电检查和通电观察。检查仪器的选用和使用是否正确;电源电压的等级和极性是否符合要求;电解电容的极性、二极管和晶体管的管脚、集成电路的引脚有无错接、漏接、互碰等情况;布线是否合理;印制电路板有无断线;电阻、电容有无烧焦和炸裂等。通电观察元器件有无发烫、冒烟,变压器有无焦味,电子管、示波管灯丝是否亮,有无高压打火等。直接观察法简单,也很有效,可作初步检查时用,但对比较隐蔽的故障无能为力。

2) 用万用表检查静态工作点。电子电路的供电系统,晶体管、集成电路的直流工作状态(包括元器件引脚、电源电压)、线路中的电阻值等都可用万用表测定。当测得值与正常值相差较大时,经过分析可找到故障。以图 1-4-1 所示两级放大电路为例。静态时:根据理论估算,$U_{B1} = 1.3\text{V}$,$I_{C1} = 1\text{mA}$,$U_{C1} = 6.9\text{V}$,$I_{C2} = 1.6\text{mA}$,$U_{E2} = 5.3\text{V}$。但

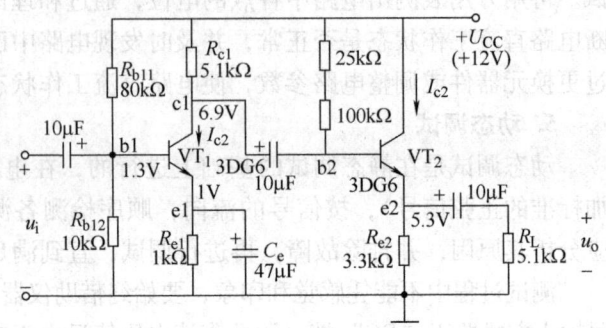

图 1-4-1 用万用表检查两级放大电路故障

实测结果 $U_{B1}=0.01\text{V}$,$U_{C1}\approx U_{CE1}\approx U_{CC}=12\text{V}$。考虑到正常放大工作时,硅管的 U_{BE} 约为 0.6～0.8V,现在 VT_1 显然处于截止状态。实测的 $U_{C1}\approx U_{CC}$ 也证明 VT_1 是截止（或损坏）。考虑提供偏置 U_{B1} 的是 R_{b11} 和 R_{b12}。所以,进一步检查发现,R_{b12} 本应为 $10\text{k}\Omega$,但安装时却用的是 $1\text{k}\Omega$ 的电阻,将 R_{b12} 换上正确阻值的电阻,故障即消失。

顺便指出,静态工作点也可以用示波器"DC"输入方式测定。用示波器的优点是内阻高,能同时看到直流工作状态和被测点上的信号波形以及可能存在的干扰信号及噪声电压等,更有利于分析故障。

3）信号寻迹法。对于各种较复杂的电路,可在输入端接入一个一定幅值、适当频率的信号（例如,对于多级放大器,可在其输入端接入 $f=1000\text{Hz}$ 的正弦信号）,用示波器由前级到后级（或者相反）,逐级观察波形及幅值的变化情况,如哪一级异常,则故障就在该级。这是深入检查电路的方法。

4）对比法。怀疑某一电路存在问题时,可将此电路的参数与工作状态相同的正常电路的参数（或理论分析的电流、电压、波形等）进行一一对比,从中找出电路中的不正常情况,进而分析故障原因,判断故障点。一般在制作电子电路时,最好同时焊接两块,对比调试要快很多。

5）部件替换法。有的故障比较隐蔽,如这时你手头有与故障电路同样的电路时,可以用工作正常电路中相应的部件替换有故障电路中的元器件、插件板等部件,以便于缩小故障范围,进一步查找故障。

6）旁路法。当有寄生振荡现象时,可以利用适当容量的电容器,选择适当的检查点,将电容临时跨接在检查点与参考接地点之间,如果振荡消失,就表明振荡是产生在此附近或前级电路中；否则就在后面,再移动检查点寻找之。应该指出的是,旁路电容要适当,不宜过大,只要能较好地消除有害信号即可。

7）短路法。采取临时性短接一部分电路来寻找故障的方法。例如图 1-4-2 所

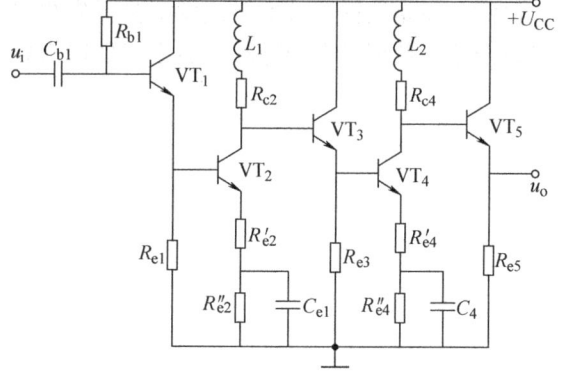

图 1-4-2 用于分析短路法的放大电路

示放大电路,用万用表测量 VT_2 的集电极对地无电压。如果怀疑 L_1 断路,则可以将 L_1 两端短路,如果此时有正常的 U_{C2} 值,则说明故障发生在 L_1 上。

短路法对检查断路性故障最有效。但要注意,对电源（电路）是不能采用短路法的。

8）断路法。断路法用于检查短路故障最有效。断路法也是一种使故障怀疑点逐步缩小范围的方法。例如,某稳压电源因接入一带有故障的电路,使输出电流过大,这时可采取依次断开电路的某一支路的办法来检查故障。如果断开该支路后,电流恢复正常,则故障就发生在此支路。

实际调试时,寻找故障原因的方法多种多样,以上仅列举了几种常用的方法。这些方法的使用可根据设备条件、故障情况灵活掌握,对于简单的故障用一种方法即可查找出故障点,但对于较复杂的故障则需采取多种方法互相补充、互相配合,才能找出故障点。

五、实验报告要求

实验报告是实验工作的全面总结和最终成果，要完整、真实地反映实验结果。对实验的改进设想等也都可通过报告反映出来。撰写实验报告是一种基本训练，必须以严肃认真的态度完成实验报告。

撰写实验报告要遵守一定的规范和要求。实验报告要求干净整洁，字迹清晰，语句通顺；要有完整的实验电路和逻辑图等；所测数据要带计量单位并且填入所画的表格中；作图应完整规范。

设计实验应写好预习设计报告，并在计算机上用相应软件进行仿真。

实验报告应包含如下主要内容：

1) 实验名称。
2) 实验目的。
3) 实验设备与元器件（实际使用的设备、元器件名称及型号）。
4) 实验原理及电路图（设计实验要求有完整的设计过程、分部电路及整体电路图）。
5) 实验数据处理（要求在表格中填写实验数据，注明单位，要求表格规范整齐，填写数据认真、工整。画出规范的波形图，注意相位）。
6) 实验总结（要求写实验结果及现象分析、故障解决方案，回答课后的思考题）。

注意：原始数据记录不能代替实验报告数据。实验报告不按时交、报告中没有原始数据记录以及原始数据没有指导教师签字或伪造指导教师签字，都作无效处理。

第二篇

模拟电子技术实验

实验一　常用电子仪器的使用

一、实验目的

1）了解示波器、函数信号发生器、数字万用表、直流稳压电源等几种常用电子仪器的原理和主要技术指标。

2）掌握用双踪示波器基本原理，观察信号波形和学会测量信号波形的幅度、频率、相位差、时间间隔，以及脉冲波形的上升沿、下降沿等参数的方法。

3）掌握函数信号发生器的调整方法，包括信号频率、输出幅度、占空比、直流偏置等的调节，以及数字万用表等几种常用仪器的使用方法。

二、实验设备与器件

1）双踪示波器 1 台。
2）函数信号发生器 1 台。
3）数字万用表 1 台。
4）直流稳压电源 1 台。

三、实验预习要求

1）阅读附录一~附录四中有关示波器、函数信号发生器、数字万用表、直流稳压电源的内容。

2）已知 $C=0.1\mu F$，$R=1k\Omega$，采用相量法计算图 2-1-3 中 RC 移相网络的阻抗角 θ。

四、实验原理

在电子技术实验中，经常使用的电子仪器有示波器、函数信号发生器、直流稳压电源、数字万用表等。可以完成对电路的静态和动态工作状态的测试。

实验中要对各种电子仪器进行综合使用，可按照信号流向，以连线简捷，调节顺手，观察与读数方便等原则进行合理布局。常用电子仪器与被测实验装置之间的布局与连接如图 2-1-1 所示。**接线时应注意，为防止外界干扰，各仪器的公共接地端应连接在一起，称为共地。** 信号源和交流毫伏表等测量仪器的引线通常用屏蔽线或专用电缆线。示波器测试使用的专用电缆线，如图 2-1-2 所示。

1. 示波器

示波器是一种用途很广的电子测量仪器，它既能直接显示电信号的波形，又能对电信号进行各种参数的测量。现着重指出下列几点：

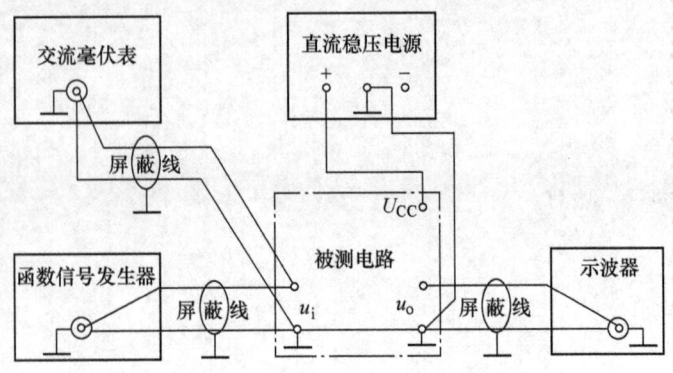

图 2-1-1　电子技术实验中常用电子仪器布局

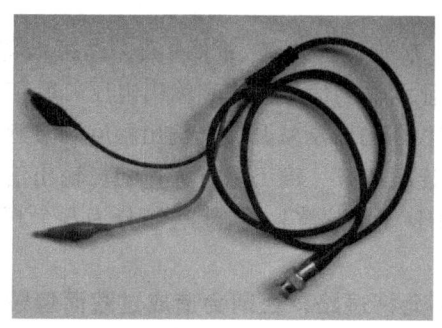 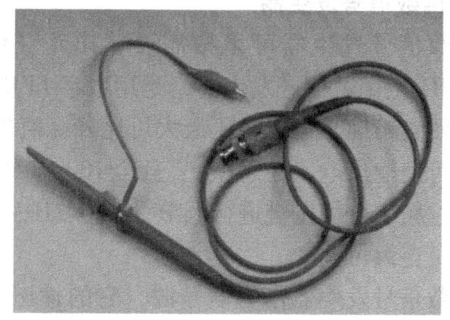

图 2-1-2　专用电缆线

1）寻找扫描光迹。将示波器 Y 轴显示方式置"CH1"或"CH2",输入耦合方式置"GND",开机预热后,若在显示屏上不出现光点和扫描基线,可按下列操作去找到扫描线:

①适当调节"INTEN/BEAM"(亮度)旋钮;

②触发方式开关置"AUTO"(自动);

③适当调节垂直(↓↑)、水平(↔)"POSITION"(位移)旋钮,使扫描光迹位于屏幕中央(若示波器设有"寻迹"按键,可按下"寻迹"按键,判断光迹偏移基线的方向)。

2）双踪示波器一般有五种显示方式,即"CH1"、"CH2"、"CH1 + CH2"三种单踪显示方式和"交替"、"断续"两种双踪显示方式。"交替"显示一般适宜于输入信号频率较高时使用,"断续"显示一般适宜于输入信号频率较低时使用。

3）为了显示稳定的被测信号波形,"SOURCE"(触发源选择)开关一般选为"内"触发,使扫描触发信号取自示波器内部的 Y 通道。

4）若被显示的波形不稳定,可通过调节"TRIG LEVEL"(触发电平)旋钮找到合适的触发电压,使被测试的波形稳定地显示在示波器屏幕上。有时,由于选择了较慢的扫描速率,显示屏上将会出现闪烁的光迹,但被测信号的波形不在 X 轴方向左右移动,这样的现象仍属于稳定显示。

5）适当调节"VOLTS/DIV VARIABLE"(Y 轴灵敏度)旋钮及"TIME/DIV VARIABLE"(扫描速率)旋钮,使屏幕上显示的被测信号波形幅度适中,疏密合适。在测量幅值时,根据被测波形在屏幕坐标刻度上垂直方向所占的格数 H(DIV 或 cm)与"Y 轴灵敏度"指示值(V/DIV)的乘积,即可算得信号峰峰值的实测值(有些示波器可直接在屏幕上显示峰峰值、幅值和有效值),公式如下:

$$U_{P-P} = V/DIV \times H(DIV) \qquad U_{有效值} = \frac{U_{P-P}}{2\sqrt{2}}$$

在测量周期时,根据被测信号波形一个周期在屏幕坐标刻度水平方向所占的格数(DIV 或 cm)与"扫描速率"指示值(t/DIV)的乘积,即可算得信号频率(Hz)的实测值

$$f = \frac{1}{一个周期占的水平刻度(DIV) \times 扫描速率(t/DIV)}$$

2. 函数信号发生器

函数信号发生器可以按需要输出正弦波、方波、三角波、脉冲波、锯齿波等信号。EE1642B1 型函数信号发生器，是用数字 LED 来显示输出信号频率和输出电压峰峰值的，其读数方便且精确，输出电压最大可达峰峰值 20V。在输出衰减开关和输出幅度调节旋钮的控制下，可使输出电压在 V、mV 直至 100μV 级上连续调节，输出阻抗为 50Ω。输出信号频率可以通过频率分档按键进行调节，从 0.2Hz ~ 2MHz（正弦波），按十进制分为八个频段，各个频段可连续可调。

函数信号发生器作为信号源，**它的输出端不允许短路**，否则会造成过载而烧毁信号发生器。

3. 直流稳压电源

为电路提供直流工作电源，**其输出端更不允许短路**。

4. 数字万用表

可通过直观简易的操作面板进行交、直流电压和交、直流电流及电阻等的测量，其结果由高清晰度的荧光数码管直接显示。

五、实验内容

1. 示波器的基本使用

示波器扫描基线调节：开启电源开关，将示波器的显示方式选择"单踪"显示（CH1），Y 轴输入耦合方式选择"GND"，扫描方式选择"AUTO"（自动）。调节"INTEN/BEAM"（辉度）、"FROCUS"（聚焦）等旋钮，使荧光屏上显示一条细而且亮度适中的扫描基线。然后调节"POSITION"（X 轴位移）和"POSITION"（Y 轴位移）旋钮，使扫描线位于屏幕中央。

2. 函数信号发生器的输出波形、信号频率和幅度的调节

将函数信号发生器频率调到 1kHz，电压（峰峰值）设为 10V，用示波器观察正弦波、方波、三角波、锯齿波信号，并将所观察的波形绘入表 2-1-1 中。

表 2-1-1

正弦波	方波	三角波	锯齿波
u_o 0 t	u_o 0 t	u_o 0 t	u_o 0 t

3. 信号电压和频率的测量

1）选择函数信号发生器的输出为正弦波，调节函数信号发生器的有关旋钮，使信号频率为 1 kHz，信号峰峰值为 18V，适当调节示波器的"V/DIV"（Y 轴灵敏度）、"TIME/DIV VARIABLE"（扫描速率）、"TRIG LEVEL"（触发电平）等旋钮，使示波器能观察到一个或两个周期稳定、幅度适中的正弦波。按表 2-1-2 中的要求，用数字万用表和示波器进行测量，将结果记入表 2-1-2 中。

表 2-1-2

函数信号发生器		数字式万用表	示波器的测量（探头10∶1衰减）				
输出衰减 /dB	电压显示 $U_{\text{P-P}}$/V	测量值/V （有效值）	Y轴灵敏度 /(V/DIV)	峰峰波形高度 （DIV）	实测值 $U_{\text{P-P}}$ /V	$U_{\text{P-P}}$ （直读）	均方根值 U_{rms}
0	18						
10							
20							
30							
40							

2）选择函数信号发生器的输出为正弦波，调节函数信号发生器的有关旋钮，按表2-1-3的要求，得到所需的电压和频率值，调节示波器的"扫描速率"，使示波器能观察到一个或两个周期稳定、幅度适中的正弦波，测出其周期再计算频率，将结果记入表2-1-3中，并将所测结果与已知频率相比较。

表 2-1-3

函数信号发生器输出		示波器的测量				
频率	电压 $U_{\text{P-P}}$/V	扫描速率 t/DIV	一个周期占有的 水平格数（DIV）	实测频率值	周期(Prd) （直读 ms）	频率(Fre) （直读 Hz）
400Hz	5					
1kHz	5					
10kHz	5					

4. 用示波器测量两波形间的相位差

按图2-1-3连接实验电路，将函数信号发生器的输出电压调至频率为1kHz，峰峰值为3V的正弦波，经RC移相网络获得频率相同但相位不同的两路信号 u_i 和 u_R，分别加到双踪示波器的CH1、CH2输入端。

将CH1、CH2输入耦合方式选择"AC"状态，调节"TRIG LEVEL"、"TIME/DIV VARIABLE"及CH1、CH2的"Y轴灵敏度"，使在荧屏上显示出易于观察的两个相位不同的正弦波形 u_i 及 u_R，如图2-1-4所示。根据两波形在水平方向时间差 Δt，及信号周期 T，则可求得两波形相位差

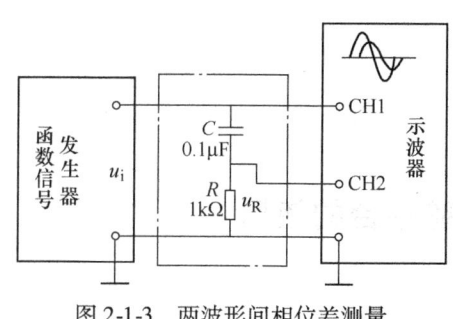

图2-1-3 两波形间相位差测量实验电路

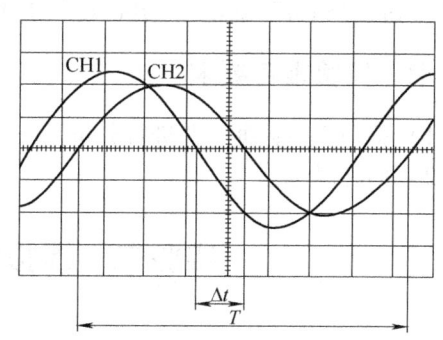

图2-1-4 双踪示波器显示两个相位不同的正弦波形

$$\theta = \frac{\Delta t}{T} \times 360°$$

式中，T 为输入信号周期；Δt 为两波形在 X 轴方向的时间差。

记录两波形相位差于表 2-1-4 中。并将实测计算值 $\theta_实$ 与 RC 移相网络的理论计算值 $\theta_理$ 相比较。

表 2-1-4

一周期	两波形在 X 轴上的时间差	相 位 差	
		实测计算值	理论计算值
$T=$	$\Delta t =$	$\theta_实 =$	$\theta_理 =$

六、思考题

1）"在用示波器观察信号波形和用数字万用表测试交流信号时，因信号是交流信号，所以示波器探头或万用表表笔可以不分正负。"这句话对吗？为什么？

2）在用 SS7804 型示波器观察信号波形时，要达到波形清晰、纤细，亮度适中，应调节_____旋钮（①INTEN/BEAM 和 FROCUS　②SCALE 和 TRACE ROYTATION）；要使波形稳定，应调节_____旋钮（①TRIG LEVEL　②SOURCE　③SOURCE 和 TRIG LEVEL）；要改变波形显示的周期个数，应调节_____旋钮，要改变波形显示的高度，应调节_____旋钮（①VOL TS/DIV VARIABLE　②TIME/DIV VARIABLE）。

3）示波器的 Y 轴输入什么时候用交流耦合，什么时候用直流耦合？用示波器测量带有直流分量的函数信号时应注意什么问题？

4）示波器屏幕下方显示"1: 100mV 2: 50mV"，试说明各个数字和单位的含义；屏幕上方显示"A 50μs CH1 ~AC"，试说明"50μs"和"CH1"各是什么含义。

5）若要减小显示信号中的随机噪声应该怎样调整（使用数字示波器的回答）？

6）EE1642B1 型函数信号发生器面板上的"幅度"显示的是_____值（①有效值　②峰峰值　③幅值）。

7）"当函数信号发生器的波形选择按钮调至'∿'处时，输出必定是正弦波"，这句话对吗？为什么？要想让函数信号发生器输出一个纯正弦信号，它的"SWEEP"（扫描/计数）按钮、"SYM"旋钮、"OFFSET"旋钮应分别处于什么位置？

七、实验报告要求

1）整理实验数据，并进行分析。
2）回答思考题。

实验二　虚拟电子实验平台的使用

一、实验目的

1）熟悉 Electric Workbench Multisim 软件中元器件及各种仪器、仪表的所在位置。掌应用 Electric Workbench Multisim 软件绘制仿真电路图的方法。

2）掌握虚拟函数发生器、虚拟数字式万用表、虚拟示波器、虚拟电压源等仪器的使用方法。

3）掌握利用 Electric Workbench Multisim 软件进行电路仿真的方法。

4）初步了解如何利用 Electric Workbench Multisim 软件对设计的电路进行调试。

5）掌握 Electric Workbench Multisim 软件各种参数的选择。

二、实验设备与器件

1. 实际设备及软件

1）操作系统为 Windows 98/2000/XP 的计算机 1 台。

2）Electric Workbench Multisim 电子电路仿真软件。

2. 虚拟仪器设备

1）虚拟直流稳压电源：DC_Voltage_Source。

2）虚拟函数发生器：Function Generator。

3）虚拟数字式万用表：Multimeter。

4）虚拟数字电压表：Voltmeter。

5）虚拟示波器：Oscilloscope。

三、实验预习要求

1）预习 Multisim 软件的使用说明。

2）熟悉 Multisim 软件中的元件库和仪器库。

3）预习实验中所要仿真的电路及原理。

4）完成实验预习报告。

四、实验原理

电子工作平台 Electric Workbench Multisim 软件是加拿大 Interactive Image Technologies 公司于 20 世纪 80 年代末、90 年代初推出的电子电路仿真虚拟电子工作台软件，它具有以下特点：

1）采用直观的图形界面创建电路。在计算机屏幕上模仿真实实验室的工作台，绘制电路图需要的元器件、电路仿真需要的测试仪器均可直接从屏幕上选取；并带有丰富的电路元件库，提供多种电路分析方法。

2）软件仪器的控制面板外形和操作方式都与实物相似，可以实时显示测量结果。

3）同时，Multisim 软件也是一个优秀的电子技术训练工具，利用它提供的虚拟仪器，可以用比实验室中更灵活的方式进行电路实验，仿真电路的实际运行情况，熟悉常用电子仪器测量方法。因此，Multisim 软件非常适合电子类课程的教学和实验。

五、实验内容

1）选择开始→程序→Multisim 7→Multisim 7 启动 Electric Workbench Multisim 软件仿真系统。

2）用鼠标单击工作区左方元器件箱中的基本元件库图标 （Basic），然后在弹出元件箱中单击实际电阻符号 ⏦ (Resistor)，在弹出的 Component Browser 窗口中 Component Name List 选框中选择 9.1kΩ (ohm)，单击"OK"按钮，然后将电阻移至工作窗口内，单击鼠标左键在工作区内放置该电阻，用鼠标双击该电阻，在 Label 栏输入电阻标号 R_1。

3）按以上方法从元器件箱中取出一个虚拟电阻 ⏦ (Resistor_Virtual)，用鼠标双击该电阻，在 Label 栏输入电阻标号 R_2，在 Value 栏中输入阻值 4.8kΩ (ohm)。

4）用鼠标单击选中电阻 R_1，单击鼠标右键并从弹出菜单中选择 90 Clockwise 或按 Ctrl + R 组合键顺时针旋转电阻 90°。

5）按以下方法将 R_1 和 R_2 串联起来，如图 2-2-1 所示：将鼠标移至电阻 R_1 的下方引脚处，单击鼠标左键，再将鼠标移至电阻 R_2 的左方引脚处，单击鼠标左键，连线完成。

6）单击选中 R_1 和 R_2 之间的连线，按 Delete 键或单击鼠标右键并从弹出菜单中选择 Delete。然后按相同方法删除 R_1 与 R_2。

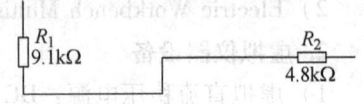

图 2-2-1　串联电阻

7）从元器件箱中单击晶体管符号 ⚡ (Transistors)，然后从弹出元件箱中选取 NPN 型晶体管 BJP_NPN，在弹出的 Component Browser 窗口中 Component Name List 选框中选择 2N2222A，单击"OK"按钮，然后将电阻移至工作窗口内，单击鼠标左键在工作区内放置该晶体管。在该晶体管上单击鼠标右键，并从弹出菜单中选择 90 CounterCW 或按 Shift + Ctrl + R 组合键逆时针旋转电阻 90°。

8）将万用表、信号发生器和示波器依次拖入工作区。并双击该仪器，观察并熟悉仪器面板。

9）将直流电压源（DC Voltage Source（Battery））、直流电流源（DC Current Source）、交流电压源（AC Voltage Source），交流电流源（AC Current Source），电压表（Voltmeter）、电流表（Ammeter）拖入工作区，如图 2-2-2 所示。依次双击各元件，学会参数设置方法。

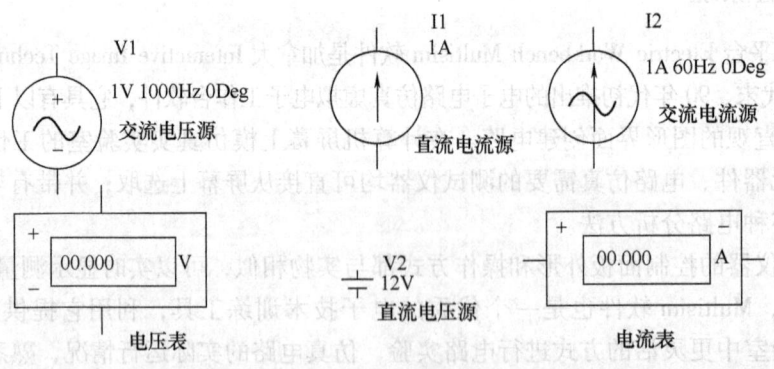

图 2-2-2　选择元件

10）将数字式万用表（Multimeter）、函数发生器（Function Generator）、示波器（Oscilloscope）、伯德图仪（Bode Plotter）与功率表（Wattmeter）依次拖入工作区中，如图 2-2-3 所示，熟悉各仪器的使用方法与连线方式。

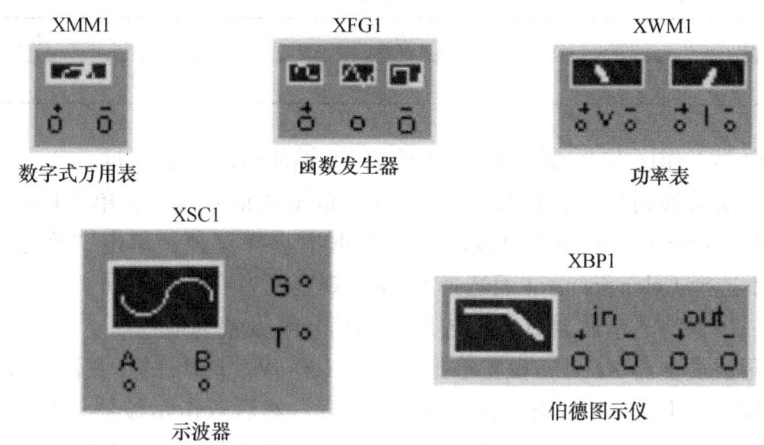

图 2-2-3 选择仪器

11) 绘制图 2-2-4 所示的分压式单管放大仿真电路。

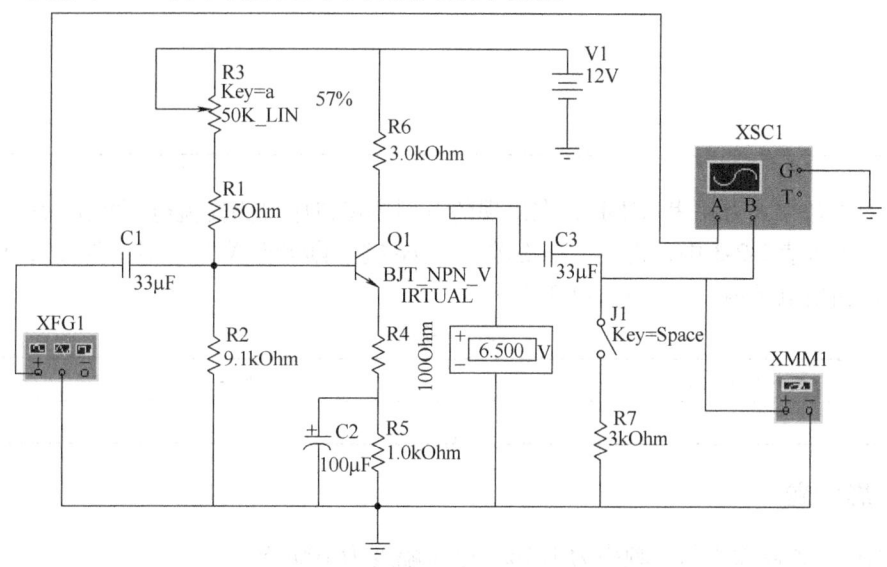

图 2-2-4 分压式单管放大仿真电路

12) 单击电路工作区右上角的 O-I 开关或按 F5 键使电路开始仿真运行。

13) 注意此时可调电阻 R_3 上标明 Key = a，这说明该电阻在键盘上的控制键是 A 键（按 A 键阻值百分比下降，按 Shift + A 组合键阻值百分比上升，调节增减幅度可以通过改变属性中的 Increment 来完成）。调节可调电阻 R3，使直流电压表的读数 U_{CQ} 为 6.5V 左右，然后单击屏幕中右下方仪器栏最下面一个符号，分别移到晶体管 Q_1 的 C、B、E 三点，读出所显示的晶体管 Q_1 的 C、B、E 三点的工作点电压 U_{CQ}、U_{BQ}、U_{EQ}（所读的数值为其显示的直流电压值 U_{DC}），分别填入表 2-2-1 中。

表 2-2-1

U_{CQ}	U_{BQ}	U_{EQ}

14）单击电路工作区右上角的 O-I 开关或按 F5 键使电路停止运行。

15）将鼠标箭头移到与示波器 XSC1 A 端相连的输入信号线上，单击鼠标右键，从弹出菜单中选择 Color Segment，然后在出现的颜色选框中选择红色，单击"确定"按钮。重复这一步骤，但不选择 Color Segment 而选择 Color，观察两者有什么不同。

16）按上一步骤将与示波器 B 端相连的输出信号线设置为蓝色。

17）双击函数发生器 XFG1，设置输出信号为 100mV、1kHz 的正弦波，其余参数不变。

18）单击窗口右上方的 O-I 开关或按 F5 键运行，然后双击示波器，观察电路输入输出信号波形，并将其绘入表 2-2-2 中，注意示波器中波形颜色与连线颜色的关系。

表 2-2-2

输入波形	输出波形

19）双击数字式万用表 XMM1，在出现的万用表窗口中设为交流电压测试状态，读出输出电压值，填入表 2-2-3 中；再按下空格键（Space 键）断开开关 J_1（不接负载），再次从万用表中读出输出电压值，记入表 2-2-3 中。

表 2-2-3

$R_L = 3k\Omega$（J_1 闭合）	$R_L = \infty$（J_1 断开）

六、思考题

1）如何设置使输入信号频率为 1kHz，电压幅度为 100mV？
2）常用元器件的参数及型号如何调整？
3）如何增大或减小可调电位器的阻值？
4）线路连接时应注意哪些问题？
5）如何调节示波器的扫描频率、量程等参数？
6）在连线颜色设置中 Color Segment 与 Color 有何不同？

七、实验报告要求

1）完成并整理实验数据，并完成相关计算工作。
2）画出实验电路图。
3）回答思考题。

实验三 晶体管共射极单管放大器

一、实验目的

1）学习并掌握放大器静态工作点的调整与测试方法。
2）了解静态工作点对放大器性能的影响。
3）掌握放大器的动态指标（电压放大倍数 A_u、R_i、R_o、频率特性等）的测试方法。
4）进一步掌握常用电子仪器、仪表的使用方法。

二、实验设备与器件

1）双踪示波器 1 台。
2）数字式万用表 1 台。
3）函数信号发生器 1 台。
4）模拟电路实验箱 1 台。

三、实验预习要求

由于电子元器件性能参数的分散性比较大，因此在设计和制作晶体管放大电路时，离不开测量和调试技术。在设计前应测量所用元器件的参数，为电路设计提供必要的依据，在完成设计和装配以后，还必须测量和调试放大器的静态工作点和各项性能指标。一个优质放大器，必定是理论设计与实验调整相结合的产物。因此，除了掌握放大器的理论知识和设计方法外，还必须掌握必要的测量和调试技术。在进行理论设计时可以先在仿真软件上进行功能、性能的验证。下面是一些常用的 Multisim 的调试工具。

图 2-3-1 所示为用 Multisim 实现的电阻分压式工作点稳定的单管放大仿真电路。它的偏

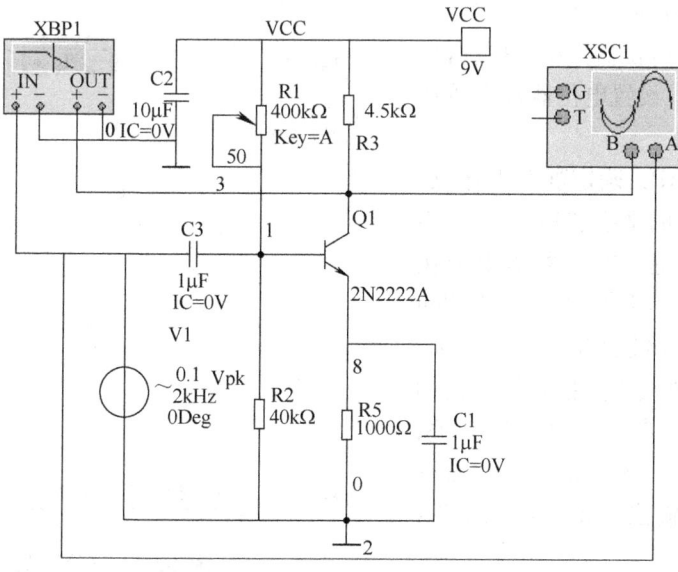

图 2-3-1 电阻分压式工作点稳定的单管放大器仿真电路

置电路采用 R_1 和 R_2 组成的分压电路，并在发射极中接有电阻 R_5，以稳定放大器的静态工作点。当在放大器的输入端加入输入信号 u_i 后，在放大器的输出端便可得到一个与 u_i 相位相反、幅值被放大了的输出信号 u_o，从而实现了电压放大。

1. 函数信号发生器的参数设置

双击函数信号发生器图标，出现如图 2-3-2 所示面板图，改动面板上的相关设置，可改变输出电压信号的波形类型、大小、占空比或偏置电压等。

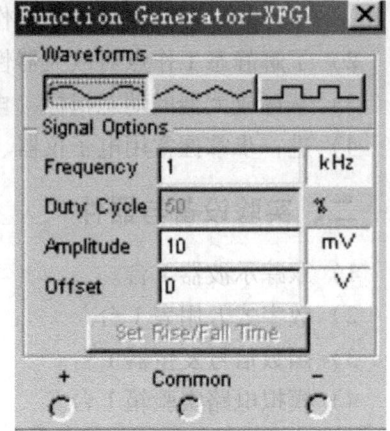

Waveforms 区：选择输出信号的波形类型，有正弦波三角波和方波等三种周期信号供选择。本例选择正弦波。

Signal Options 区：对 Waveforms 区中选取的信号进行相关参数设置。

Frequency：设置所要产生信号的频率，范围为 1Hz ~999MHz。本例选择 1kHz

Duty Cycle：设置所要产生信号的占空比。设定范围为 1% ~99%。

Amplitude：设置所要产生信号的最大值（电压），其可选范围从 1μV ~999kV。本例选择 10mV。

图 2-3-2　函数信号发生器面板图

Offset：设置偏置电压值，即把正弦波、三角波、方波叠加在设置的偏置电压上输出，可选范围从 1μV ~999kV。

Set Rise/Fall Time 按钮：设置所要产生信号的上升时间与下降时间，而该按钮只有在产生方波时有效。

2. 电位器 RP 参数设置

双击电位器 RP，出现如图 2-3-3 所示对话框，单击 Value 选项卡。

Key 区：调整电位器大小所按键盘。

Increment 区：设置电位器按百分比增加或减少。

调整电位器 RP，确定静态工作点。电位器 RP 旁标注的文字"Key = A"表明按动键盘上 A 键，电位器的阻值按 5% 的速度减少；若要增加，按动 Shift + A 组合键，阻值将以 5% 的速度增加。电位器变动的数值大小直接以百分比的形式显示在一旁。启动仿真电源开关，反复按键盘上的 A 键。双击示波器图标，观察示波器输出波形，如图 2-3-4 所示。

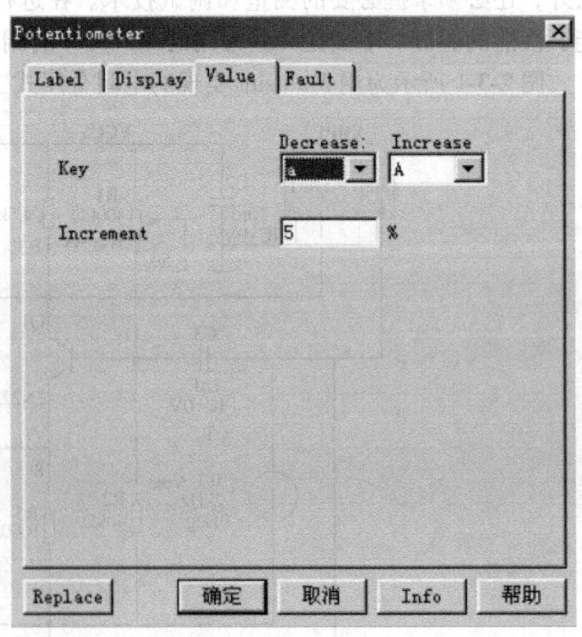

图 2-3-3　电位器调节

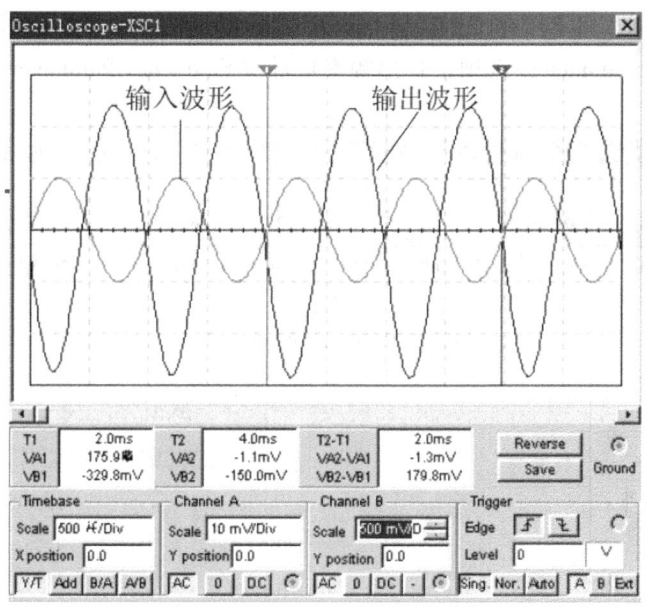

图 2-3-4　示波器图形显示

3. 直流工作点分析

在输出波形不失真情况下，选择 Options→Preferences→Show node names 选项使图显示节点编号，然后单击 Analysis→DC operating Point→Output variables，选择需要用来仿真的变量。最后单击 "Simulate" 按钮，系统自动显示出运行结果，如图 2-3-5 所示。

```
DC Operating Point
6                    1.88811
1                    7.48943
3                    5.23662
17                   0.00000
5                    2.53127
8                    0.00000
vccvcc#branch       -2.01467m
```

图 2-3-5　运行结果显示

4. 电路直流扫描

直流扫描分析（DC Sweep Analysis）是利用一个或两个直流电源分析电路中某一节点上的直流工作点的数值变化情况。本例分析了电路中节点 "2" 随电源电压变化的曲线，如图 2-3-6 所示，在图中单击  图标可显示/隐蔽指针，该指针与示波器显示屏上的读数指针相同，即拖动指针可测出集电极的电位随电源电压变化的情况。

5. 单管放大器动态分析

用鼠标单击 Simulate→Analysis→AC Analysis，将弹出 AC Analysis 对话框，进入交流分析状态。AC Analysis 对话框有 Frequency Parameters、Output variables、Miscellaneous Options

和 Summary 四个选项。本例中首先用鼠标单击其中 Output variables，选定节点 8 进行仿真，然后单击 Frequency Parameters 选项，弹出频率特性（Frequency Parameters）对话框，如图 2-3-7 所示。

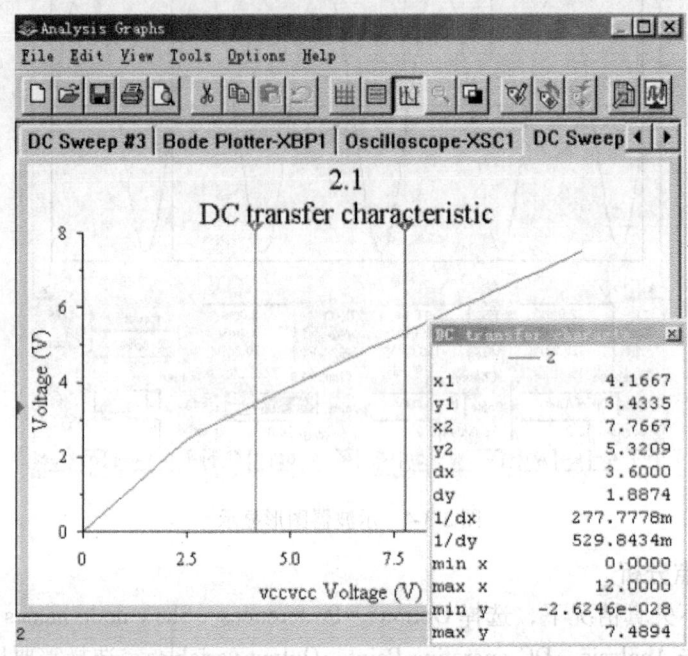

图 2-3-6　直流节点电压与电源电压关系显示

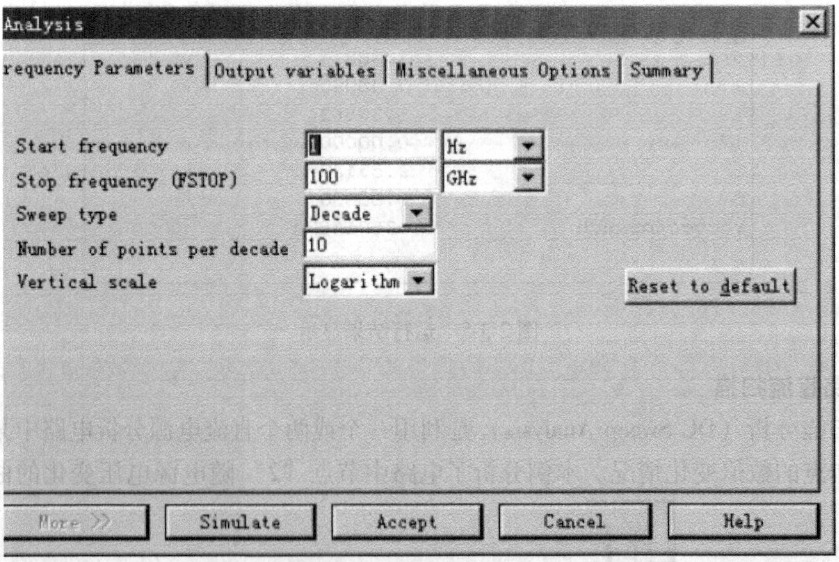

图 2-3-7　频率特性对话框

1) Frequency Parameters 参数设置。在 Frequency Parameters 参数设置对话框中，可以确定分析的起始频率、终点频率、扫描形式、分析采样点数和纵向坐标（Vertical scale）等参数。本例中，在 Start frequency 窗口中，设置分析的起始频率为 1Hz。在 Stop frequency（FS-

TOP）窗口中，设置扫描终点频率为100GHz。在Sweep type窗口中，设置分析的扫描方式为Decade（十倍程扫描）。在Number of points per decade窗口中，设置每十倍频率的分析采样数，默认为10。在Vertical Scale窗口中，选择纵坐标刻度形式为Logarithmic（对数）形式（默认设置为对数形式）。

2）恢复默认值。单击"Reset to default"按钮，即可恢复默认值。

3）分析节点的频率特性波形。单击"Simulate"（仿真）按钮，即可在显示图上获得被分析节点的频率特性波形。动态分析的结果，可以显示幅频特性和相频特性，如图2-3-8所示。

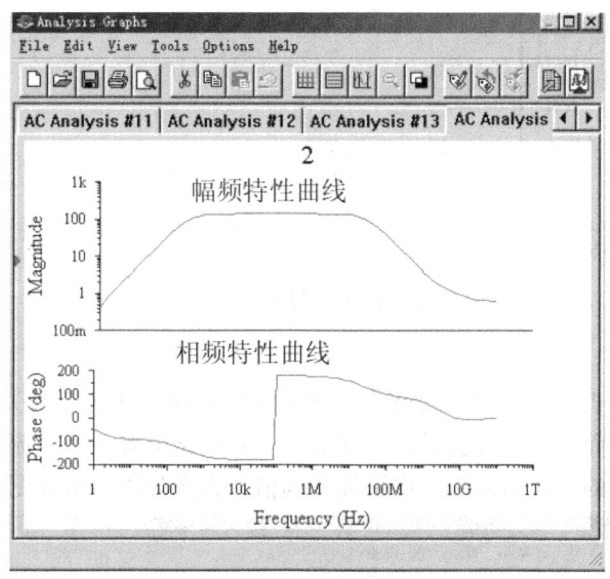

图2-3-8 动态分析频率特性

如果用波特图仪连至电路的输入端和被测节点，双击伯德图仪，同样也可以获得交流频率特性，显示结果如图2-3-9所示。

4）放大器幅值及频率测试。双击示波器图标，通过拖曳示波器面板中的指针可分别测出输出电压的峰峰值及周期。

5）电路噪声分析（Noise Analysis）。噪声分析通过检测电子线路输出信号的噪声功率幅度，用于计算、分析电阻或晶体管的噪声对电路的影响。在分析时，假定电路中各噪声源是互不相关的，因此它们的数值可以各自分开计算。总的噪声是各噪声在该节点的和（用有效值表示）。噪声分析显示如图2-3-10所示。

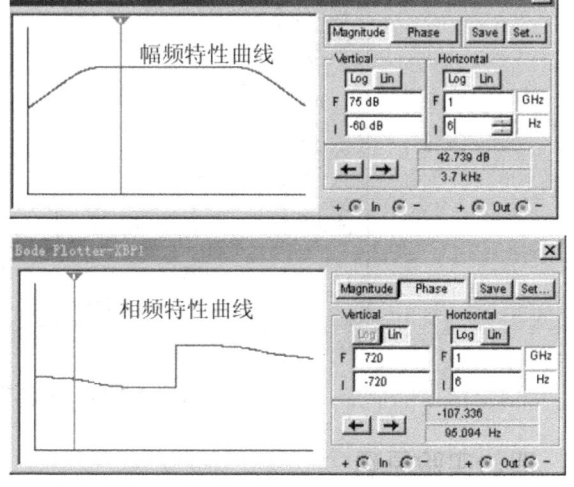

图2-3-9 波特图仪频率特性显示

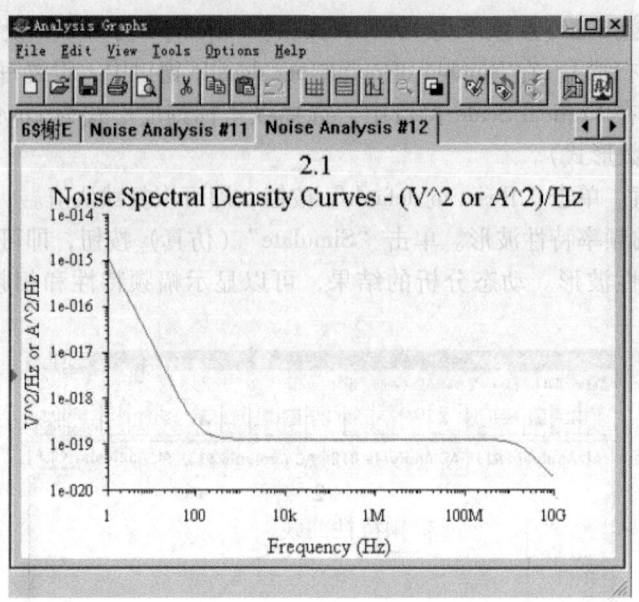

图 2-3-10　噪声分析显示

6. 电路失真分析

失真分析用于分析电子电路中的谐波失真和内部调制失真（互调失真），通常非线性失真会导致谐波失真，而相位偏移会导致互调失真。若电路中有一个交流信号源，该分析能确定电路中每一个节点的二次谐波和三次谐波的幅值。失真分析显示如图 2-3-11 所示。

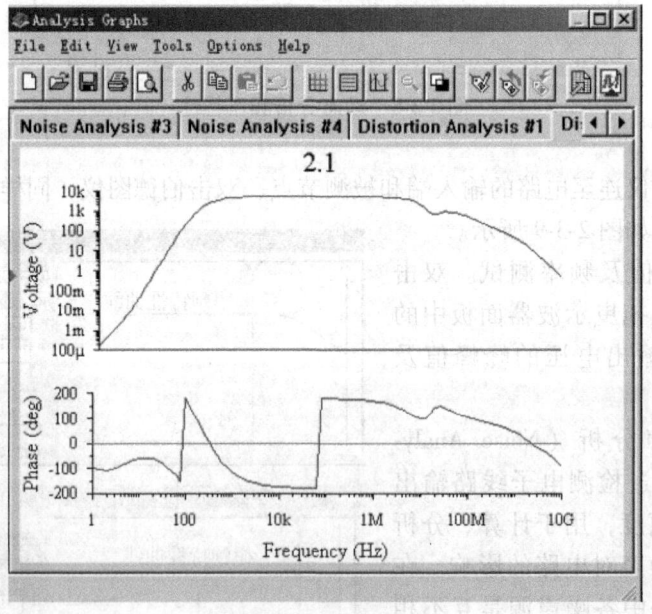

图 2-3-11　失真分析显示

四、实验原理

在放大器输入端接入交流信号 u_i 后，其输出端得到一个不失真的交流信号，并有足够的电压放大倍数。图 2-3-12 所示为分压式共射极单管放大器实验电路。其基极偏置电路由 R_{B1} 和 R_{B2} 组成的分压电路构成，R_{B2} 由一个固定电阻和电位器 RP 串联得到，RP 用来调节偏置电阻 R_{B2} 的大小，从而达到调节静态工作点的目的。

研究影响电压放大倍数的因素和输出波形不失真的条件，是了解放大器能否正常工作的两个重要内容。

1. 静态工作点的调试

放大器静态工作点的调试是指对晶体管集电极电流 I_C（或 U_{CE}）的调整与测试。静态工作点是否合适，对放大器的性能和输出波形都有很大影响。若工作点偏高，放大器在加入交流信号以后易产生饱和失真，此时 u_o 的负半周将被削底，如图 2-3-13a 所示；若工作点偏低则易产生截止失真，即 u_o 的正半周被缩顶（一般截止失真不如饱和失真明显），如图 2-3-13b 所示。

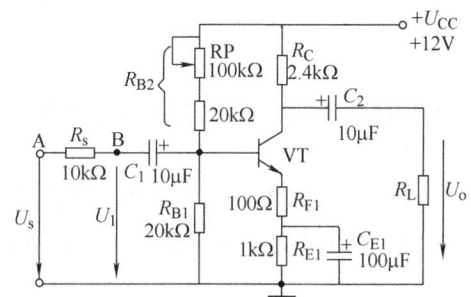

图 2-3-12　分压式共射极单管放大器实验电路

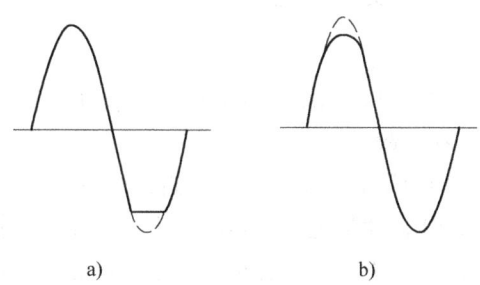

图 2-3-13　静态工作点对 u_o 波形失真的影响

改变电路参数 U_{CC}、R_C、R_B（R_{B1}、R_{B2}）都会引起静态工作点的变化，但通常多采用调节上偏置电阻 R_{B2} 的方法来改变静态工作点。

最后还要说明的是，上面所说的工作点"偏高"或"偏低"不是绝对的，应该是相对信号幅度而言，如需满足较大信号幅度的要求，静态工作点最好尽量靠近交流负载线的中点。

2. 放大器动态指标测试

放大器动态指标包括电压放大倍数、输入电阻、输出电阻、最大不失真输出电压（动态范围）和通频带等。

1）电压放大倍数 A_u 的测量。调整放大器到合适的静态工作点，加入输入电压 u_i，在输出电压 u_o 不失真的情况下，用交流毫伏表测出有效值 U_i 和 U_o，则电压放大倍数

$$A_u = \frac{U_o}{U_i}$$

2）输入电阻 R_i 的测量。测量放大器输入电阻的电路如图 2-3-14 所示，在被测放大器的输入端与信号源之间串入一已知电阻 R_s，在放大器正常工作的情况下，用交流毫伏表测出 U_s 和 U_i，则根据输入电阻的定义可得

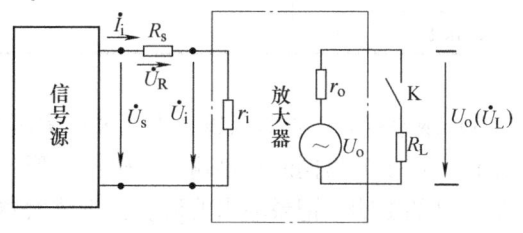

图 2-3-14　输入、输出电阻测量电路

$$R_i = \frac{U_i}{I_i} = \frac{U_i}{\dfrac{U_R}{R_s}} = \frac{U_i}{U_s - U_i} R_s$$

3）输出电阻 R_o 的测量。测量放大器输出电阻 R_o 的电路如图 2-3-14 所示。在放大器正常工作条件下，测出输出端不接负载的输出电压 U_o 和接入负载 R_L 后的输出电压 U_L，根据

$$U_L = \frac{R_L}{R_o + R_L} U_o$$

即可求出

$$R_o = \left(\frac{U_o}{U_L} - 1\right) R_L$$

五、实验内容

方案 1：

实验电路如图 2-3-12 所示。在实验过程中为防止干扰，各仪器与放大器的公共地端必须连在一起。

1）调试静态工作点。按图 2-3-12 连接实验电路，在输入交流信号（$u_i = 0$）的情况下，调节 RP，使集电极对地电位 $U_C = 6.5\text{V}$，分别测量晶体管各电极的对地电压 U_C、U_B 和 U_E，计算 U_{BE}、U_{CE}、集电极电流 I_C，并记入表 2-3-1 中。

表 2-3-1

测量值			计算值		
U_B/V	U_E/V	U_C/V	U_{BE}/V	U_{CE}/V	I_C/mA

2）测量电压放大倍数，并观察负载 R_L 对电压放大倍数的影响。在放大器的 A 点输入频率 $f = 1\text{kHz}$ 的正弦信号 U_s，调节函数信号发生器的输出信号幅度，使放大器 B 点的输入电压 $U_i = 100\text{mV}$（有效值）。用示波器同时观察放大器输入电压 u_i 波形和输出电压 u_o 波形，在输出波形不失真的条件下，比较 u_o 和 u_i 的相位关系，用交流电压表测量下述三种负载情况下放大器的输出电压值 U_o，记入表 2-3-2 中。

表 2-3-2　　　　　($U_C = 6.5\text{V}$，$U_i = 100\text{mV}$，$f = 1\text{kHz}$)

R_L/kΩ	U_s	U_i	U_o/V	A_u	观察记录一组 u_o 和 u_i 波形
∞					
10kΩ					
2.4kΩ					

3）观察静态工作点对输出电压波形失真的影响。在 $R_L = \infty$ 的情况下，按表 2-3-3 给出的条件，用示波器同时观察输入、输出波形，了解放大器静态工作点变化及输入信号大小对波形失真的影响，记录输出波形。分析放大器的工作状态，测量此时的电压 U_C（静态工作点），写出波形失真名称。

表 2-3-3

测试条件	U_o 波形	Q点 U_C/V	失真名称	放大器工作状态
U_i = 100mV，RP 逆时针调到 U_o 出现失真				
U_i = 100mV，RP 顺时针调到 U_o 出现失真				
调节 RP，使 U_C = 6.5V，加大输入 U_i，使 U_o 上下同时失真	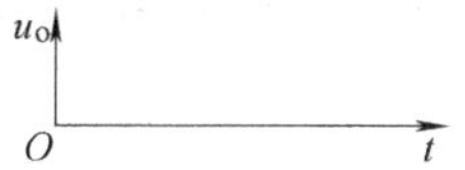			

4）计算输入电阻 R_i 和输出电阻 R_o。在 R_L = 2.4kΩ，U_C = 6.5V，输入信号为 f = 1kHz，U_i = 100mV 的正弦信号条件下，利用表 2-3-2 所测量的数据，计算输入电阻 R_i 和输出电阻 R_o，记入表 2-3-4 中。

表 2-3-4 （U_C = 6.5V，R_L = 2.4kΩ，R_s = 10kΩ）

$R_i = \dfrac{U_i}{U_s - U_i} R_s$	$R_o = \left(\dfrac{U_o}{U_L} - 1\right) R_L$

方案 2（设计性实验）：

1. 设计任务

设计一个分压式单管放大器。已知参数：晶体管的 $\beta \geq 80$，电源电压 U_{CC} = 12V，电阻、电容若干。要求该放大器的放大倍数 $A_u \geq 20$、输入电阻 $R_i \geq 5$kΩ、输出电阻 $R_o \leq 2.4$kΩ。建议基极上偏置电阻用 100kΩ 电位器和一个电阻串联，设耦合电容 C_1、C_2 相等。输入信号频率 f = 1kHz。

2. 设计要求

要求先将实验方案在仿真软件上进行虚拟仿真，仿真通过以后再进入实际电路的安装。自拟实验步骤、测试方法和表格。

六、思考题

1）测试中，如果将函数信号发生器、交流毫伏表、示波器中任一仪器的两个测试端子接线换位（即各仪器的接地端不再连在一起），将会出现什么问题？

2）放大器的上偏置电阻 R_{B2} 为什么用一固定电阻与一电位器串联，而不能直接用电位器？

3）放大器的静态与动态测试有无区别？
4）试分析输入电阻 R_i 的测试原理。

七、实验报告要求

1）简要列出实验步骤和有关的计算公式，画出实验电路。
2）列表整理测量结果，并把电压放大倍数、输入电阻、输出电阻计算值填入表中，写出计算过程。
3）回答思考题。

实验四　射极跟随器

一、实验目的

1）掌握射极跟随器的特性及测试方法。
2）进一步学习放大器各项参数测试方法。

二、实验设备与器件

1）双踪示波器 1 台。
2）数字式万用表 1 台。
3）函数信号发生器 1 台。
4）模拟电路实验箱 1 台。

三、实验预习要求

1）复习射极跟随器的工作原理。
2）在 Multisim 上根据图 2-4-2 的元件参数值估算静态工作点，并画出交、直流负载线。
3）改变负载电阻为 50Ω，观察放大倍数有什么变化？将负载改为开路，观察放大倍数有什么变化？改变哪些元器件参数对调节输入电阻和输出电阻更有效？

四、实验原理

射极跟随器的原理图如图 2-4-1 所示。它是一个电压串联负反馈放大电路，它具有输入电阻高、输出电阻低、电压放大倍数接近于 1、输出电压能够在较大范围内跟随输入电压作线性变化以及输入输出信号同相等特点。

射极跟随器的输出取自发射极，故称其为射极输出器。

1. 输入电阻 R_i

由图 2-4-1 所示电路

$$R_i = r_{be} + (1+\beta)R_E$$

如考虑偏置电阻 R_B 和负载 R_L 的影响，则

$$R_i = R_B /\!/ [r_{be} + (1+\beta)(R_E /\!/ R_L)]$$

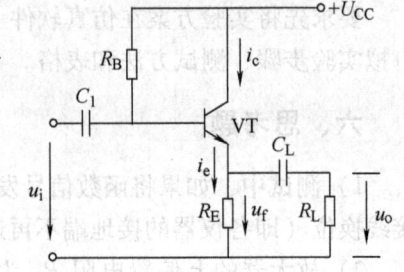

图 2-4-1　射极跟随器的原理图

由上式可知,射极跟随器的输入电阻 R_i 比共射极单管放大器的输入电阻 $R_i = R_B // r_{be}$ 要高得多,但由于偏置电阻 R_B 的分流作用,输入电阻难以进一步提高。

输入电阻的测试方法同单管放大器,实验电路如图 2-4-2 所示。

只要测得 A、B 两点的对地电位即可计算出 R_i

$$R_i = \frac{U_i}{I_i} = \frac{U_i}{U_s - U_i} R$$

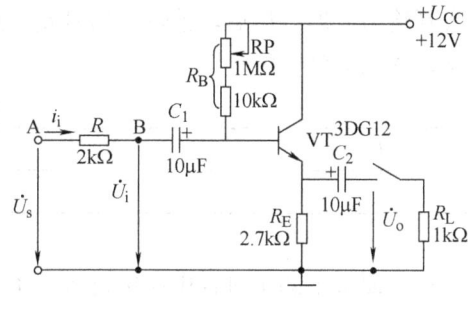

图 2-4-2 射极跟随器实验电路

2. 输出电阻 R_o

由图 2-4-1 所示电路

$$R_o = \frac{r_{be}}{\beta} // R_E \approx \frac{r_{be}}{\beta}$$

如考虑信号源内阻 R_s,则

$$R_o = \frac{r_{be} + (R_s // R_B)}{\beta} // R_E \approx \frac{r_{be} + (R_s // R_B)}{\beta}$$

由上式可知,射极跟随器的输出电阻 R_o 比共射极单管放大器的输出电阻 $R_o \approx R_C$ 低得多。晶体管的 β 愈高,输出电阻愈小。

输出电阻 R_o 的测试方法同单管放大器,即先测出空载输出电压 U_o,再测出接入负载 R_L 后的输出电压 U_L,根据

$$U_L = \frac{R_L}{R_o + R_L} U_o$$

即可求出 R_o

$$R_o = \left(\frac{U_o}{U_L} - 1\right) R_L$$

3. 电压放大倍数

由图 2-4-1 所示电路

$$A_u = \frac{(1+\beta)(R_E // R_L)}{r_{be} + (1+\beta)(R_E // R_L)} \leq 1$$

上式说明,射极跟随器的电压放大倍数小于近于 1,且为正值。这是深度电压负反馈的结果。但它的射极电流仍比基流大 $(1+\beta)$ 倍,所以它具有一定的电流和功率放大作用。

4. 电压跟随范围

电压跟随范围是指射极跟随器输出电压 u_o 跟随输入电压 u_i 作线性变化的区域。当 u_i 超过一定范围时,u_o 便不能跟随 u_i 作线性变化,即 u_o 波形产生了失真。为了使输出电压 u_o 正、负半周对称,并充分利用电压跟随范围,静态工作点应选在交流负载线中点,测量时可直接用示波器读取 u_o 的峰峰值 U_{oP-P},即电压跟随范围;或用交流毫伏表读取 u_o 的有效值 U_o,则电压跟随范围为

$$U_{oP-P} = 2\sqrt{2} U_o$$

五、实验内容

方案 1:

按图 2-4-2 连接实验电路,在实验过程中为防止干扰,各仪器与放大器的公共地端必须

1) 静态工作点的调整。接通 +12V 直流电源，在 B 点加入 $f=1\mathrm{kHz}$ 正弦信号 u_i。用示波器监视输出波形，反复调整 RP 及信号源的输出幅度，使在示波器的屏幕上得到一个最大不失真输出波形。然后取消输入信号 u_i，用直流电压表测量晶体管各电极对地电位，将测得数据记入表 2-4-1 中。

表 2-4-1

U_E/V	U_B/V	U_C/V	I_E/mA

在下面整个测试过程中应保持 RP 值不变（即保持静态工作点 I_E 不变）。

2) 测量电压放大倍数 A_u、输入电阻 R_i、输出电阻 R_o。接入负载 $R_L=1\mathrm{k}\Omega$，在 B 点加入频率为 1kHz 的正弦信号 u_i，调节输入信号幅度，用示波器同时观察输入、输出波形。在输出最大不失真的情况下，用交流毫伏表测量输入电压 U_i、A 点电压 U_s、空载时输出电压 U_o ($R_L=\infty$)、有负载时输出电压 U_L ($R_L=1\mathrm{k}\Omega$) 的值，根据测量数据计算 A_u、R_i、R_o。输入电阻 R_i、输出电阻 R_o 的计算方法参见实验三。将数据记入表 2-4-2 中。

表 2-4-2

测 量 值				计 算 值		
U_s/V	U_i/V	U_o/V	U_L/V	A_u	R_i/kΩ	R_o/kΩ

3) 测试跟随特性并测量输出电压峰峰值 $U_{oP\text{-}P}$。接入负载 $R_L=1\mathrm{k}\Omega$，在 B 点加入 $f=1\mathrm{kHz}$ 正弦信号 u_i。逐渐增大信号 u_i 的幅度，用示波器观察输出波形 u_o 直至输出波形达到最大不失真，测量对应的 U_L 值，并用示波器测量输出电压的峰峰值 $U_{oP\text{-}P}$，记录输入输出波形，注意它们的相位关系。将测得数据记入表 2-4-3 中。

表 2-4-3

参数 \ 测量点	1	2	3	4	5	6
U_i/V						
U_L/V						
$U_{oP\text{-}P}$/V						
输入波形 u_i						
输出波形 u_o						

4)测试频率响应特性。保持输入信号 u_i 幅度不变,改变信号源频率,用示波器观察输出波形 u_o,用交流毫伏表测量不同频率下的输出电压 U_L 值,记入表 2-4-4 中。

表 2-4-4

f/kHz	
U_L/V	

方案 2(设计性实验):

1. 设计任务

设计一个射极跟随器。已知参数:$R_L = 1\text{k}\Omega$,晶体管为 3DG12,其 $\beta = 100$,电阻、电容若干,要求输出电压 $U_o \geq 1.5\text{V}$。射极跟随器的设计电路如图 2-4-3 所示。

2. 实验目的

掌握射极跟随器元器件参数的计算和选择方法,并调试放大电路。

3. 设计要求

要求先将实验方案在仿真软件上进行虚拟仿真,仿真通过以后再安装实际电路,自拟实验方案和测试实验数据。

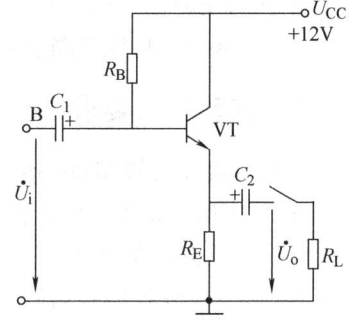

图 2-4-3 射极跟随器设计电路

六、思考题

1)射极跟随器的性能和特点是什么?

2)射极跟随器的输入电阻与 R_e 和 R_L 有关,能否靠加大 R_e(或 R_L)来提高输入电阻,为什么?

七、实验报告要求

1)按要求填写各实验表格,整理实验数据,并画出必要的波形和曲线。

2)将实验结果与理论计算值相比较,分析产生误差的原因。

3)回答思考题。

实验五 差动放大器

一、实验目的

1)了解差动放大器的电路特点和工作原理。

2)掌握差动放大器直流工作状态的调整和测试方法。

3)掌握差动放大器主要特性参数的调试和计算方法。

4)了解减小零点漂移、提高共模抑制比的原理和方法。

5)学会独立安装、调试电路和检查电路,解决电路故障,提高发现问题、分析问题、解决问题的能力。

二、实验设备与器件

1）双踪示波器 1 台。
2）数字式万用表 1 台。
3）函数信号发生器 1 台。
4）直流稳压电源 1 台。
5）模拟电路实验箱 1 台。
6）（方案 2）集成电路 μA741，电阻、电容若干。

三、实验预习要求

1. 差分放大器的 Multisim 仿真

图 2-5-1 所示是差动放大器仿真电路。它由两个元件参数相同的基本共射极放大电路组成。当开关 K 拨向左边时，构成典型的差动放大器。调零电位器 RP 用来调节 VT_1、VT_2 管的静态工作点，使得输入信号 $U_i = 0$ 时，双端输出电压 $U_o = 0$。R_E 为两管共用的发射极电阻，它对差模信号无负反馈作用，因而不影响差模电压放大倍数，但对共模信号有较强的负反馈作用，故可以有效地抑制零点漂移，稳定静态工作点。

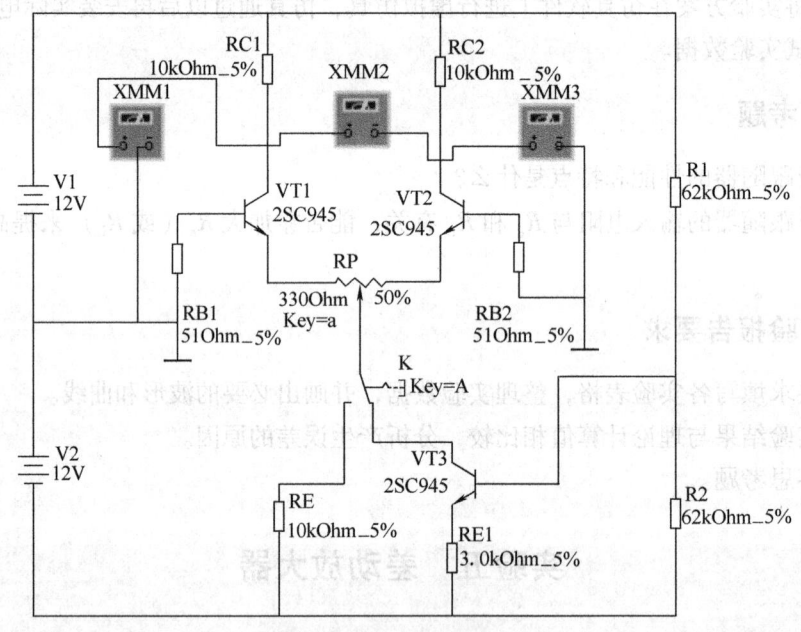

图 2-5-1 差动放大器仿真电路

在设计时，选择 VT_1、VT_2 特性完全相同，相应的电阻也完全一致，调节电位器 RP 的位置置于 50% 处，则当输入电压等于零时，$U_{CQ1} = U_{CQ2}$，即 $U_o = 0$。双击图中万用表 XMM1、XMM2、XMM3 分别显示出 U_{CQ1}、U_{CQ2}、U_o 电压，其显示结果如图 2-5-2 所示。

2. 差模电压放大倍数和共模电压放大倍数

1）差模电压放大倍数。

①双端输出方式：R_E 视为短路，RP 在中心位置时，调节好工作点后，在 VT_1、VT_2 两

只晶体管的基极之间加上信号源 1000Hz、10mV 的信号；将示波器接在 VT$_1$、VT$_2$ 两只晶体管的集电极之间，观察输出信号。

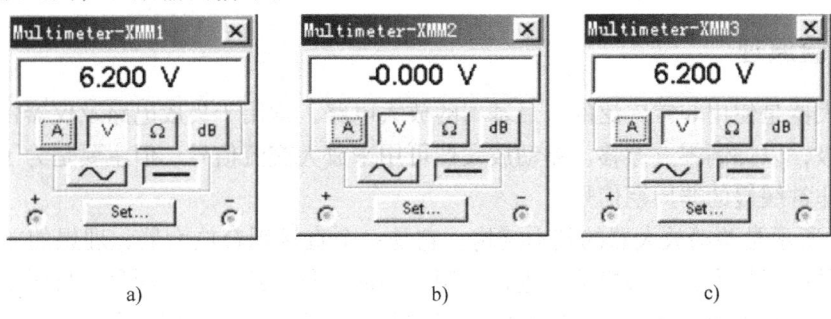

图 2-5-2　万用表显示结果

a) U_{CQ1} 显示结果　b) 显示结果　c) U_{CQ2} 显示结果

②单端输出方式：将示波器的正负极接在 VT$_1$ 集电极与地之间，增加一个示波器接到 VT$_2$ 集电极与地之间。观察单端输出的波形的幅度，将它与前面双端输出的信号幅度进行比较。同时比较示波器显示的在 VT$_1$、VT$_2$ 集电极对地电压波形的相位关系，如图 2-5-3 所示。

2）共模电压放大倍数。共模信号不存在单端输入方式，因为静态工作点的漂移、电源的干扰对于差分放大器的两个管子影响是同时存在的，这相当于在两个晶体管的输入端加入了共模信号。在差分放大器的对管输入端加入大小相同、相位相同的假想共模信号，观察测量单端输出和输出共模信号的幅度。

3. 输入信号

差动放大器的输入信号可采用直流信号也可采用交流信号。

1）根据图 2-5-4 所示实验电路的参数，重新估算典型差动放大器和具有恒流源的差动放大器的静态工作点及差模电压放大倍数（取 $\beta_1 = \beta_2$），并重新仿真验证估算结果。

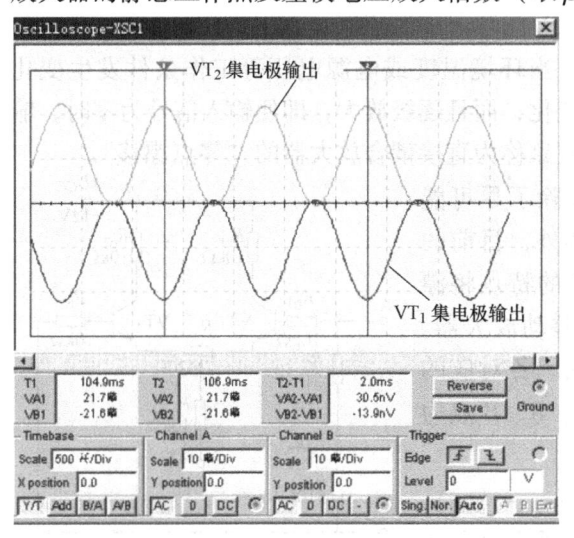

图 2-5-3　示波器显示集电极电压间相位关系

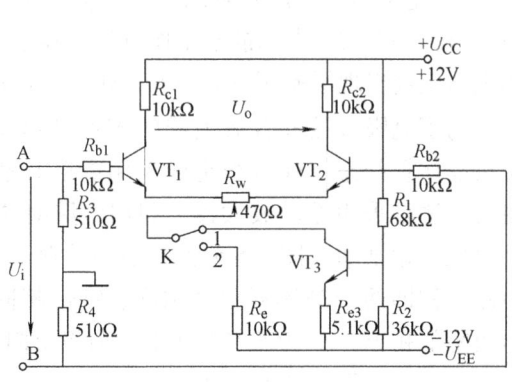

图 2-5-4　差动放大器

2）测量静态工作点时，放大器输入端与地应如何连接？

3）实验中怎样获得双端和单端输入差模信号？怎样获得共模信号？

四、实验原理

差动放大器是使用非常广泛的、最基本的放大电路，常用于集成电路及仪器仪表中，通常用于输入级，以抑制零点漂移。差动放大器可用来放大交流信号，但主要是为了放大直流信号和变化非常缓慢的非周期信号。

图 2-5-4 所示是差动放大器的基本结构。它是一个直接耦合放大器，理想的差动放大器只对差模信号进行放大，对共模信号进行抑制，因而它具有抑制零点漂移、抗干扰和抑制共模信号的作用。它由两个元器件参数相同的基本共射极放大电路组成。电阻 R_3 和 R_4 将不对称的输入信号变为对称的输入信号，R_e 为两管共用的发射极电阻，它对差模信号无负反馈作用，因而不影响差模电压放大倍数，但对共模信号有较强的负反馈作用，故可以有效地抑制零点漂移，稳定静态工作点。

1. 静态工作点的估算

当开关 K 掷向 2 时，对图 2-5-4 的典型电路，其工作点计算如下：

$$I_E \approx 2 \frac{U_{EE} - U_{BE}}{\frac{1}{2}R_w + R_e}$$

$$I_{C1} = I_{C2} = \frac{1}{2}I_E$$

当开关 K 掷向 1 时，对图 2-5-4 的恒流源电路，其工作点计算如下：

$$I_{C3} \approx I_{E3} \approx \frac{\frac{R_2}{R_1 + R_2}(U_{CC} + U_{EE}) - U_{BE}}{R_{e3}}$$

$$I_{C1} = I_{C1} = \frac{1}{2}I_{C3}$$

2. 差动放大器的特点

1）电路对称，能有效的抑制零点漂移。当环境温度或电源电压等工作条件发生变化时，直接耦合放大器的静态工作点将要随之变化，而且逐级放大，即便输入信号为零时，输出电压也会出现缓慢而不规则的变化，这种现象称为直接耦合放大器的"零点漂移"。

为了克服直接耦合放大器的零点漂移，除了尽可能保持晶体管静态工作点稳定或采用温度补偿外，目前的主要方法是采用差动放大器，利用电路对称的特点将漂移电压互相抵消。图 2-5-5 所示是一种典型差动放大器。电路对称即两个晶体管型号相同、特性相同、各对应的电阻阻值相等。R_e 为两管共用的发射极电阻。A、B 点为输入端，两管集电极为输出端。

静态时 $\Delta U_i = 0$，两管静态电流相等（$I_{CQ1} = I_{CQ2}$），它们在 R_{c1}、R_{c2} 上产生的电压降也相等，因而输出电压 $\Delta U_o = I_{CQ1}R_{c1} - I_{CQ2}R_{c2} = 0$，有效抑制了零点漂移。

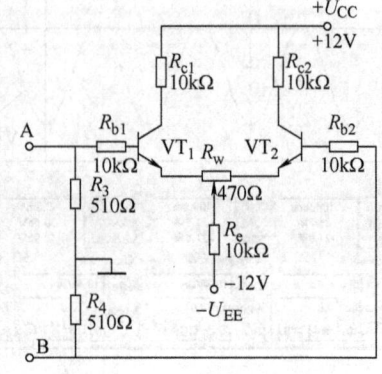

图 2-5-5 一种典型差动放大器

2) 对差模信号有放大作用。如图 2-5-5 所示,所谓的差模信号是指在输入端 A、B 端加入大小相等且极性相反的两个信号,即 $U_{i1}=-U_{i2}$,称为"差模输入信号"。差模输入时,VT_1 和 VT_2 的输出电压 $\Delta U_o = U_{C1} = U_{C2}$,即为两管集电极电压之差。由于两管集电极电流变化量相反,即 $i_{C1} = I_{CQ} + i_C$,$i_{C2} = I_{CQ} - i_C$,$\Delta I_{C1} = -\Delta I_{C2}$,流经 R_e 的电流仍不变,即 $\Delta U_E = 0$,R_e 不起负反馈作用,因而,对差模信号而言,R_e 相当于短路。因此,这时差动放大器的差模放大倍数为

$$A_{du} = \frac{U_o}{U_i} = \frac{U_{C1} - U_{C2}}{U_{i1} - U_{i2}} = -\frac{\beta R_{c1}}{R_{b1} + r_{be}}$$

式中,U_{C1}、U_{C2} 分别为两管集电极对地的电压;U_{i1}、U_{i2} 分别为两输入端对地的电压(以下各式相同);r_{be} 为晶体管输入电阻。

3) 对共模信号有抑制作用。所谓的共模信号是指在输入端 A、B 端加入大小相等且极性相同的两个信号,即 $U_{i1} = U_{i2}$,称为"共模输入信号"。这种输入方式称为"共模输入",如图 2-5-6 所示。

电路理想对称时 $U_{C1} = U_{C2}$,则 $\Delta U_o = U_{C1} - U_{C2} = 0$,即共模放大倍数等于零

$$A_{uc} = \frac{\Delta U_o}{\Delta U_i} = \frac{U_{C1} - U_{C2}}{\Delta U_i} = 0$$

事实上,电路不可能完全对称,因此,共模输入时放大器的 $\Delta U_o \neq 0$,因此 $A_{uc} \neq 0$,只不过共模放大倍数很小而已。

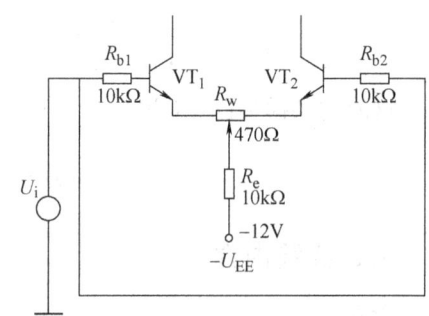

图 2-5-6 共模输入

共模输入时,两管电流同时增大或减小,R_e 上电压降也随之增大或减小,R_e 起着负反馈作用,等于每个管子的发射极接入了 $2R_e$ 的电阻。由此可见,R_e 对共模信号起抑制作用;并且 R_e 越大,抑制作用越强。

晶体管因温度、电源电压等变化所引起的工作点变化,在差动放大器中相当于共模信号,因此,差动放大器大大抑制了温度、电源电压等变化对工作点的影响。

4) 共模抑制比(K_{CMR})。对于差动放大器,希望有较大的差模放大倍数和尽可能小的共模放大倍数。为了全面衡量差动放大器的质量,引入了共模抑制比 K_{CMR}(dB)为

$$K_{CMR} = 20\lg\left|\frac{A_{ud}}{A_{uc}}\right|$$

对于理想的双端输出差动放大器(图 2-5-5),$A_{cu} = 0$,$K_{CMR} = \infty$。

K_{CMR} 越大,表示电路对称性能好,对信号放大能力越强,抑制零点漂移的能力越强。

5) 提高共模抑制比的措施。图 2-5-5 中 R_e 对共模信号起负反馈作用,R_e 越大,负反馈越深,对零点漂移的抑制作用越强。但 R_e 太大,其上的直流电压降也增大,会影响晶体管的正常正作。在实用中,常用一个晶体管恒流源取代 R_e。因为工作于线性放大区的晶体管的 I_C 基本上不随 U_{CE} 变化(恒流性)而变化,所以交流电阻 $=\frac{\Delta U_{CE}}{\Delta I_C}$ 很大,从而解决了 R_e 不能取得很大的矛盾,大大提高了共模抑制比。

6) 差动放大器的其他形式。上面介绍的差模放大器,其输入信号分别加至两管基极,输

出信号从两管集电极引出，这叫做"双端输入—双端输出"接法，其特点是输入、输出端均不接地。实用中，输入、输出信号常常需要一端接地，这就是单端输入或单端输出方式。

①单端输入—双端输出差动放大器如图 2-5-7 所示。ΔU_i 加到其中一管基极与地之间。这种形式与双端输入情况近似，因此 A_{ud}、A_{uc}、K_{CMR} 的计算公式与前相同。

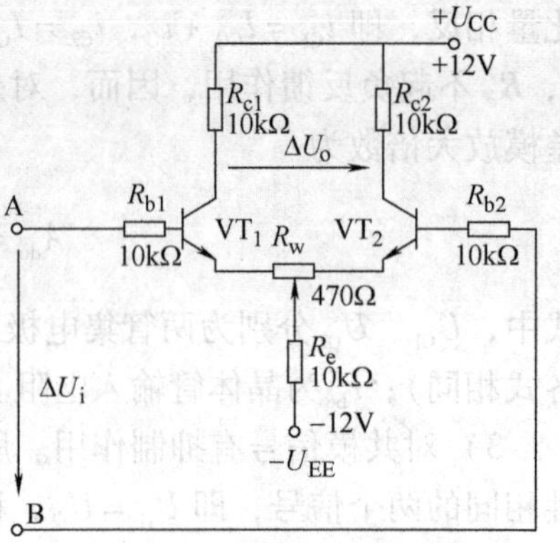

②单端输入—单端输出差动放大器。在图 2-5-7 中，若输出信号是某一管集电极对地的电压（U_{C1} 或 U_{C2}），则是单端输入—单端输出差动放大器。这种接法与前相比，由于输出信号减小一半，所以

差模放大倍数为

$$A_{ud1} = \frac{1}{2}A_{ud} = \left| \frac{1}{2} \frac{\beta R_c}{R_b + r_{be}} \right|$$

这时的共模放大倍数为

$$A_{uc1} = \frac{\beta R_e}{R_b + r_{be} + 2(\beta + 1)R_e}$$

这时的共模抑制比(dB)为

$$K_{CMR} = 20\lg\left|\frac{A_{ud}}{A_{uc}}\right| \approx 20\lg\frac{\beta R_e}{R_b + r_{be}}$$

图 2-5-7　单端输入—双端输出差动放大器

五、实验内容

方案 1：

按图 2-5-4 连接实验电路，首先构成基本差动放大器，按实验步骤顺序进行实验，将实验数据填入相应的表格中；然后再构成具有恒流源的差动放大器，按实验步骤顺序进行实验，将实验数据填入相应的表格中。

1. 测量静态工作点

1）调节放大器零点。接通 ±12V 直流电源，将放大器输入端 A、B 与地短接（即 $U_i = 0$），用直流电压表测量输出电压 U_o，调节调零电位器 R_w，使 $U_o = 0$，即 $U_{C1} = U_{C2}$。调节要仔细，力求准确。

2）测量静态工作点。零点调好以后，用直流电压表测量 VT$_1$、VT$_2$ 各极电位及 F 点对地电位 U_F 和 VT$_3$ 基极发射极间电压 U_{BE3}，并计算 I_{C1}(mA)、I_{C2}(mA)、I_E(mA)，记入表 2-5-1 中。并与理论值进行比较。必须注意，由于差动放大器一般电流都很小，为了减小测量仪器对直流工作状态的影响，要求使用输入电阻高的电压表，以获得较准确的测量。

表 2-5-1

		U_{C1}/V	U_{B1}/V	U_{E1}/V	U_{C2}/V	U_{B2}/V	U_{E2}/V	U_F 或 U_{BE3}/V
测量值	接 R_e							
	接恒流源							
计算值		I_{C1}/mA			I_{C2}/mA			I_E/mA
	接 R_e							
	接恒流源							

2. 测量差模电压放大倍数

1）测量双端输入差模电压放大倍数 A_{ud}。去掉输入端 A、B 与地的短接线,将信号源的输出端分别与实验电路的 A、B 点连接,便组成双端输入差模放大器。调节函数发生器为正弦输出,使频率 $f=400\text{Hz}$、$U_i=100\text{mV}$（有效值）,用示波器观察输出 u_{o1} 和 u_{o2} 的相位关系;或输入直流信号,调节模拟电路实验箱直流信号源使 $U_i=0.1\text{V}$,用数字式万用表测量单端输出电压 $U_{o1}(U_{C1})$、$U_{o2}(U_{C2})$ 和双端输出电压 $U_o(\Delta U_o)$,记入表 2-5-2 中,并计算双端输入差模电压放大倍数 A_{ud1}、A_{ud2}、A_{ud} 的值。

2）测量单端输入差模电压放大倍数 A_{ud}。将信号源输出接地端连接的 A 点（或 B 点）与地短接,即组成单端输入差模放大电路。

输入 $f=400\text{Hz}$、$U_i=100\text{mV}$（有效值）的交流信号,用示波器观察输出 u_{o1} 和 u_{o2} 的相位关系;或输入直流信号,调节模拟电路实验箱直流信号源使 $U_i=0.1\text{V}$,分别测量 $U_C(U_{C1})$、$U_D(U_{C2})$、$U_{CD}(\Delta U_o)$,计算单端输入差模电压放大倍数 A_{ud1}、A_{ud2}、A_{ud} 的值,并将所测数据与计算结果记入表 2-5-2 中。

表 2-5-2

		$U_{o1}(U_{C1})$	$U_{o2}(U_{C2})$	$U_o(\Delta U_o)$	A_{ud1}	A_{ud2}	A_{ud}
差模	双端输入 接 R_e						
	接恒流源						
	单端输入 接 R_e						
	接恒流源						

3. 测量共模电压放大倍数

测量共模电压放大倍数 A_{uc}。将放大器 A、B 短接,信号源输出接 A（B）端与地之间,即组成共模输入放大电路。

调节输入信号 $f=400\text{Hz}$、$U_i=50\text{mV}$（有效值）,用示波器观察输出 u_{o1} 和 u_{o2} 的相位关系;或输入直流信号,调节模拟电路实验箱直流信号源,使 $U_i=1\text{V}$,分别测量单端输出电压 $U_{o1}(U_{C1})$、$U_{o2}(U_{C2})$、ΔU_o,而双端输出电压 $U_o=U_{o1}-U_{o2}$,计算共模电压放大倍数 A_{uc1}、A_{uc2}、A_{uc},并将所测数据与计算结果记入表 2-5-3 中。

表 2-5-3

		$U_{o1}(U_{C1})$	$U_{o2}(U_{C2})$	$U_o(\Delta U_o)$	A_{uc1}	A_{uc2}	A_{uc}	K_{CMR}	K_{CMR1}
共模输入	接 R_e								
	按恒流源								

4. 计算双端输出和单端输出的共模抑制比 K_{CMR} 和 K_{CMR1}

计算结果记入表 2-5-3 中。

5. 测量频率特性

将电路接成单端输入—单端输出形式,只测接"R_e"的情况。

输入电压 $U_i=10\text{mV}$（有效值）,在不同频率下用万用表测出 U_{C1},计算 A_{du1},记入表 2-5-4 中,作出频率响应曲线 A_{ud1}—$\lg f$。

表 2-5-4

f/Hz 参数	50	100	200	300	500	1k	2k	5k	…
U_{C1}									
A_{du1}									

*6. 研究差动放大器滞后校正对频率特性的影响

完成上述测试后，在差动放大器两管集电极之间接一只 510pF 的电容器，重复 "5" 的步骤。测得结果与 "4" 步骤的结果比较分析。

方案2（设计性实验）：

1. 设计任务

设计一个由集成运算放大器组成的差分放大器，要求该电路满足下列技术指标：

差模电压增益：$|A_{ud}|=50$；

差模输入阻抗：$R_{id}>20\text{k}\Omega$；

共模抑制比：$K_{CMR}>200$；

通频带：$BW>30\text{kHz}$。

已知条件如下：

信号源内阻 $R_s=10\text{k}\Omega$；

负载电阻 $R_L=\infty$；

共模电压输入范围：$U_{ICM}\leqslant\pm9\text{V}$；

电源电压：$U_{CC}=+12\text{V}$，$U_{EE}=-12\text{V}$。

2. 设计要求

1）根据设计任务和已知条件确定电路方案，计算并选取放大电路的各元件参数。

2）静态测试：调零和消除自激振荡。

3）测量放大电路的主要性能指标：差模电压增益 A_{ud}，共模电压增益 A_{uc}，差模输入电阻 R_{id} 与通频带 BW，并与理论计算值进行比较。

3. 设计内容及步骤

1）根据已知条件和设计要求，选定电路方案，计算和选取元件参数，并在实验电路板上组装所设计的电路，检查无误后接通电源，进行下列调试。

2）静态调试：调零和消除自激振荡。

3）测量放大电路的主要性能指标：

①测量差模电压增益 A_{ud}。在两输入端加差模输入电压 U_{id}，输入 500Hz、200mV（有效值）的正弦信号，测量输出电压 U_{od}，观测与记录输出电压与输入电压的波形（幅值和相位关系），算出差模电压增益，并与理论值比较。

②测量共模电压增益 A_{uc}。将输入端并接，加共模输入电压 U_{ic}，输入 $f=500$Hz、有效值为 1V 的正弦电压，测量输出电压 U_{oc}，算出 A_{uc}。

③测量幅频响应。用逐点法测量，具体方法如下：在保持输入信号电压 U_{id} 一定的条件下（如令 $U_{id}=20$mV 不变），改变输入信号的频率，先测出中频区的输出电压 U_o，然后升高或降低信号频率直至输出电压下降到中频区输出电压 U_o 的 0.707 倍为止，该频率即为上限（f_H）或下限（f_L）截止频率。用描点法作出幅频响应曲线，从曲线上求出上限截止频率 f_H

和下限截止频率 f_L，而通频带 $BW = f_H - f_L$。

④测量差模输入电阻 R_{id}。

六、思考题

1）差动放大器为什么要调零？在调零时，为什么要把输入端接地？调零电位器（图2-5-1 中的 RP）的大小对放大器性能有何影响？

2）为什么采用"恒流源"比采用"R_e"更能改善差动放大器的性能？试用实验结果说明。

3）为什么差动放大器单端输入和双端输入两种方式的测量结果近似相等？

4）在作方案 2 的设计实验时，双端输入—双端输出及共模输入时，设计电路的输入端与信号源的输出端应如何连接？画图说明。

5）测量差模电压增益与共模电压增益应选用什么测量仪器（如示波器、交流毫伏表）？为什么？

七、实验报告要求

1）整理实验数据，列表比较实验结果和理论估算值，分析误差原因。
①静态工作点和差模电压放大倍数。
②基本差动放大电路单端输出时的 K_{CMR} 实测值与理论值比较。
③基本差动放大电路单端输出时 K_{CMR} 的实测值与具有恒流源的差动放大器 K_{CMR} 实测值比较。

2）根据实验结果，总结电阻 R_e 和恒流源的作用。

实验六　负反馈放大器

一、实验目的

1）学习两级阻容耦合放大器静态工作点的调试方法。
2）加深理解放大电路中引入不同组态的负反馈后，对放大器性能的影响。
3）研究负反馈放大电路各项性能指标的改善与反馈深度的关系。
4）掌握放大器动态参数的测试条件、原理、方法。
5）了解负反馈对放大器通频带和非线性失真的改善。
6）加深对负反馈放大器工作原理的理解。
7）通过实验，学习并掌握负反馈放大电路的设计、安装、调试及对电路参数的调整。

二、实验设备与器件

1）模拟电路实验箱 1 台。
2）函数信号发生器 2 台。
3）双踪示波器 1 台。
4）数字式万用表 1 台。

三、实验预习要求

图 2-6-1 所示为带有负反馈的两级阻容耦合放大器仿真电路，在电路中通过 R_F 把输出电压 u_o 引回到输入端，加在晶体管 VT（VT_1）的发射极上，在发射极电阻 R_{F1} 上形成反馈电压 u_f。根据反馈的判断法可知，它属于电压串联负反馈。

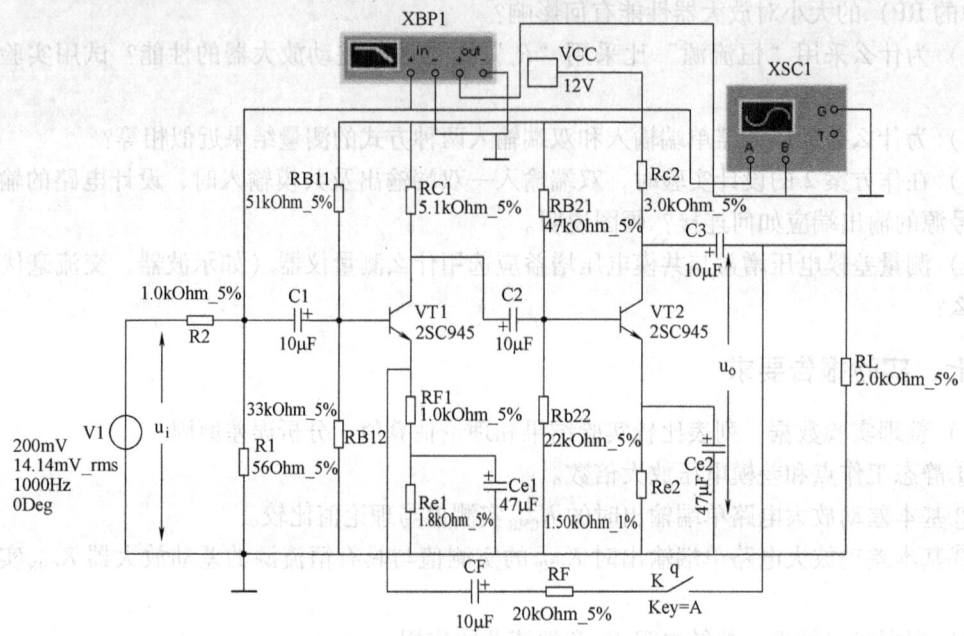

图 2-6-1　带有负反馈的两级阻容耦合放大器仿真电路

1）在 Multisim 上练习放大器静态工作点的设置及动态参数的测量原理与测量方法。

2）负反馈对失真的改善作用。将图 2-6-1 电路中开关"Key = A"断开，双击信号源符号，打开 AC Voltage 对话框，如图 2-6-2 所示。

Voltage 区：设置输入电压的幅值为 1V。

Voltage RMS 区：自动显示输入电压的有效值 0.71V。

Frequency 区：设置输入电压频率为 1000Hz。

也可逐步加大 u_i 的幅度，用示波器观察，使输出信号出现失真如图 2-6-3a 所示（注意不要严重失真），然后将开关"Key = A"闭合，从图 2-6-3b 上观察到输出波形的失真得到明显的改善。

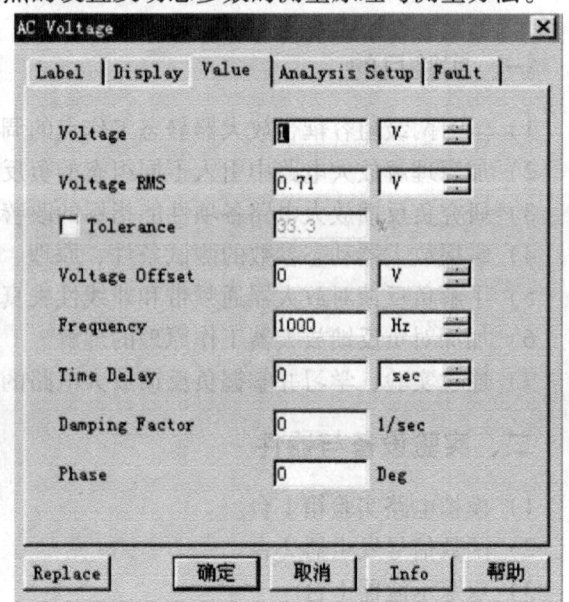

图 2-6-2　AC Voltage 对话框

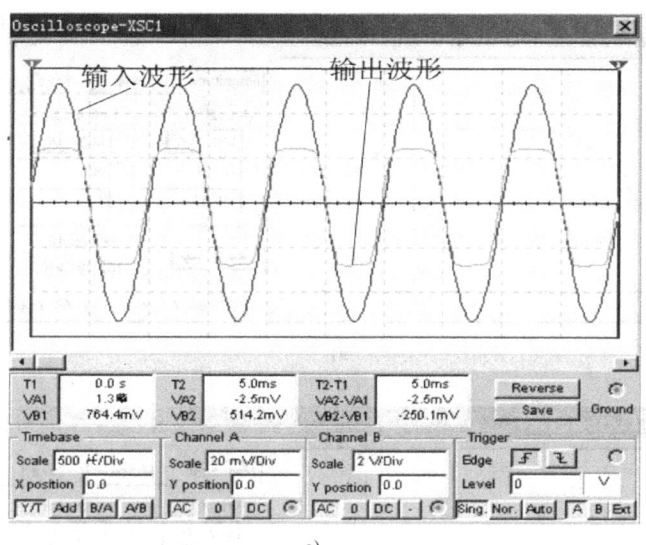

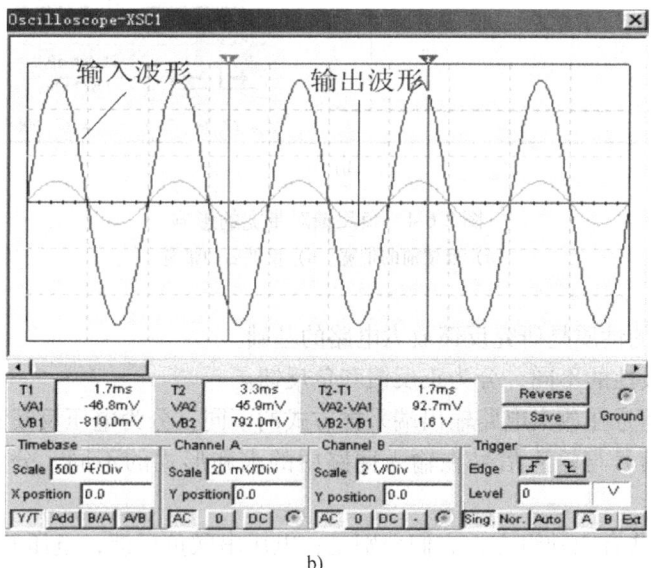

图 2-6-3 负反馈对失真的改善
a) 未加负反馈时波形出现失真 b) 加上负反馈后波形改善

3) 负反馈对频带的展宽。引入负反馈后,放大电路的中频放大倍数减小了,等于无负反馈时的 $1/(1+A_uF_u)$;上限频率 f_H 提高了,等于无负反馈时的 $(1+A_uF_u)$,而下限频率降低到原来的 $1/(1+A_uF_u)$,所以总的通频带得到了展宽。

从图 2-6-4a、b 可看出,波特图仪的参数设置是一样的,但加入负反馈后通频带得到了展宽。

四、实验原理

放大电路中引入直流负反馈可以稳定静态工作点,而交流负反馈则用以改善放大器的性能指标。

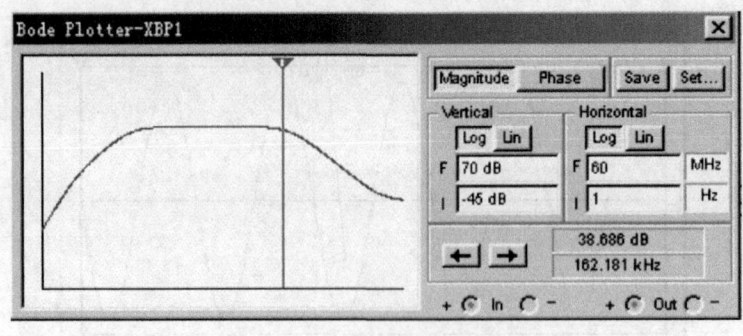

a)

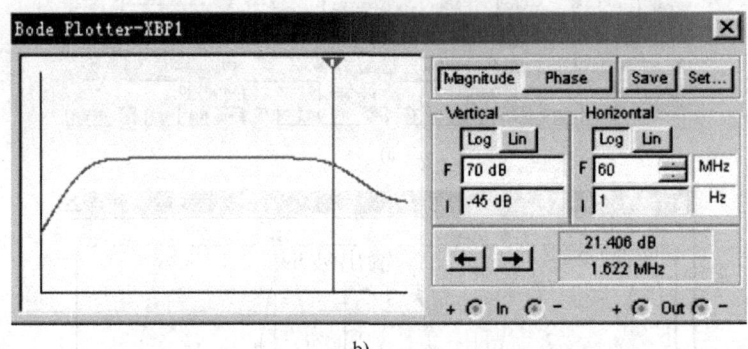

b)

图 2-6-4 负反馈对带宽的影响
a) 反馈前的带宽　b) 反馈后的带宽

正确判断反馈的性质是研究反馈放大电路的基础。
1）根据反馈极性的不同，分为正反馈和负反馈。
2）根据反馈信号在放大电路输出端采样方式的不同，分为电压反馈和电流反馈。
3）根据反馈信号与输入信号在输入回路中的求和形式的不同，分为串联反馈和并联反馈。

负反馈放大器共有四种组态，它们分别是：电压串联负反馈，电压并联负反馈，电流串联负反馈和电流并联负反馈。不同的负反馈形式，除对放大器输入、输出阻抗的影响不同外，对其他性能的影响是基本一致的，如改善增益的稳定性、扩展通频带、降低非线性失真等。

对于交流负反馈而言，其对放大电路性能的影响程度取决于反馈深度的大小，反馈深度越大，放大电路的性能越好，然而性能改善的同时，又会使增益降低，而且反馈太深会使电路产生自激振荡。虽然电路中引入交流负反馈后放大倍数要降低，但是它却使放大器的许多动态指标得到了改善，增益的降低也可以通过增加放大级数予以弥补，而且可采用频率补偿法，消除自激振荡。因此，几乎所有的实用放大器都引入了负反馈。

本实验主要以电压串联负反馈电路来研究交流负反馈对放大器性能的影响，电路如图 2-6-5 所示。

反馈系数 $F_{uu} = \dfrac{U_f}{U_o} = \dfrac{R'_{e1}}{R'_{e1} + R_f}$

引入反馈后放大倍数
$$A_f = \frac{A}{1+AF}$$

即负反馈使放大倍数降低了 $1+AF$，通常称 $1+AF = D$ 为反馈深度。

若 $1+AF \gg 1$，则
$$A_f \approx \frac{1}{F}$$

式（2-6-3）表明，当电路引入深度负反馈（$1+AF \gg 1$）时，放大倍数几乎决定于反馈网络，而与电路其他参数无关。

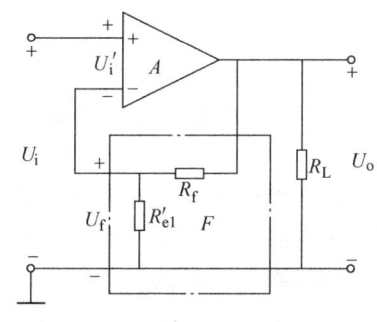

图 2-6-5 电压串联负反馈电路

负反馈对放大电路性能的改善表现在如下方面：

1）提高增益的稳定性。放大电路引入负反馈以后得到的最直接、最显著的效果就是提高放大倍数的稳定性。在输入信号一定的情况下，当电路参数发生变化（如晶体管参数变化、电源波动、信号频率漂移、元件温度变化等）时，由于引入了负反馈，放大电路输出信号的波动将大大减小，即放大倍数的稳定性提高了。

对 A 求导数得
$$\frac{dA_f}{A_f} = \frac{1}{1+AF} \frac{dA}{A}$$

即 A_f 的稳定性提高了 D 倍。

2）减小非线性失真。由于放大器件特性曲线的非线性，当信号幅度比较大时，非线性失真现象更为明显，引入负反馈可以减小非线性失真，如图2-6-6所示。

如果把非线性失真看成是在输出波形中除了基波成分以外增加了某些谐波成分，那么对噪声同样也可以看成是放大电路内部产生的谐波电压，它们的分析结果是相同的。

运用叠加定理可得
$$U_{df} = \frac{U_d}{1+AF}$$

式中，U_d 为无反馈时的谐波电压；U_{df} 为有反馈时的谐波电压。

引入负反馈后，输出的谐波部分减小到无反馈时的 $1/D$。与此同时，基波信号也会减小为原来的 $1/D$，但基波信号的减小可以通过增加输入

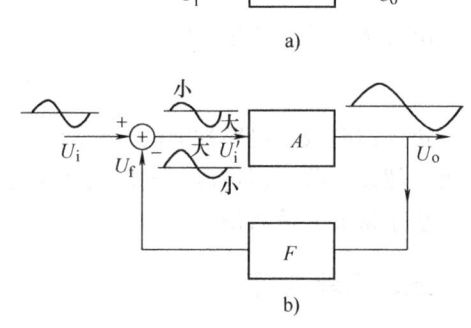

图 2-6-6 利用负反馈减小非线性失真
a）无反馈　b）引入负反馈

信号来补偿。应当注意的是，负反馈只能减小反馈环内的失真，如果输入波形本身就是失真的，则引入负反馈将无济于事。其次，负反馈使非线性失真降低到原来的 $1/D$ 的结论是运用叠加定理得到的，当非线性失真较严重时，叠加定理已不适用，因此，负反馈的改善作用也不明显。

3）展宽通频带。放大电路引入负反馈后，各种原因引起的放大倍数的变化都将减小，包括因信号频率变化而引起的放大倍数的变化，其效果是展宽了通频带。频带展宽的程度与

反馈深度 D 成正比，上限频率 f_{Hf} 和下限频率 f_{Lf} 分别为

$$f_{Hf} = (1 + AF)f_H$$

$$f_{Lf} = \frac{f_L}{1 + AF}$$

负反馈对通频带和放大倍数的影响如图 2-6-7 所示。

4）改变输入电阻和输出电阻。放大电路引入不同组态的负反馈后，对输入电阻和输出电阻将产生不同的影响。对输入电阻的影响取决于反馈信号与外加输入信号在输入回路的连接方式（串联还是并联）。串联负反馈使输入电阻增大，并联负反馈使输入电阻减小。对输出电阻的影响取决于反馈信号在输出端的采样方式（电压或是电流），电压负反馈将减小输出电阻，电流负反馈将增大输出电阻。对输入电阻、输出电阻的影响程度仍由反馈深度 D 决定。

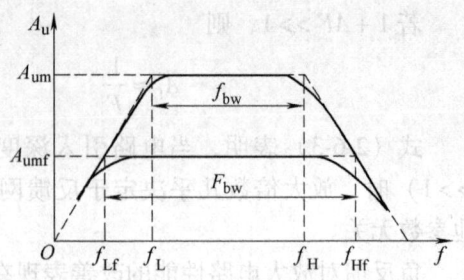

图 2-6-7 负反馈对通频带和放大倍数的影响

串联负反馈的输入电阻为

$$R_{if} = (1 + AF)R_i$$

并联负反馈的输入电阻为

$$R_{if} = \frac{R_i}{1 + AF}$$

电压负反馈的输出电阻为

$$R_{of} = \frac{R_o}{1 + AF}$$

电流负反馈的输出电阻为

$$R_{of} = (1 + AF)R_o$$

负反馈对放大电路性能的改善取决于反馈深度 D，一般来说，反馈愈深，改善的效果愈显著。然而，若反馈过深，输出会产生与输入信号无关的其他信号，即电路产生了自激振荡而无法正常放大输入信号。

五、实验内容

方案 1：

本实验主要以两级电压串联负反馈电路为例分析负反馈对放大器性能的影响，图 2-6-4 所示为实验电路。

1. 静态测试

按图 2-6-8 连接实验电路，将第一级输出连接至第二级输入，$U_{CC} = +12V$，当输入信号为零时，调节第一级的上偏置电位器 RP_1，使第一级集电极电位 $U_{C1} = 6.5V$，调节第二级的上偏置电位器 RP_2，使第二级集电极电位 $U_{C2} = 6.5V$，用直流电压表测量第一级及第二级的静态工作点，计算集电极电流 I_C，并记入表 2-6-1。

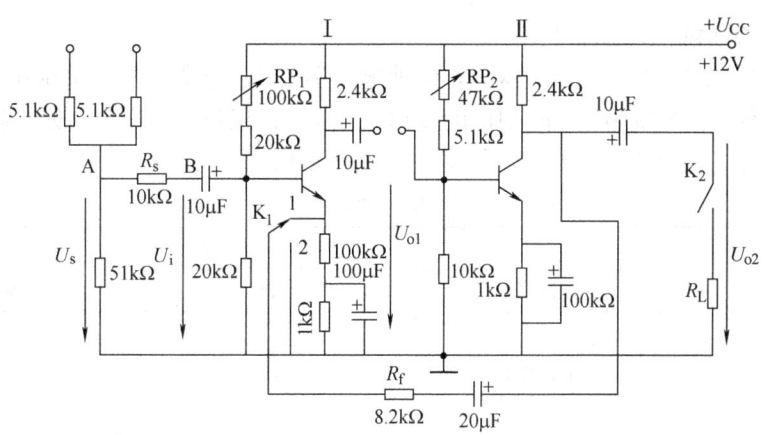

图 2-6-8　带有电压串联负反馈的两级阻容耦合放大器实验电路

表　2-6-1

U_{C1}	U_{BE1}	U_{E1}	I_{C1}	U_{C2}	U_{BE2}	U_{E2}	I_{C2}

2. 动态参数测试

测试负反馈放大器（闭环）及基本放大器（开环）的各项性能指标，实验电路分别按图 2-6-8 及图 2-6-9 连接。

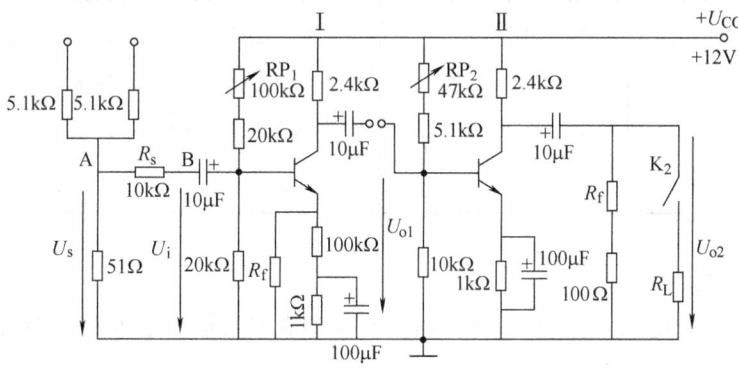

图 2-6-9　两级电压串联负反馈的基本放大器实验电路

输入正弦信号 U_i 为 1~10mV，频率 $f=1$kHz，用示波器监视输出波形，保证输出不带负载时的电压 U_o 及带上负载时的电压 U_{oL} 均不失真，按表 2-6-2，分别测量开环和闭环的动态参数。

表　2-6-2

测试条件		测　量　值			计　算　值		
	R_L	U_s	U_i	U_o 及 U_{oL}	A_u	R_i	R_o
开环	∞						
	10kΩ						
	R_L	U_s	U_i	U_o 及 U_{oL}	A_{uf}	R_{if}	R_{of}
闭环	∞						
	10kΩ						

3. 通频带的测试（三点法）

输入信号 U_i 为 $1 \sim 10\text{mV}$，$f = 1\text{kHz}$，保证输出信号 U_o 在整个频带范围不失真，在开环及闭环两种状态下，测量中频 $f = 1\text{kHz}$ 的输出电压 U_{om}，保持 U_i 不变，改变输入信号频率，使 $U_o = 0.707 U_{om}$，记录上、下限频率，并记入表2-6-3。

表 2-6-3

电路形式	通 频 带		
	下限频率 f_L	上限频率 f_H	频带宽 f_{bw}
基本放大器(开环)			
负反馈放大器(闭环)	下限频率 f_{Lf}	上限频率 f_{Hf}	频带宽 f_{bw}

4. 观察负反馈对放大器输出波形非线性失真的改善

1) 实验电路接成开环形式，输入 $f = 1\text{kHz}$ 的正弦信号，逐渐增大输入信号幅度，使输出波形刚好出现失真，绘制此时的输出波形。

2) 再将实验电路改接成闭环形式，观察并描绘输出波形，比较有负反馈时波形失真的改善情况，将结果记入表2-6-4。

表 2-6-4

电路形式	放大器输出波形	电路形式	放大器输出波形
基本放大器(开环)	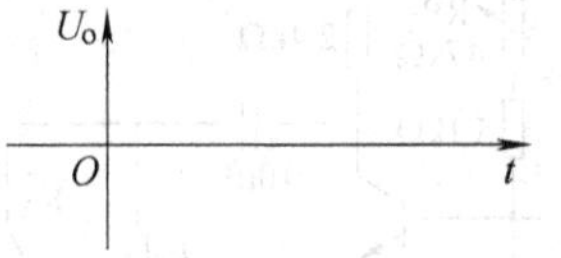 U_o 对 t 坐标图	负反馈放大器(闭环)	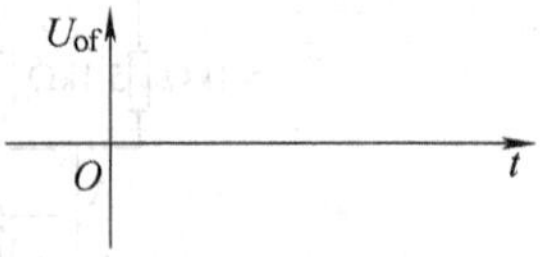 U_{of} 对 t 坐标图

*5. 稳定性测试

当放大器的电源电压 U_{CC} 波动 $\pm 20\%$ 时，测量和观察对输出电压 U_o 的影响，记入表2-6-5。

表 2-6-5

电路形式	稳 定 性		
基本放大器(开环)	U_o	U_o'	U_o''
负反馈放大器(闭环)	U_{of}	U_{of}'	U_{of}''

方案2（交流放大电路设计制作）：

1. 设计任务

根据实验室提供的晶体管型号参数及电阻、电容，设计一个交流放大器，其主要指标要求如下：

参数要求：在 $f = 1\text{kHz}$ 时，电压增益 $A_u \geq 100$；输入电阻 $R_i \geq 100\text{k}\Omega$；输出电阻 $R_o \leq$

$1\text{k}\Omega$,输出动态范围 U_{om} 尽可能大;电源电压 $U_{CC}=12\text{V}$,晶体管的 $\beta \geqslant 80$。

2. 设计实验内容

1)安装注意事项:因电路容易自激,故连线应短捷,级间元器件避免交叉。

2)调整测试:

①将工作点调至交流负载线中点(方法:调偏置电位器,同时调节输入电压 U_i,直到示波器上显示的波形上下半周刚好同时失真);

②测量最大不失真输出电压 U_{omax} 并测量静态工作点;

③测量 $f=1\text{kHz}$ 时的电压增益 A_u;

④测量 $f=1\text{kHz}$ 时的输入电阻 R_i;

⑤测量 $f=1\text{kHz}$ 时的输出电阻 R_o。

3. 设计报告

1)阐述初始设计方案并对设计方案进行可行性论证。

2)绘制调整后的电路图及元器件参数,用 Multisim 软件对电路进行仿真,给出仿真结果。

3)不合格的参数如何调整?叙述调节原理。

4)阐述工作点的调整及动态参数的测试条件、原理、方法。

5)对测试结果进行分析。

6)总结电路设计及设计实验的心得体会。

六、思考题

1)整理实验数据并对实测值进行计算。

2)总结工作点调节的原理与方法。

3)根据实验结果,分析负反馈对放大器动态性能的影响。

七、实验报告要求

1)将各测试表格中的实测值与理论值进行比较。

2)根据实验结果研究电压串联负反馈对放大器性能的影响与反馈深度的关系。

3)如输入信号存在失真,能否通过负反馈来改善?

4)负反馈放大电路产生自激振荡的原因是什么?

实验七 集成运算放大器的基本应用

一、实验目的

1)加深对集成运算放大器基本特性的理解。

2)掌握集成运算放大器的正确使用方法。

3)熟悉集成运算放大器在基本运算电路中的应用和电路的设计方法。

4)掌握集成运算放大器的安装及测试方法。

二、实验设备与器件

1）双踪示波器 1 台。
2）数字式万用表 1 台。
3）函数信号发生器 1 台。
4）模拟电路实验箱 1 台。

三、实验预习要求

1. 反相比例运算电路

用 Multisim 软件实现的反相比例运算仿真电路如图 2-7-1 所示。对于理想运算放大器，该电路的输出电压与输入电压之间的关系为

$$U_o = -\frac{R_F}{R_1}U_i$$

为了减小输入级偏置电流引起的运算误差，在同相输入端应接入平衡电阻 $R_2 = R_1 /\!/ R_F$。

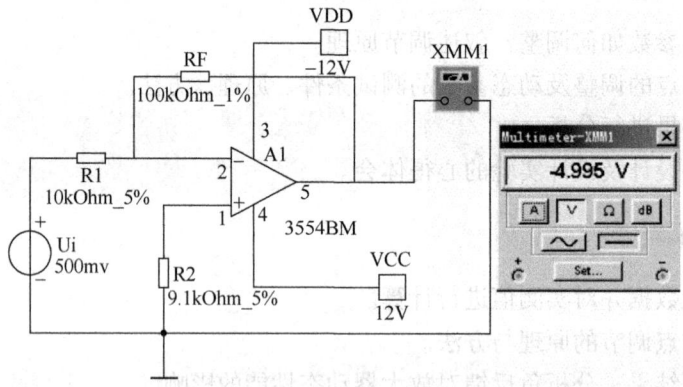

图 2-7-1 反相比例运算仿真电路

2. 反相加法电路

仿真电路如图 2-7-2 所示，输出电压与输入电压之间的关系为

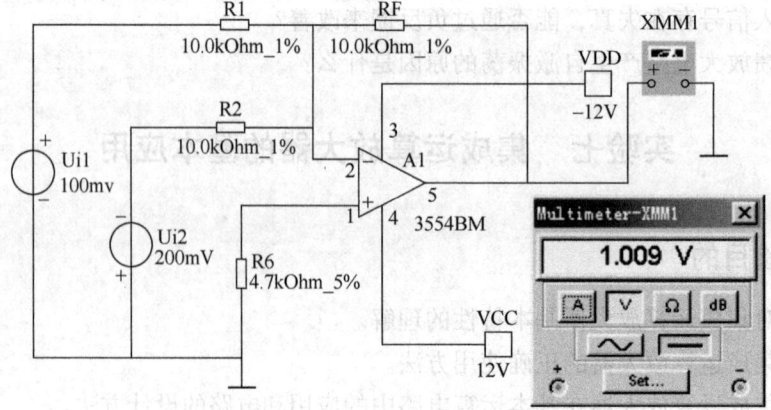

图 2-7-2 反相加法仿真电路

$$U_o = -\left(\frac{R_F}{R_1}U_{i1} + \frac{R_F}{R_2}U_{i2}\right)$$

$$R_3 = R_1 /\!/ R_2 /\!/ R_F$$

3. 同相比例运算电路

图 2-7-3 所示是同相比例运算仿真电路,它的输出电压与输入电压之间的关系为

$$U_o = \left(1 + \frac{R_F}{R_1}\right)U_i \qquad R_2 = R_1 /\!/ R_F$$

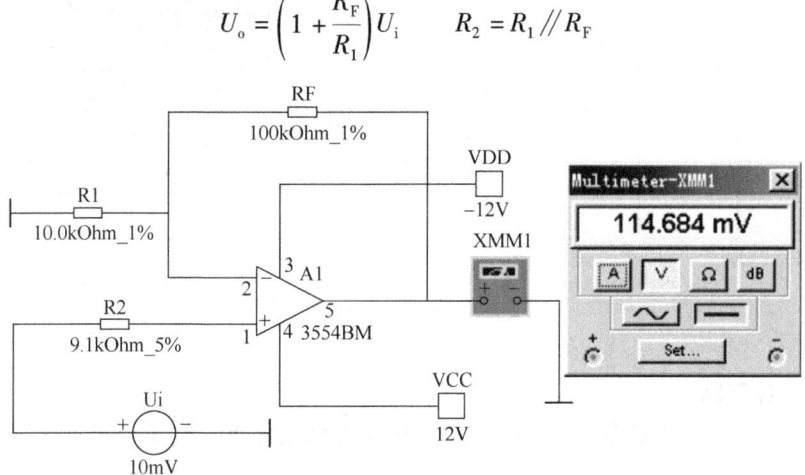

图 2-7-3 同相比例运算仿真电路

当 $R_1 \to \infty$ 时,$U_o = U_i$,即得到如图 2-7-4 所示的电压跟随器仿真电路。图中 $R_2 = R_F$,用以减小漂移和起保护作用。一般 R_F 取 $10k\Omega$,R_F 太小起不到保护作用,太大则影响跟随性。

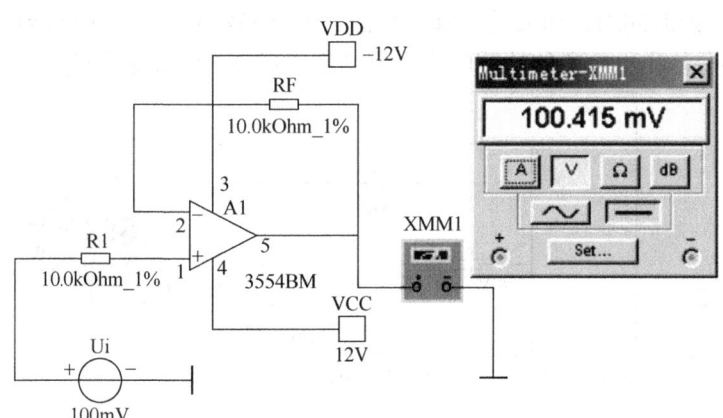

图 2-7-4 电压跟随器仿真电路

4. 减法运算电路

对于图 2-7-5 所示的减法运算仿真电路,当 $R_1 = R_2$,$R_3 = R_F$ 时,有如下关系式:

$$U_o = \frac{R_F}{R_1}(U_{i2} - U_{i1})$$

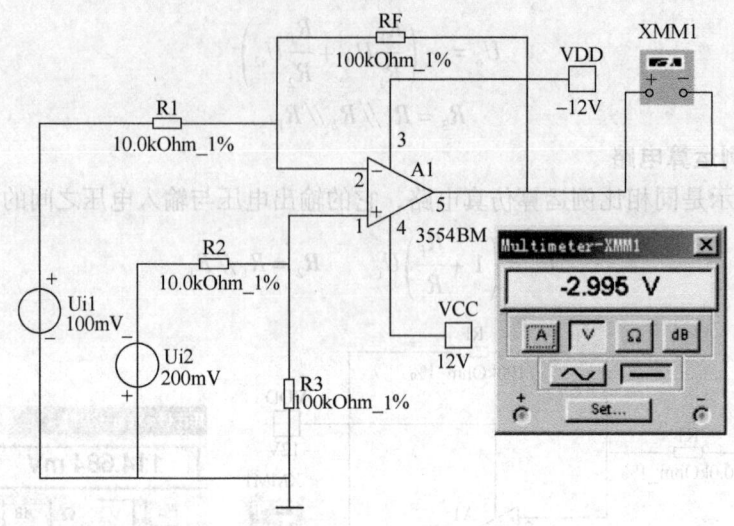

图 2-7-5 减法运算仿真电路

5. 积分运算电路

反相积分运算仿真电路如图 2-7-6 所示。在理想化条件下，输出电压 $u(t)$ 为

$$u_o(t) = -\frac{1}{R_1 C}\int_0^t u_i \mathrm{d}t + u_C(0)$$

式中 $u_C(0)$ 是 $t=0$ 时刻电容 C 两端的电压值，即初始值。如果 $u_i(t)$ 是幅值为 E 的阶跃电压，并设 $u_C(0) = 0$，则

$$u_o(t) = -\frac{1}{R_1 C}\int_0^t E \mathrm{d}t = -\frac{E}{R_1 C}t$$

即输出电压 $u_o(t)$ 随时间增长而线性下降。显然，RC 的数值越大，达到给定的 u_o 值所需的时间就越长。积分输出电压所能达到的最大值受集成运算放大器最大输出范围的限制。

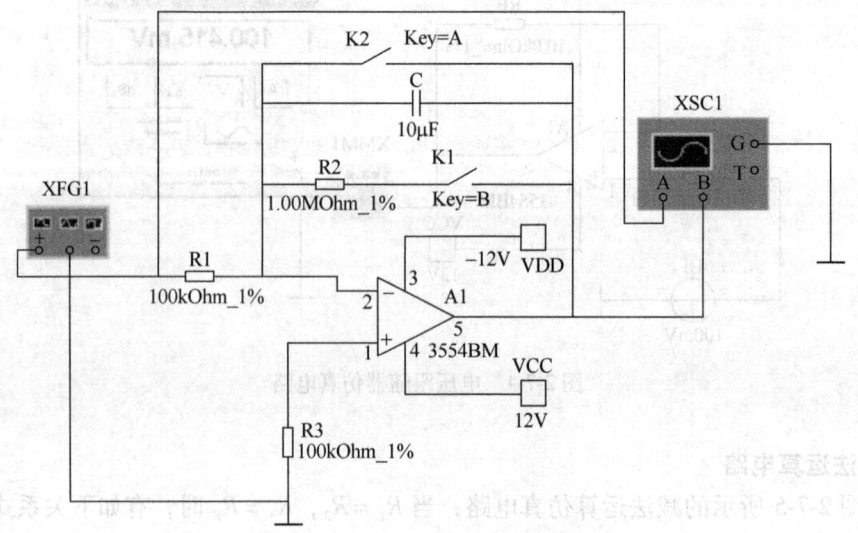

图 2-7-6 反相积分运算仿真电路

在进行积分运算之前,首先应对运算放大器调零。为了便于调节,将图 2-7-6 中 K1 闭合,即通过电阻 R_2 的负反馈作用帮助实现调零。但在完成调零后,应将 K_1 断开,以免因 R_2 的接入造成积分误差。K2 的设置一方面为积分电容放电提供通路,同时可实现积分电容初始电压 $u_C(0) = 0$;另一方面,可控制积分起始点,即在加入信号 u_i 后,只要 K2 一断开,电容就将被恒流充电,电路也就开始进行积分运算。其输入、输出波形如图 2-7-7 所示。

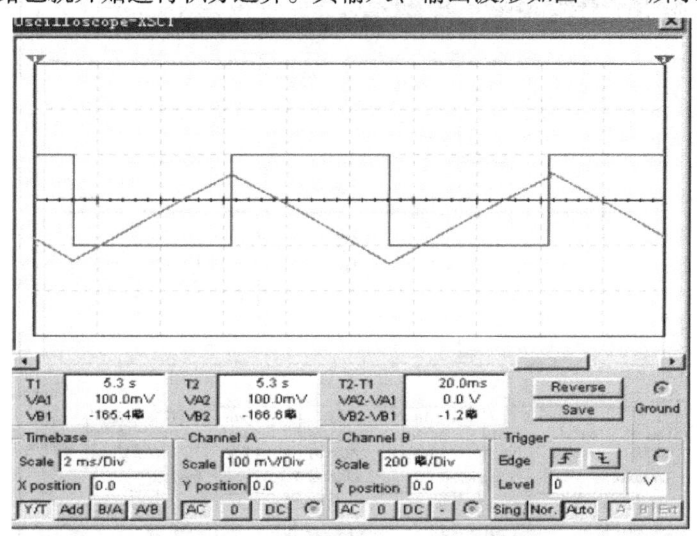

图 2-7-7　积分电路的输入、输出波形

6. 微分运算电路

微分是积分的逆运算。将积分电路中 R 和 C 的位置互换,可组成基本微分电路。在理想化条件下,输出电压

$$u_o = -RC \frac{du_i}{dt}$$

由上式可见,输出电压正比于输入电压对时间的微分。微分电路可以实现波形变换,例如将矩形波变换为尖脉冲。此外,微分电路也可以起移相作用。基本微分电路的主要缺点是,当输入信号频率升高时,电容的容抗减小,则放大倍数增大,造成电路对输入信号中的高频噪声非常敏感,因而输出信号中的噪声成分严重增加,信噪比大大下降。另一个缺点是,微分电路中的 RC 元件形成一个滞后的移相环节,它和集成运算放大器中原有的滞后环节共同作用,很容易产生自激振荡,使电路的稳定性变差。最后,输入电压发生突变时有可能超过集成运算放大器允许的共模电压,以致使运算放大器"堵塞",使电路不能正常工作。

为了克服以上缺点,常常采用图 2-7-8 所示的实用微分仿真电路。主要措施是在输入回路中接入一个电阻 R 与微分电容

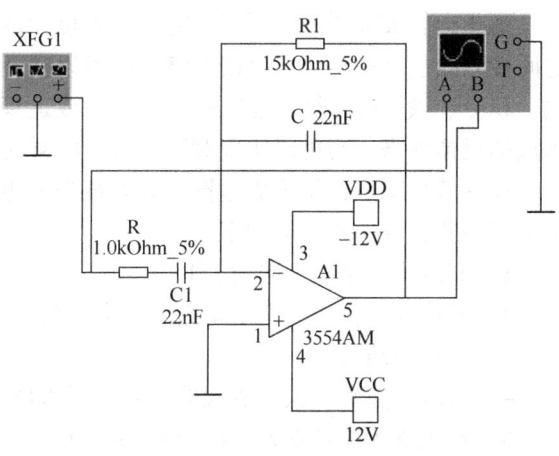

图 2-7-8　实用微分仿真电路

C_1 串联,在反馈回路中接入一个电容 C 与微分电阻 R_1 并联,并使 $RC_1 = R_1C$,在正常的工作频率范围内,而此时 R_1、C_1 对微分电路的影响很小。但当频率高到一定程度时,R_1、C_1 的作用使闭环放大倍数降低,从而抑制了高频噪声。同时 RC_1 形成一个超前环节,对相位进行补偿,提高了电路的稳定性。实用微分电路输入、输出波形如图 2-7-9 所示。

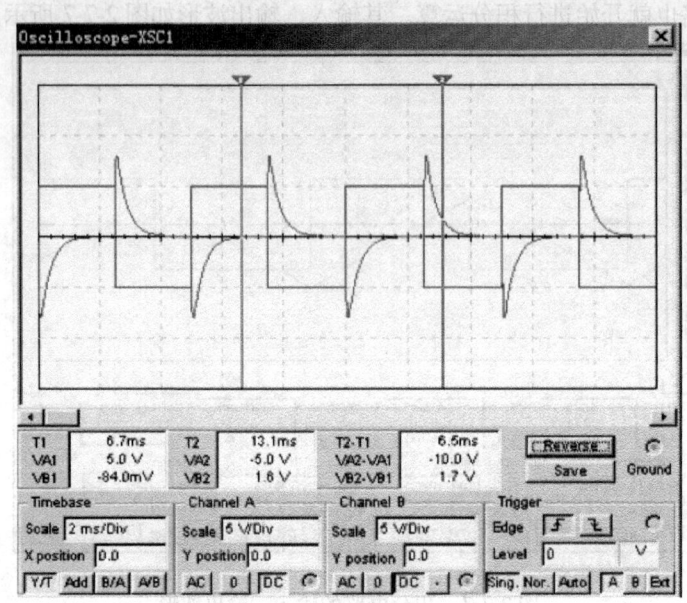

图 2-7-9 实用微分电路输入、输出波形

四、实验原理

集成运算放大器是一种具有高增益的多级直接耦合放大器。它不仅可以放大直流信号,也可以放大交流信号,对零点漂移的抑制要求很高。集成运算放大器还具有电压增益高、温度漂移小、共模抑制能力强、低噪声以及输入阻抗高、输出阻抗低和频率响应好等技术特点,使它在电路设计方面,尤其在低频范围的应用中,显示了突出的优越性,已成为现代电路中一种不可缺少的基本器件。

理想运算放大器的闭环特性完全由外接元件决定。若在集成运算放大器的输入与输出端之间接入线性元件组成的反馈网络,则可以实现对输入信号的比例运算,如比例、加法、减法、积分、微分等运算功能电路。若在集成运算放大器的输入与输出端之间接入非线性元件组成的反馈网络,则可以实现对输入信号的乘法、除法、对数和波形变换等。

在一般情况下,将集成运算放大器视为理想运算放大器,就是将运算放大器的各项技术指标理想化,其主要特征如下:

1) 开环电压增益无限大,$A_{ud} = \infty$。
2) 差模和共模输入电阻均为无限大,$R_i = \infty$。
3) 输出电阻为零,$R_o = 0$。
4) 开环带宽无限大,放大器本身不引入额外相移,信号传递无延迟,$f_{BW} = \infty$。
5) 放大器无失调误差,$U_{os} = 0$、$I_{os} = 0$。
6) 共模抑制比无限大,$K_{CMR} = \infty$。

理想运算放大器在线性应用时的两个重要规律：

1) 由于差模电压增益 A_{ud} 无限大，就要求差模信号要无限小，即可认为理想运算放大器两个输入端（同相端和反相端）之间的电位差为零。

因为 $U_o = A_{ud}(U_+ - U_-)$，$A_{ud} = \infty$，所以，$U_+ - U_- \approx 0$。即 $U_+ \approx U_-$，称为"虚短"。

2) 由于差模输入电阻 $R_i = \infty$，表明在有限输入信号时输入电流为零，即两个差分输入端的电流为零。即 $I_i = 0$，称为"虚断"。

上述两个特性是分析理想运算放大器应用电路的基本原则，可简化运算放大器电路的计算。

本实验重点研究运算放大器的线性应用电路，集成运算放大器的种类型号很多，本实验选用型号为 μA741 集成运算放大器。其外形与各引脚功能如图 2-7-10 所示。

在了解集成运算放大器的引脚功能后，还应注意以下几点：

1) 认清集成运算放大器各引脚的功能；切忌正、负电源极性接反和输出短路，否则将损坏集成块。

2) 接适当负反馈，以便实现集成运算放大器的线性和非线性应用电路的功能。

3) 为消除输入失调电压和电流对输出值的影响，提高运算精度，必须进行调零。调零方法是：将运算放大器接成所需运算电路，分别把同相和反相输入端接地，用万用表 DCV 档测量运算放大器输出端，调节调零电位器，使万用表指示为零。当改变运算功能时应再次调零。

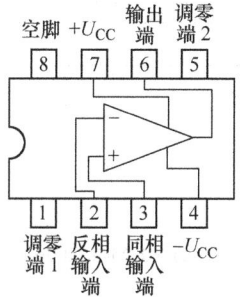

图 2-7-10 μA741 的外形与各引脚功能

4) 集成运算放大器是一个高增益多级放大器组件，输出信号会有附加相移，在某些频率，负反馈会变成正反馈使电路出现自激，因此必须消振。μA741 内部已接有密勒补偿电容，在使用时无需再接补偿电容。其他运算放大器是否接补偿电容，需查阅器件资料手册。

5) 为避免输出产生误差，必须保持运算放大器两个输入端外接电路的平衡，即外接有效电阻相等。

五、实验内容

方案 1（集成运算放大器的线性应用）：

1. 反相比例运算电路的安装与测试

反相比例运算电路如图 2-7-11 所示。对于理想集成运算放大器，该电路的输出电压与输入电压之间的关系为

$$U_o = -\frac{R_F}{R_1}U_i$$

平衡电阻

$$R_2 = R_1 /\!/ R_F$$

由上式可知，反相比例放大器的输出电压取决于 R_F 与 R_1 的比值。若 $R_F = R_1$ 时，则 $U_o = -U_i$，电路成为一个符号变换器，或称为反相跟随器。

1) 按图 2-7-11 在模拟电路实验箱上连接好电路。

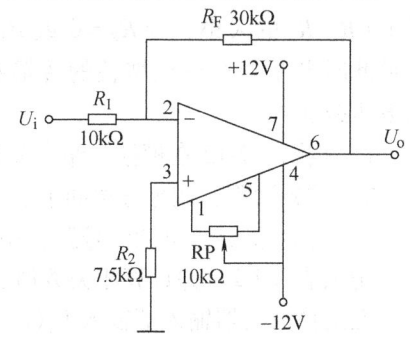

图 2-7-11 反相比例运算电路

2) 调零。在无输入信号的情况下,将运算放大器的输入端接地,调节调零电位器 RP,使输出电压为零。

3) 去掉输入端接地线,将 U_i 接直流可调信号源,用直流电压表测量表 2-7-1 中每组 U_i 所对应的输出电压值 U_o,记入表 2-7-1,并计算相关数值。

4) 在运算放大器输入端输入 $U_i(t) = 0.25\sin2000\pi t \text{V}$ 的交流信号,用示波器观察、记录输入、输出波形,测出并写出输出端 U_o 的表达式,分析结果。

表 2-7-1

U_i/V	U_o/V	$A'_{uf} = U_o/U_i$（实测）	$A_{uf} = R_F/R_1$（理论）	$E = \dfrac{A'_{uf} - A_{uf}}{A_{uf}}\%$
+0.5				
+1				
$U_i(t) = 0.25\sin2000\pi t \text{V}$			输入与输出波形	

2. 同相比例运算电路

同相比例运算电路如图 2-7-12 所示。信号 U_i 从同相输入端输入,输出电压 U_o 与输入电压 U_i 的关系为

$$U_o = \left(1 + \frac{R_F}{R_1}\right)U_i$$

平衡电阻

$$R_2 = R_1 // R_F$$

由上式可知,同相比例放大器的输出电压 U_o 取决于 $1 + R_F/R_1$ 的大小。若 $R_F = 0$ 或 $R_1 \to \infty$,则 $U_o = U_i$。可见此时电路具有单位增益的传输特性,通常称为同相电压跟随器。

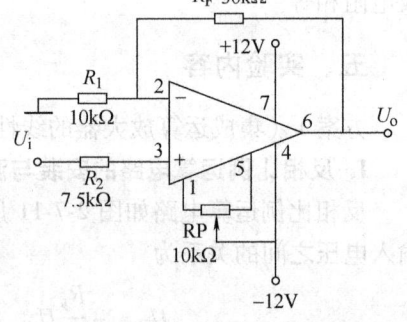

图 2-7-12 同相比例运算电路

1) 按图 2-7-12 在模拟电路实验箱上安装电路。

2) 首先调零,调零方法同上。

3) 将 U_i 接直流可调信号源,用直流电压表测量表 2-7-2 中每组 U_i 所对应的输出电压值 U_o,记入表 2-7-2,并计算相关数值。

在运算放大器输入端输入 $U_i(t) = 0.25\sin2000\pi t \text{V}$ 的交流信号,用示波器观察、记录输入、输出波形,测出并写出输出端 U_o 的表达式,分析结果。

表 2-7-2

U_i/V	U_o/V	$A'_{uf} = U_o/U_i$ （实测）	$A_{uf} = 1 + \dfrac{R_F}{R_1}$ （理论）	$E = \dfrac{A'_{uf} - A_{uf}}{A_{uf}}\%$
−0.5				
+0.5				
$U_i(t) = 0.25\sin 2000\pi t\,\text{V}$		输入与输出波形		

3. 反相加法运算电路

反相加法运算电路如图 2-7-13 所示。当运算放大器开环增益足够大时，两输入电压可以彼此独立地通过自身输入回路的电阻转换为电流，能精确地实现代数相加运算。其输出电压为

$$U_o = -\left(\dfrac{R_F}{R_1}U_{i1} + \dfrac{R_F}{R_2}U_{i2}\right)$$

平衡电阻

$$R_3 = R_1 /\!/ R_2 /\!/ R_F$$

若 $R_1 = R_2 = R_F$，U_o 则可写成：$U_o = -(U_{i1} + U_{i2})$

由此可知，反相加法器相当于两个反相器的叠加。

1）按图 2-7-13 在模拟电路实验箱上连接好电路。
2）首先对运算电路进行调零，调零方法同上。
3）调零后，将输入 U_{i1}、U_{i2} 接入直流可调信号源。
4）用直流电压表测量每组 U_{i1}、U_{i2} 所对应的输出电压值 U_o，记入表 2-7-3，并与理论值比较。

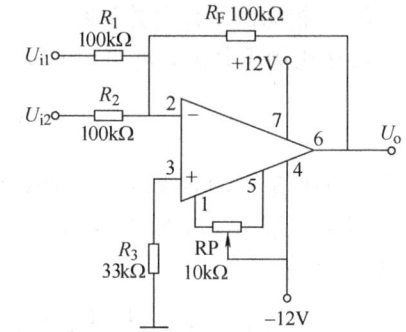

图 2-7-13 反相加法运算电路

表 2-7-3

U_{i1}/V	U_{i2}/V	U_o/V（实测）	U_o/V（理论）
1	2		
2	−1		
−1	−2		

4. 减法运算电路（差分运算放大器）

如图 2-7-14 所示的减法运算电路，当运算放大器的同相端和反相端分别输入信号 U_{i1} 和

U_{i2}时,在理想情况下,集成运算放大器输入电流为零。根据叠加原理,可以认为输出电压 U_o 是两个输入信号 U_{i1}、U_{i2} 分别作用的代数和,即

$$U_o = \frac{R_3}{R_1} \cdot \frac{R_F + R_1}{R_3 + R_2} U_{i2} - \frac{R_F}{R_1} U_{i1}$$

当 $R_1 = R_2$,$R_3 = R_4$ 时,有如下关系式:

$$U_o = \frac{R_F}{R_1}(U_{i2} - U_{i1})$$

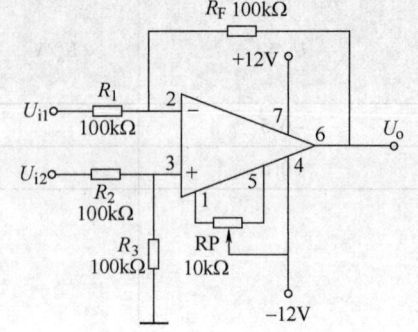

图 2-7-14 减法运算电路

由此可知,减法器电路的输出电压与输入电压之差成正比,实现了差动运算。如果 $R_1 = R_F$,则 $U_o = U_{i2} - U_{i1}$。

1) 按图 2-7-14 连接好电路。
2) 首先对运算电路进行调零。
3) 调零后,将输入 U_{i1}、U_{i2} 接入直流可调信号源。
4) 用直流电压表测量每组 U_{i1}、U_{i2} 所对应的输出电压值 U_o,记入表 2-7-4,并与理论值比较。

表 2-7-4

U_{i1}/V	U_{i2}/V	U_o/V(实测)	U_o/V(理论)
1	2		
2	1		

5. 反相比例积分运算电路

反相比例积分运算电路如图 2-7-15 所示,在理想条件下,输出电压 U_o 为

$$u_o(t) = -\frac{1}{R_1 C} \int_0^t u_i \, dt + u_C(0)$$

式中,$u_C(0)$ 是 $t=0$ 时刻电容 C 两端的电压值,即初始值。

当输入端 $u_i(t)$ 加上幅值为 U 的阶跃电压,并设 $u_C(0) = 0$ 时,得

$$u_o(t) = -\frac{1}{R_1 C} \int_0^t U \, dt = -\frac{U}{R_1 C} t$$

则输出电压 $u_o(t)$ 为线性变化的斜下坡电压,显然 RC 的数值越大,达到给定的 U_o 值所需的时间就越长。积分输出电压幅值受到运算放大器最大输出电压 U_{om}^- 的限制。

当输入 U_i 为对称的方波时,经积分后,其输出 U_o 为三角波。此时的输出电压 U_o 应分段计算。

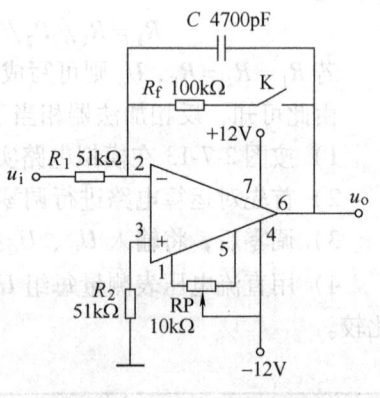

图 2-7-15 积分运算电路

1) 按图 2-7-15 在模拟电路实验箱上连接好电路。
2) 首先对运算放大器放调零,调零方法同上。
3) 然后将信号发生器的输出与积分运算电路的输入端相连。
4) 调信号发生器的输出为 $f = 1\text{kHz}$、$U_{P-P} = 4\text{V}$ 的方波信号作为输入信号 u_i。

①反馈支路开关断开,即不并联反馈电阻 R_f 时,用双踪示波器同时观察输入 u_i、输出 u_o 的波形,在表 2-7-5 中画出 u_i、u_o 的波形及相位关系。

②反馈支路开关 K 闭合,即并联反馈电阻 R_F 时,用双踪示波器同时观察输入 u_i、输出

u_o 的波形，在表 2-7-5 中画出 u_i、u_o 的波形及相位关系。

5) 测出 u_i、u_o 的 U_{P-P} 和周期 T。

表 2-7-5

积分运算电路	无反馈电阻 R_F	有反馈电阻 R_F
输入信号 u_i		
输出信号 u_o		

6. 反相比例微分运算电路

把积分运算电路中的 R 与 C 的位置对调，如图 2-7-16 所示，就可以实现逆运算，构成微分运算电路，其输出电压为

$$U_o(t) = -R_F C \frac{dU_i(t)}{dt}$$

当输入信号 U_i 是三角波时，则输出 $U_o(t)$ 是矩形波。此电路高频增益极大，易引起高频干扰和自激，故在 C 端串入一个小电阻 R_1，使高频放大倍数固定为

$$A_{uf} = -\frac{R_F}{R_1}$$

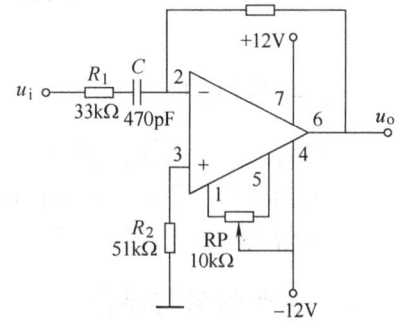

图 2-7-16 微分运算电路

1) 按图 2-7-16 连接好电路。
2) 首先对运算放大器调零，调零方法同上。
3) 然后将信号发生器的输出与积分运算电路的输入端相连。
4) 调信号发生器的输出为 $f = 1\text{kHz}$、$U_{P-P} = 4\text{V}$ 的方波信号作为输入信号 u_i。用双踪示波器同时观察输入 u_i、输出 u_o 的波形，并在表 2-7-6 中画出 u_i、u_o 的波形及相位关系。

表 2-7-6

	微分运算电路波形		微分运算电路波形
输入信号 u_i		输出信号 u_o	

方案 2（设计性实验）：

1）在积分运算电路和微分运算电路中，把输入信号 u_i 改为 $f=1\text{kHz}$、$U_{P-P}=4\text{V}$ 的正弦信号和三角波信号，用双踪示波器同时观察 u_i、u_o 的波形，记录 u_i、u_o 的波形及相位关系，并对所测波形的结果进行分析。

2）设计一个可变基准电压的电路，要求输出电压 U_o 在 0～6.8V 之间可调。采用 μA741、电阻若干和温度系数很低的稳压管。

写出设计过程，画出实验电路图，通过实验验证并记录测试数据。

六、思考题

1）减法运算电路中，输入端输入 $u_{i1}=0.5\text{V}$，$u_{i2}=\dfrac{\sqrt{2}}{2}\cos 2000\pi t\text{V}$，输出端 U_o 等于多少？

2）运算放大器接成积分运算电路，在积分电容的两端并联电阻 R_F 的作用是什么？

3）为什么要在微分运算电路中串联小电阻？

七、实验报告要求

1）完成表 2-7-1～表 2-7-4 的测试、计算，并和理论值相比较，分析产生误差的原因。

2）用坐标纸描绘出所观察的输入与输出波形，注意它们的相位关系。

3）总结用运算放大器构成基本运算电路的方法。

实验八 音频功率放大器

一、实验目的

1）掌握 OTL 功率放大器的工作原理及基本概念。
2）熟悉集成功率放大器安装和 OTL 电路参数测试方法。
3）了解功率放大器的应用。

二、实验设备与器件

1）数字示波器 1 台。
2）函数发生器 1 台。
3）数字式万用表 1 台。
4）直流稳压电源 1 台。
5）失真度测量仪 1 台。
6）模拟电路实验箱 1 台。
7）（方案 2）集成块 LM386，电阻、电容若干。

三、实验预习要求

1）认真阅读实验指导书，选择实验方案，写出预习报告。
2）根据实验要求，设计合适的实验表格，设置理论计算值、测量值等相关项目。测量值在实验后填写，并与计算值相对照，以验证是否正确。

1. OTL 电路的工作原理

图 2-8-1 所示为采用 Multisim 软件仿真的 OTL 音频功率放大器电路。静态时要求输出端中点 A 的电位可以通过调节 RP_1 来实现，又由于 RP_1 的一端接在 A 点，因此在电路中引入了交、直流电压并联负反馈，一方面能够稳定放大器的静态工作点，另一方面也改善了非线性失真。C_4 和 R 构成自举电路，用于提高输出电压正半周的幅度，以得到大的动态范围。

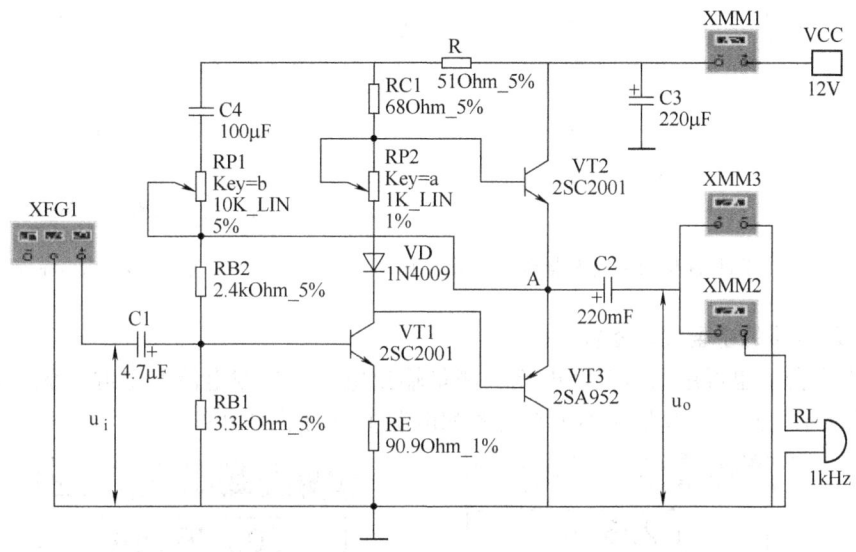

图 2-8-1 OTL 音频功率放大器仿真电路

当输入正弦交流信号 u_i 时，经 VT_1 放大、倒相后同时作用于 VT_2、VT_3 的基极，u_i 的负半周使 VT_2 导通（VT_3 截止），有电流通过负载 R_L，同时向电容 C_2 充电，在 u_i 的正半周，VT_3 导通（VT_2 截止），则已充好电的电容器 C_2 起着电源的作用，通过负载 R_L 放电，这样在 R_L 上就得到完整的正弦波，波形如图 2-8-2 所示。在仿真中若输出端接扬声器，在仿真时只要输入不同的频率信号，就能在扬声器中听到不同的声音。

也可用瞬态分析方法分析该电路的动态特性，分析结果如图 2-8-3 所示。

扬声器的设置：应根据输入信号的频率及输出信号的幅值（用示波器测出）来设置扬声器的参数。双击扬

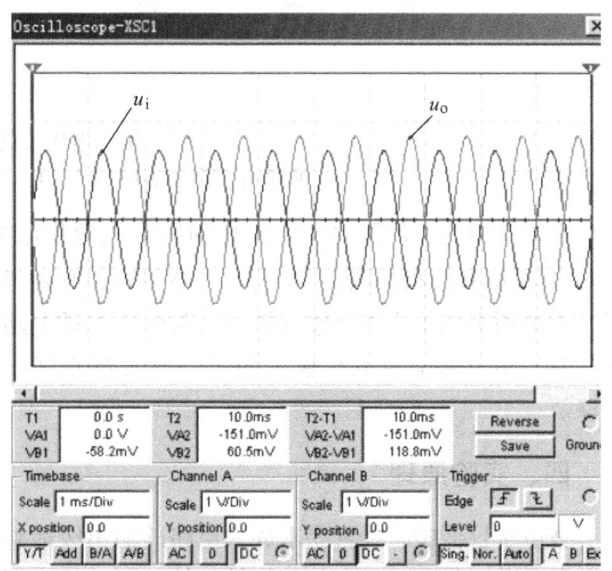

图 2-8-2 OTL 音频功率放大器输入、输出波形

声器，弹出 Buzzer 对话框，在对话框窗口中单击 Value 选项卡，出现 Buzzer 对话框，参数设置如图 2-8-4 所示。

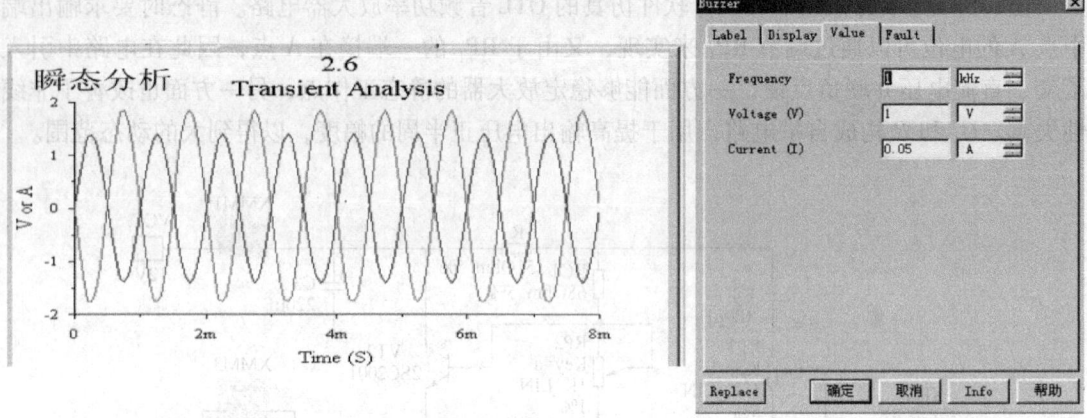

图 2-8-3　OTL 音频功率放大器瞬态分析结果　　　　图 2-8-4　Buzzer 对话框

2. OTL 电路的主要性能指标

在仿真平台上也可用电压表、电流表测量输出电压、负载电流及电源电流，如图 2-8-5 和图 2-8-6 所示，从而计算最大不失真功率和电源供给的平均功率。

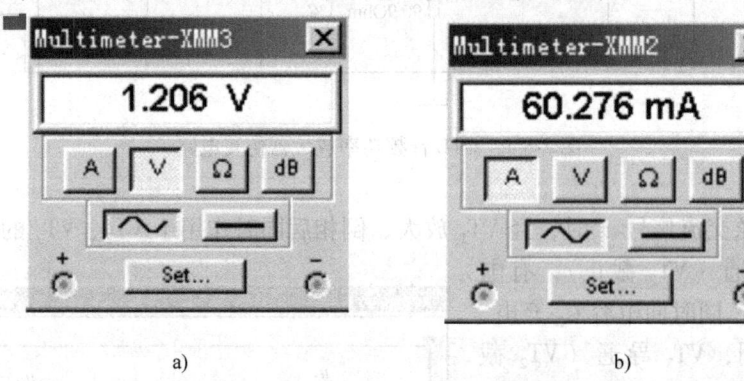

a)　　　　　　　　　　　　　　　b)

图 2-8-5　输出电压及负载电流
a) 负载 R_L 两端的电压有效值　b) 流过负载 R_L 的电流

在本例中也可用两块功率表分别测量电源供给的平均功率 P_V 及最大不失真输出功率 P_{om}，其图标和面板如图 2-8-7 所示。该图标中有两组端子，左边两个端子为电压输入端子，与所要测试电路并联，右边两个端子为电流输入端子，与所要测试电路串联。

四、实验原理

在电子仪器中，经常要求放大电路的输出级能够带动某种负载，如驱动电表使其指针偏转；驱动扬声器使之发出声音等。在这些场合下，要求放大电路有足够大

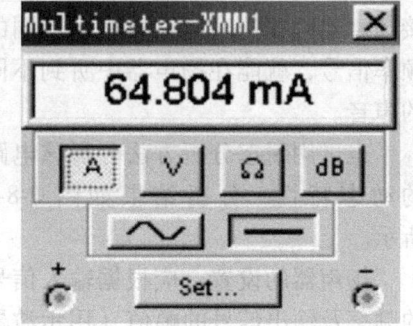

图 2-8-6　电源供给的平均电流

的输出功率，这种放大电路称为功率放大器。功率放大器是向负载提供较大交流功率输出的放大器。功率放大器输出级常用的电路形式有单管甲类输出、乙类变压器推挽输出、OTL 推挽输出、OCL 推挽输出、BTL 桥式推挽输出等。其中，OTL、OCL 功率放大器除具有乙类推挽功率放大器效率高的优点外，还省掉了影响频率特性、体积笨重的输入、输出变压器，所以是高保真功率放大器中首选的电路形式。

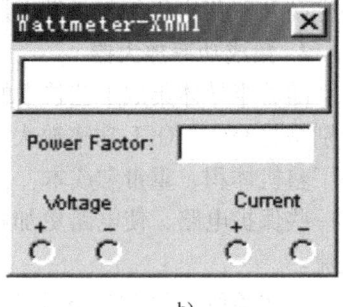

图 2-8-7 功率表图标和面板
a) 图标　b) 面板

1. 分立元器件 OTL 功率放大器

图 2-8-8 所示为 OTL 音频功率放大器实验电路，晶体管 VT_1 组成推动级（也称前置放大级），VT_2、VT_3 是一对参数对称的 NPN 和 PNP 型晶体管，它们组成互补推挽 OTL 电路。由于每一个管子都是射极输出器形式，因此具有输出电阻低、带载能力强等优点，适合于作功率输出级。VT_1 工作于甲类状态，它的集电极电流 I_{c1} 由电位器 RP_1 进行调节。I_{c1} 的一部分流经电位器 RP_2 及二极管 VD，给 VT_2、VT_3 提供偏置电压。调节 RP_2，可以使 VT_2、VT_3 得到合适的静态电流而工作于甲乙类状态，以克服交越失真。静态时要求输出端中点 A 的电位 $U_A = \frac{1}{2}U_{CC}$ 可以通过调节 RP_1 来实现。又由于 RP_1 的一端接在 A 点，因此在电路中引入了交、直流电压并联负反馈，一方面能够稳定放大器的静态工作点，另一方面也改善了非线性失真。

当输入正弦交流信号 U_i 时，经 VT_1 放大、倒相后同时作用于 VT_2、VT_3 的基极，U_i 的负半周使 VT_2 导通（VT_3 截止），有电流通过负载 R_L，同时向电容 C_o 充电，在 U_i 的正半周，VT_3 导通（VT_2 截止），则已充好电的电容器 C_o 起着电源的作用，通过负载 R_L 放电，这样在 R_L 上就得到完整的正弦波。

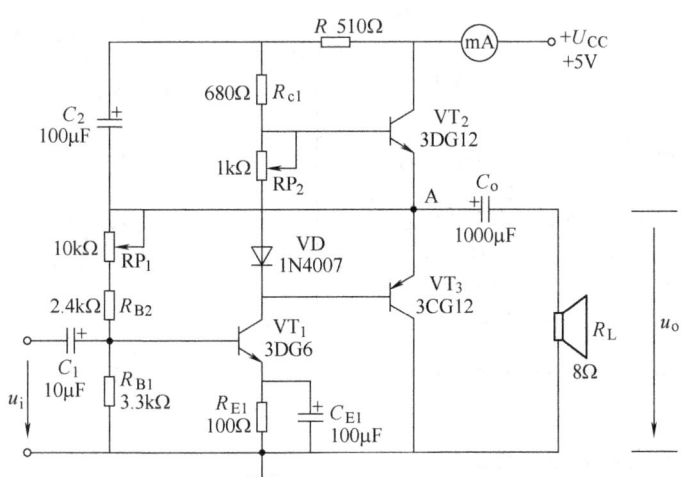

图 2-8-8　OTL 音频功率放大器实验电路

C_2 和 R 构成自举电路，可以提高输出信号的动态范围，增加放大器不失真输出功率，还提高 VT_1 集电极等效负载电阻，从而加大 VT_1 的电压增益。

2. 集成功率放大器

随着半导体集成工艺技术的发展，目前各种类型的集成功率放大器已经应用十分广泛。特别是将 OTL、OCL 功率放大器集成化之后，集成功率放大器只需很少外围元件，大大减小了整机体积、重量和成本，并减少了调整过程。同时，在集成电路内又可以比较方便地集成一些保护电路，使电路更加稳定可靠。所以集成功率放大器现已成为音频功率放大器的主流。

本实验所用的 LM386 集成功率放大器，外围电路十分简单，使用极为方便。电源电压范围宽，输出中点电压自动设置为电源电压的一半。静态电流小，输入端静态电流几乎为零；动态电流小，效率高。另外它还设置有增益调整端（1 脚和 8 脚），可以根据需要方便地进行增益调整。

LM386 的内部电路原理如图 2-8-9 所示。它由差动输入级、电压放大推动级和互补对称功率放大三级组成。输入级由 $VT_1 \sim VT_6$ 构成 PNP 型复合差动放大器，其中 VT_5、VT_6 为镜像恒流源，作为 VT_3、VT_4 的有源负载，使输入级有稳定的增益。推动级由 VT_7 构成共射极电压放大器担任，其负载也使用了恒流源，整个集成功率放大器的开环增益主要由该级决定。VT_8 与 VT_9 复合为一只 PNP 管和 VT_{10}（NPN 管）组成互补对称射极输出电路，VD_1、VD_2 提供 VT_8、VT_9 和 VT_{10} 的静态偏置，使输出级工作在甲乙类状态。R_5、R_6、R_7 构成内部电压串联负反馈回路，决定整个集成功率放大器的闭环电压增益。若 1、8 脚间开路（不接电容），此时电路放大倍数仅由内电阻 R_7 与 ($R_5 + R_6$) 决定，为 20 倍。若 1、8 脚间接入一个几十微法的电容，放大器的倍数达到最大值，为 200 倍。若 1、8 脚间接入几十微法的电容并与电阻串联，则改变此串联电阻的阻值即可方便地实现电压增益的调整。如果希望提升低音效果，还可以在 1 脚和 5 脚间串联一个 RC 网络。

LM386 引脚功能如图 2-8-10 所示，电参数见表 2-8-1。

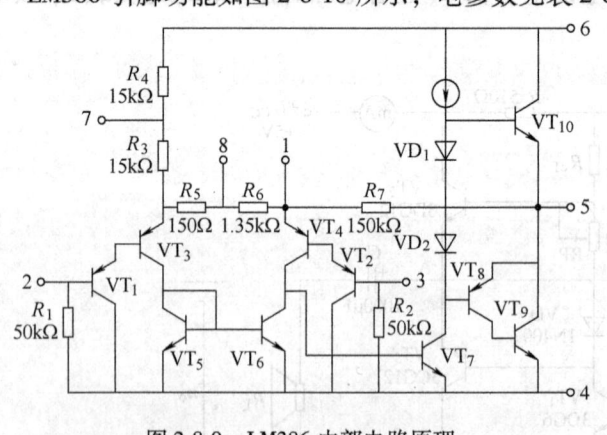

图 2-8-9　LM386 内部电路原理　　　　图 2-8-10　LM386 引脚功能

3. OTL 功率放大器的主要性能指标

1）噪声电压 U_n：输入信号为零时，输出交流电压的有效值。

2）最大不失真输出功率 P_{omax}：为失真度小于给定值时能输出的最大功率。理想情况下，

$P_\text{omax} = \dfrac{U_\text{CC}^2}{8R_\text{L}}$,实验中可通过测量 R_L 两端的最大不失真电压有效值,来求得实际的 $P_\text{omax} = \dfrac{U_\text{om}^2}{R_\text{L}}$

表 2-8-1　LM386 电参数　　（$T = 25℃$,$U_\text{CC} = 6V$,$f = 1kHz$）

电源电压	条　件	最小值 4V	典型值	最大值
静态电流			4mA	8mA
输出功率	$U_\text{CC} = 6V$　$R_\text{L} = 8\Omega$　失真度为 10% $U_\text{CC} = 9V$　$R_\text{L} = 8\Omega$　失真度为 10%	250mW	325mW 500mW	
电压增益	1、8 脚开路　　1、8 脚接 10μF 电容		26dB 46dB	
−3dB 带宽	1、8 脚开路		300kHz	
失真度	$R_\text{L} = 8\Omega$　$P_\text{o} = 125mW$　1、8 脚开路		0.2%	
输入电阻	2、3 脚开路		50kΩ	
输入偏置制电流			250mA	

3) 输入灵敏度 S:最大不失真输出电压时,输入电压的有效值。

4) 最大输出功率时晶体管的管耗 P_T:每只晶体管管耗

$$P_\text{T1} = \dfrac{U_\text{CC}^2(4-\pi)}{8\pi R_\text{L}}$$

5) 直流电源供给的平均功率 P_E

$$P_\text{E} = P_\text{omax} + \dfrac{U_\text{CC}^2(4-\pi)}{8\pi R_\text{L}} = \dfrac{U_\text{CC}^2}{2\pi R_\text{L}}$$

在实验中,可通过测量电源输出的平均电流 I_E 来求得 P_E,即电源供给的平均功率

$$P_\text{E} = U_\text{CC} I_\text{E}$$

则最大输出功率时晶体管的管耗

$$P_\text{T} = P_\text{E} - P_\text{omax}$$

6) 最大效率 η:理想情况下

$$\eta = \dfrac{P_\text{omax}}{P_\text{E}} = \dfrac{\pi}{4} \approx 78.5\%$$

五、实验内容

方案 1（分立元器件 OTL 功率放大器）:
在整个测试过程中,电路不应有自激现象。

1. 静态工作点的测试

1) 按图 2-8-8 连接实验电路,$U_\text{CC} = +5V$,$R_\text{L} = 8\Omega$（扬声器）。电源进线中串入直流毫安表（200mA 挡）,在输入信号为零的情况下（不接入信号发生器）,将电位器 RP_2 置最大值（顺时针调到头）,观察毫安表,若电流过大,应立即断开电源检查原因（如 RP_2 开路、电路自激等）。无异常现象,开始调试。

调节电位器 RP_1,用直流电压表测量 A 点电位,使 $U_\text{A} = \dfrac{1}{2} U_\text{CC}$。

2)输入端接入 $f=400\text{Hz}$,$U_i=10\text{mV}$ 的正弦信号,用示波器观察输出交越失真波形,调节 RP_2,使 I_{B2}、I_{B3} 缓慢增大到交越失真刚好消失,停止调节(注意:没有饱和与截止失真)。

3)去掉 U_i,此时直流毫安表读数即为放大器静态电流 I_E。用直流电压表测量各级静态工作点,记入表2-8-2。

表 2-8-2   ($I_E = ?$ mA,$U_A = 2.5\text{V}$)

	VT_1	VT_2	VT_3
U_B/V			
U_C/V			
U_E/V			

注意:①在调整 RP_2 时,一是要注意旋转方向,二是不要调得过大,更不能开路,以免损坏输出管;②静态工作点调好后,如无特殊情况,不得随意旋动 RP_1、RP_2 的位置。

2. 噪声电压的测试

测量时将输入端短路($U_i = 0$),观察输出噪声波形,并用示波器测量输出电压,即为噪声电压 U_n,本电路若 $U_n < 15\text{mV}$,即满足要求,记入表2-8-3。

3. OTL 电路性能指标测试

输入端接入 $f=400\text{Hz}$ 的正弦信号 U_i,用示波器观察输出电压 U_o 波形。逐渐增大 U_i,使输出电压达到最大不失真,此时直流毫安表读数即为放大电路的平均电流 I_E,用数字式万用表测出输入灵敏度 $S(U_i)$、负载 R_L 上的电压 U_{om},记入表2-8-3。

表 2-8-3   ($U_A = 2.5\text{V}$,$R_L = 8\Omega$)

U_n	$S(U_i)$	U_{om}	I_E	P_{omax}	P_E	P_T	η
/	/	/	/	理论值	理论值		理论值

方案2(集成功率放大器):

1. 实验电路

实验电路如图2-8-11所示,输入交流信号 U_i 经可变电阻(音量电位器)RP 加入集成功率放大器的同相输入端。1脚8脚接 $10\mu F$ 电容和 620Ω 电阻串联则可得到约50倍的电压增益。输出端5脚接电容与负载进行耦合构成 OTL 功率放大器。5脚虚线所接 $0.05\mu F$ 电容和 10Ω 电阻俗称茹贝尔网络。它的作用是,因为扬声器通常是电感性负载,并联茹贝尔网络后等效负载接近纯电阻,这样可以避免由于电感产生的过电压击穿输出晶体管。7脚为去耦端,若有自激现象,可以调整7脚与地间的外接电容来消除自激。

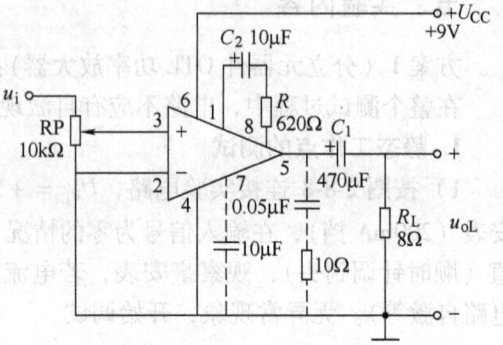

图 2-8-11 集成功率放大器实验电路

特别提醒： 在本实验整个过程中，请注意以下几点：

1) 电源电压不允许超过极限值（15V），不允许极性接反！否则损坏集成块。
2) 电路工作时绝对避免负载短路！否则损坏集成块。
3) 随时注意集成块温度，若发现集成块过热，电路有自激现象，应立即关闭电源，检查电路，分析排除故障。
4) 输入信号不要过大。

2. 实验内容

1) 按图 2-8-4 在模拟电路实验箱上连接好电路，经仔细检查连接无误后方可接通 +9V 电源电压。

2) 静态测试集成块各引脚电压，记入表 2-8-4。

表 2-8-4

集成块引脚	1	2	3	4	5	6	7	8
电压/V								

3) 测量最大不失真输出功率 P_{omax}，输入灵敏度 U_{imax}，输入 $f=1$kHz 正弦交流信号，音量电位器 RP 旋至功率放大器输出最大端。调节输入交流信号 U_i 使功率放大器达到最大不失真输出。测出此时的输入电压有效值 U_{imax}、输出电压 U_{oLmax}，计算 P_{omax}，记入表 2-8-5。

表 2-8-5

R_L	输入灵敏度 U_{imax}	U_{oLmax}	P_{omax}

4) 测量效率 η。在上述最大不失真输出条件下，将直流电流表串联在电源回路中测出此时电源回路的平均电流 I_{Emax}，则效率 $\eta = \dfrac{P_{omax}}{U_{CC}I_{Emax}} \times 100\%$。与理论值比较，记入表 2-8-6。

表 2-8-6

U_{CC}	I_{Emax}	P_{Emax}	P_{omax}	η

5) 测量最大不失真输出时的功率增益。功率增益（dB）定义为

$$K_p = 10\lg \frac{P_{omax}}{P_{imax}} = 10\lg \frac{P_{omax}}{U_{imax}^2/R_i}$$

输入端串联 10kΩ 电阻用串联电阻法测出功率放大电路的输入电阻 r_i，再利用前面已经测出的 P_{omax}、U_{imax} 即可求出功率增益。测量结果记入表 2-8-7。

表 2-8-7

U_{imax}	U_s	U_i	r_i	P_{imax}	P_{omax}	K_p

*6) 测量失真度系数 D。当输入为 $f=1$kHz 的正弦信号时，调节输入电压使功率放大器输出功率下降为 $0.5P_{omax}$（即输出电压下降为 $0.7U_{oLmax}$），用正弦信号失真度测量仪测出失真度 D。

7）测量功率放大器的频率响应特性。将放大器的输入电压 U_i 降至输入灵敏度的 50%，并在整个测试过程中保持 U_i 恒定且功率放大器输出 U_{oL} 无限幅失真。测出输出电压随输入信号频率变化的关系，并作出 U_{oL}-lg$f$ 曲线。确定下限截止频率 f_L 及上限截止频率 f_H。数据记入表 2-8-8。

表 2-8-8

f/Hz	10	20	50	100	200	500	1k	2k	10k	50k	100k	200k	500k
U_{oL}/V													
f/Hz				f(1kHz)				f_L			f_H		
U_{oL}/V													

*8）试听音响效果。输入信号改为录音机输出，输出端接试听音箱及示波器。开机试听，并观察语言和音乐信号的输出波形。

六、思考题

1）分析自举电路的作用。
2）分析为什么实测效率和理论效率有较大误差？
3）OTL 或 OCL 功率放大器为什么会产生交越失真？如何克服交越失真？
4）在集成功率放大器实验电路中，若减小电阻 R，即增大电压放大倍数后能否提高效率 η？

七、实验报告要求

1）简述原理，画出电路原理图。
2）整理实验数据，包括画表格、实验数据、计算数据。
3）分析讨论实验过程中出现的问题。

实验九 集成运算放大器的非线性应用

一、实验目的

1）研究集成运算放大器非线性工作的特点。
2）学习用集成运算放大器构成滞回比较器、方波和三角波发生器。
3）学习波形发生器的调整和主要性能指标的测试方法。

二、实验设备与器材

1）双踪示波器 1 台。
2）数字式万用表 1 台。
3）函数信号发生器 1 台。
4）模拟电路实验箱 1 台。

三、实验预习要求

1）掌握运算放大器在开环、正反馈下的基本特点。

2）复习滞回比较器的基本电路及其工作原理。分析图 2-9-1 中同相输入滞回比较器的电压传输特性。

3）复习有关三角波及方波发生器的工作原理，并估算图 2-9-2 所示电路的振荡频率。

4）复习示波器的 X-Y 显示、测量方法。

5）怎样测量非正弦波电压的幅值？

当运算放大器连接成负反馈电路时，即可以构成运算电路、积分电路、微分电路等，当运算放大器连接成正反馈时，可以构成比较器电路。采用 Multisim 软件构成的比较器仿真电路如图 2-9-1 所示。比较器电路中

$$U_+ = R_4/(R_1+R_4)U_i + R_1/(R_1+R_4)U_o$$

当 U_+ 大于 U_- 时，输出为高电压 U_{oH}；

当 U_+ 小于 U_- 时，输出为低电压 U_{oL}。

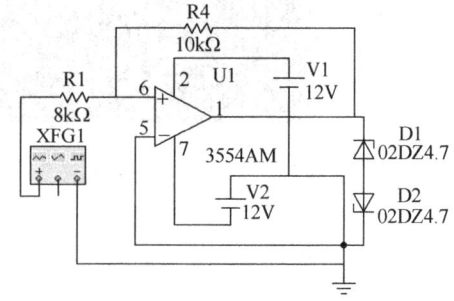

图 2-9-1 比较器仿真电路

本节将利用运算放大器构成一个非正弦波产生电路，并观测电路参数对输出信号波形的影响。

采用 Multisim 软件创建图 2-9-2 所示非正弦波产生仿真电路。

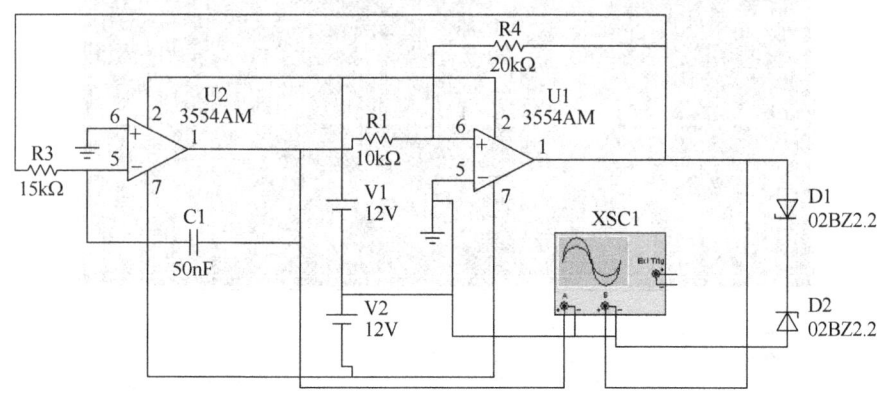

图 2-9-2 非正弦波产生仿真电路

如图 2-9-2 所示，电路由两运算放大器 U_1、U_2 组成，U_1 为集成运算放大器的正反馈应用，是一个比较器电路，U_2 为一个反向积分电路。比较器的输出作为反向积分的输入，反向积分的输出作为比较器的输入。为便于观察输出波形，将运算放大器 U_1、U_2 输出分别接到示波器的 A、B 通道，输出波形如图 2-9-3 所示。

若改变积分电路参数，使 $C_1 = 80$nF，重新观测示波器输出波形，得到图 2-9-4 所示的仿真结果。由图可以看出，积分电路中电容 C_1 增大后，输出方波、锯齿波的周期变大了。这是因为 C_1 加大后，积分电路输出达到比较器翻转电压的时间延长了。

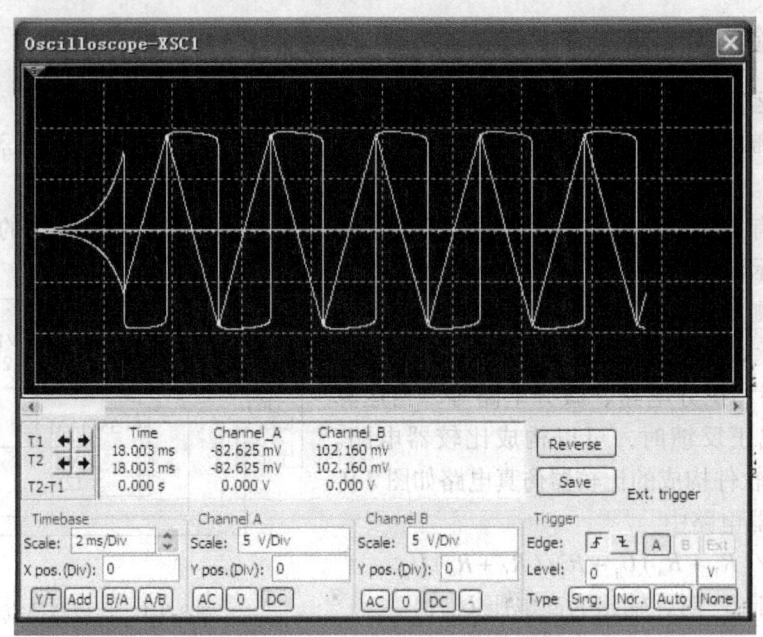

图 2-9-3 非正弦信号产生电路输出波形

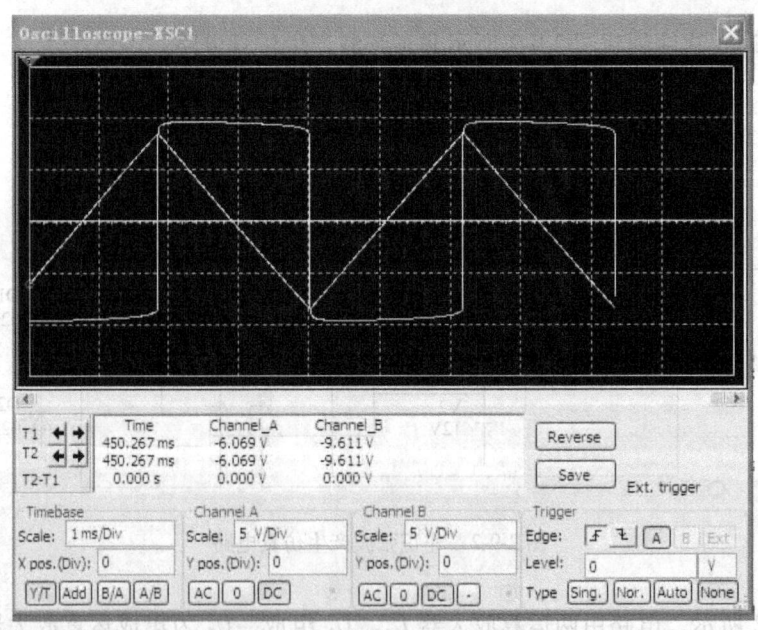

图 2-9-4 $C_1 = 80nF$ 时的输出波形

若改变电路中的电阻 R_4 的大小,使 $R_4 = 25k\Omega$,重新观测输出波形,仿真结果如图 2-9-5 所示。由图可看到,输出方波、锯齿波的周期变小了。这是因为 R_4 增大后,比较器 U_1 的翻转电压下降,积分电路输出电压达到比较器 U_1 的翻转电压的时间缩短了。

若改变电路中电阻 R_4 的大小,使 $R_4 = 10k\Omega$,重新观测示波器输出波形,仿真结果如图

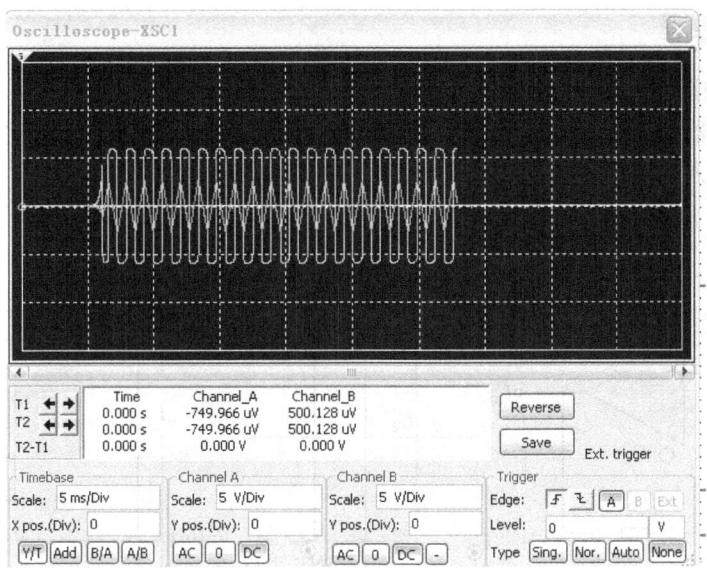

图 2-9-5　$R_4 = 25\text{k}\Omega$ 时的输出波形

2-9-6 所示。由图可以看到，输出方波、锯齿波的幅度相等，且输出波形的周期较 $R_4 = 25\text{k}\Omega$ 时加大了。这是因为 R_4 减小后，比较器的翻转电压增大了，积分电路输出电压达到翻转电压的时间延长了。同时，由于 $R_1 = R_4$，因此，上门限、下门限电压的大小和输出方波的幅值相等。

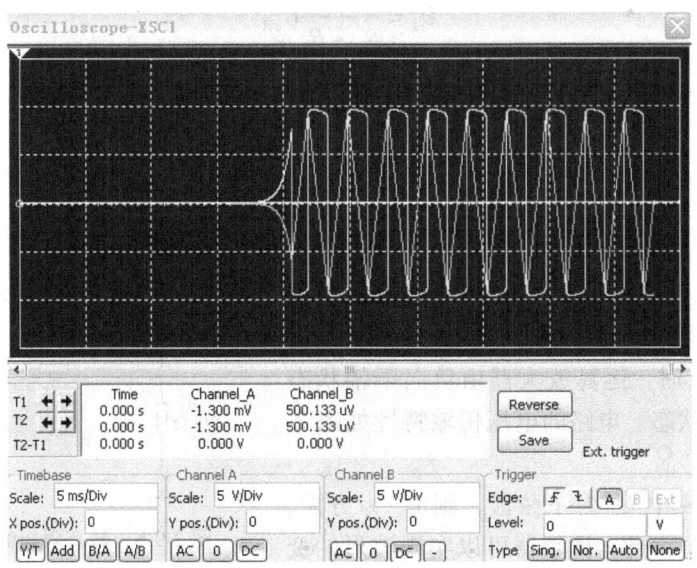

图 2-9-6　$R_1 = R_4$ 时的输出波形

将图 2-9-2 中的积分电路的同相输入端 U_+ 由地改为接电源 U_{EE}，则只需改变 U_{EE} 的大小，即构成一个输出脉宽可调的锯齿波产生电路。

四、实验原理

1. 滞回比较器

将运算放大器引入正反馈，可以构成具有回线形状传输特性的滞回比较器。图 2-9-7a 所示为一反相输入的滞回比较器。

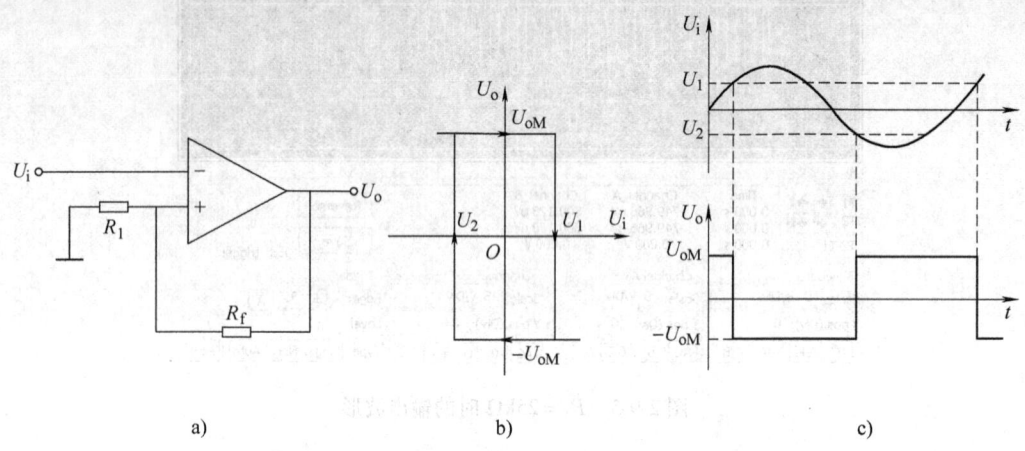

图 2-9-7 滞回比较器及其传输特性
a) 滞回比较器　b) 滞回比较器传输特性　c) 波形变换

当 $U_o = U_{oM}$ 时，上门限电压

$$U_1 = \frac{R_1}{R_1 + R_f} U_{oM}$$

当 $U_o = -U_{oM}$ 时，下门限电压

$$U_2 = \frac{R_1}{R_1 + R_f}(-U_{oM})$$

回差电压

$$U = U_1 - U_2$$

因此当 U_i 由小增大到等于 U_1 时，运算放大器由正向限幅状态翻转为负向限幅状态，而当 U_i 由大减小到等于 U_2 时，运算放大器由负向限幅状态翻转为正向限幅状态。电路的电压传输特性如图 2-9-7b 所示。

如果图 2-9-7a 中 U_i 为正弦波，则 U_o 为方波，如图 2-9-7c 所示，由此，比较器可以实现波形的变换。

若为了使输出电压的幅度被限制在 $\pm U_z$，可采用双向稳压管 VS，电路如图 2-9-8 所示。图中，R 是稳压管的限流电阻。

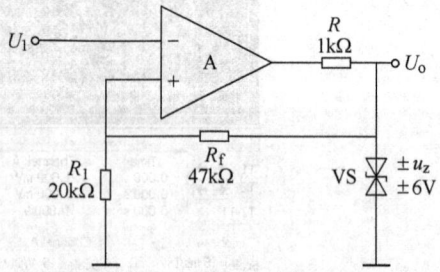

图 2-9-8 具有限幅的滞回比较器

2. 方波发生器

由集成运算放大器构成的方波发生器——三角波发生器，一般均包括比较器和 RC 积分器两

大部分。图 2-9-9 所示为由滞回比较器及简单 RC 积分器组成的方波—三角波发生器。它的特点是电路简单，但三角波的线性度较差；主要用于产生方波或对三角波要求不高的场合。

电路振荡频率
$$f_0 = \frac{1}{2R_f C_f \ln\left(1 + \frac{2R_2}{R_1}\right)}$$

方波输出幅值　　$U_{om} = \pm U_z$

三角波输出幅值　$U_{cm} = \frac{R_2}{R_1 + R_2} U_z$

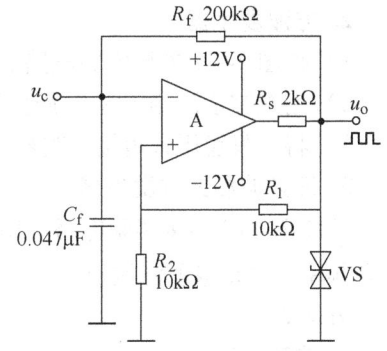

图 2-9-9　方波—三角波发生器

3. 三角波和方波发生器

如果把滞回比较器和积分器首尾相接形成正反馈闭环系统，如图 2-9-10 所示，则比较器 A_1 输出的方波经积分器 A_2 积分可得到三角波，三角波又触发比较器自动翻转形成方波，这样即可构成三角波和方波发生器。图 2-9-11 所示为方波和三角波发生器输出波形。由于采用运算放大器组成的积分器，因此可实现恒流充电，使三角波线性大大改善。

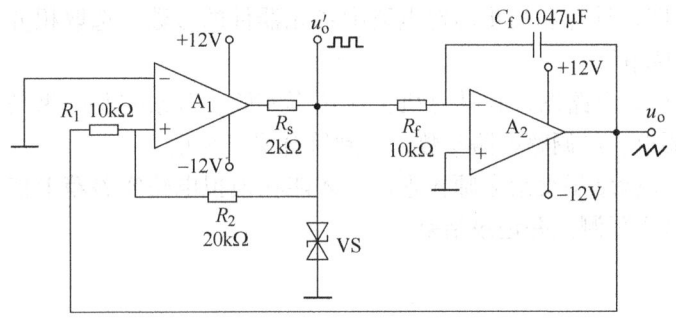

图 2-9-10　三角波和方波发生器

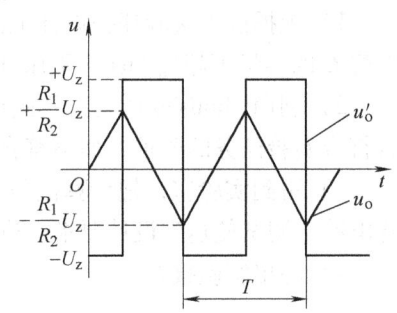

图 2-9-11　方波和三角波发生器输出波形

电路振荡频率　　$f_0 = \dfrac{R_2}{4R_1 R_f C_f}$

方波幅值　　　　$U'_{oM} = \pm U_z$

三角波幅值　　　$U_{oM} = \dfrac{R_1}{R_2} U_z$

五、实验内容

方案 1：

1. 滞回比较器

1）按图 2-9-8 连接实验电路。

2）观察输入、输出波形。

输入正弦信号，频率 $f = 150\text{Hz}$，大小 $U_i = 2\text{V}$（有效值），用示波器观察 U_i、U_o 的波形（注意将 U_i 接 CH_1，U_o 接 CH_2）。

3) 观察、测量传输特性曲线。将示波器置于 X-Y 显示方式，观察传输特性曲线，测出传输特性曲线上输出电压的限幅值和输入电压的两个门限电压值。

2. 方波发生器

1) 按图 2-9-9 连接实验电路。
2) 用双踪示波器观察并描绘方波 u_o 的波形，测量其幅值及频率，做好记录。
3) 将一只稳压管短接，观察 u_o 波形，分析 VS 的限幅作用。

3. 三角波和方波发生器

按图 2-9-10 连接实验电路。用双踪示波器观察三角波输出 u_o 及方波输出 u_o'，测出其幅值和频率，并记录所测波形。

方案 2：

1. 实验电路

利用上面的实验，设计一个方波—三角波发生器，要求频率可调及三角波幅值可调。

2. 实验要求

用集成运算放大器：μA741；电源电压：±12V；技术指标：输出电压幅度 U_{P-P} 的变化范围为 ±5V；三角波的输出电压峰值可以调节。

1) 根据以上实验任务设计电路图，计算和初步确定电路中各元器件的参数。选取积分电容 C 的容量不超过 1μF，采用 0.047μF。
2) 利用 Multisim 仿真工具画出仿真电路图，在计算机上作仿真实验，观察实验结果是否符合实验任务的要求，如不符合要求，应调整电路参数，直到符合要求为止。
3) 再到实验室，把计算机仿真实验结果交给老师检查后，才能在模拟电路实验箱上搭建电路，调试使达到设计要求，进行实际测试并记录结果。
4) 写出实验报告。

六、思考题

1) 反相输入滞回比较器与同相输入滞回比较器的传输特性曲线有何不同？
2) 讨论方波发生器中 VS 的限幅作用。

七、实验报告要求

1) 列表整理实验数据，画出传输特性曲线和波形，把实测频率与理论值进行比较。
2) 在三角波和方波发生器电路中，在同一坐标纸上，按比例画出三角波及方波的波形，并标明时间和电压幅值。

实验十　RC 正弦波振荡器

一、实验目的

1) 掌握文氏电桥正弦振荡器的电路结构及工作原理。
2) 掌握文氏电桥正弦振荡器的调整与测量方法。
3) 掌握由运算放大器构成振荡电路的原理和设计方法。

4）研究 RC 串并联网络的频率特性。
5）了解热敏电阻、稳压管、场效应晶体管的特性及在振荡稳幅电路中的应用。

二、实验设备与器件

1）模拟电路实验箱 1 台。
2）函数信号发生器 1 台。
3）双踪示波器 1 台。
4）数字式万用表 1 台。
5）μA741×1，3DG12 或 9013×2，电阻、电容、电位器若干。

三、实验预习要求

1）复习有关 RC 振荡器的结构与工作原理。
2）若选方案 1：计算实验电路（见图 2-10-8）的振荡频率。
3）若选方案 2：学习集成运放的应用，根据图 2-10-12 中的元件参数计算电路起振、正常振荡及停振的 RP 值，计算接入不同 RC 选频网络的振荡频率 f_0，分析负反馈支路引入非线性元件的作用。

一个反馈电路要产生自激振荡，必须符合两个条件：①反馈为正反馈；②反馈系数与电压放大倍数的乘积大于 1。

采用 Multisim 软件仿真的 RC 振荡电路如图 2-10-1 所示，观察输出波形，如图 2-10-2 所示，改变图中电阻 R_3，使 R_3 分别取 10kΩ 和 20kΩ。当 R_3 = 10kΩ 时，由于 $R_3 < 2R_4$，电路不能起振，示波器波形如图 2-10-3 所示；当 R_3 = 30kΩ 时，随着 R_3 的增大，起振速度加快。

双击图 2-10-1 中的电阻 R_1、R_2 图标，改变电阻阻值，使 $R_1 = R_2 = 0.5$kΩ，重新启动仿真开关，从示波器上可观测到输出波形，如图 2-10-4 所示。比较可知，选频网络中电阻减小后，不仅振荡频率加快，而且起振速度加快。

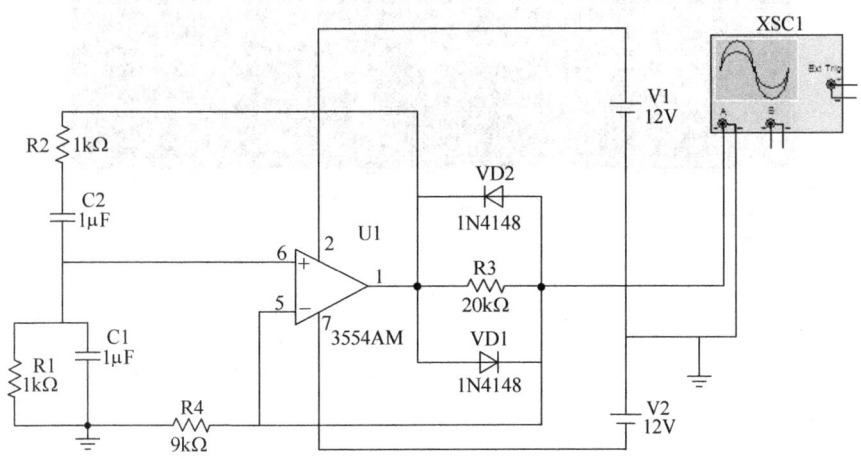

图 2-10-1　运算放大器组成的 RC 桥式正弦波振荡器仿真电路

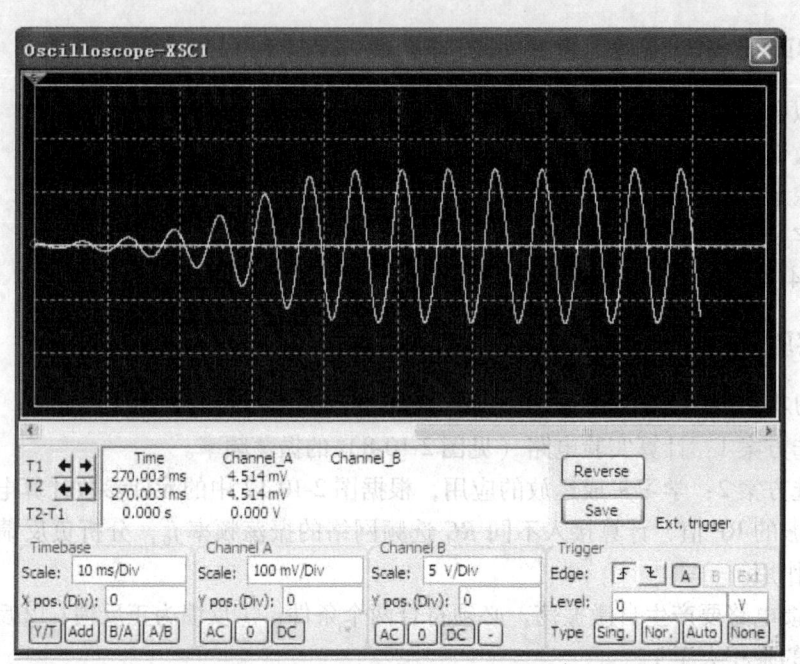

图 2-10-2 振荡输出波形

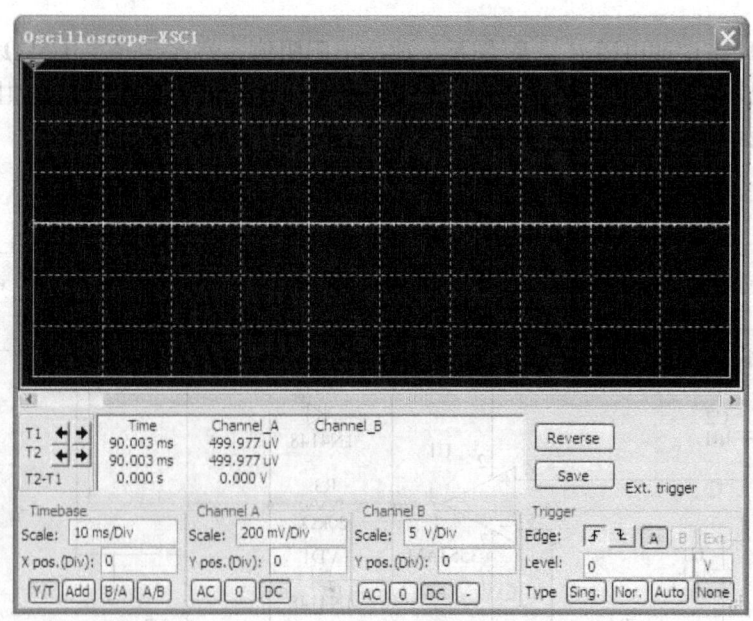

图 2-10-3 $R_3 = 10\text{k}\Omega$ 时的输出波形

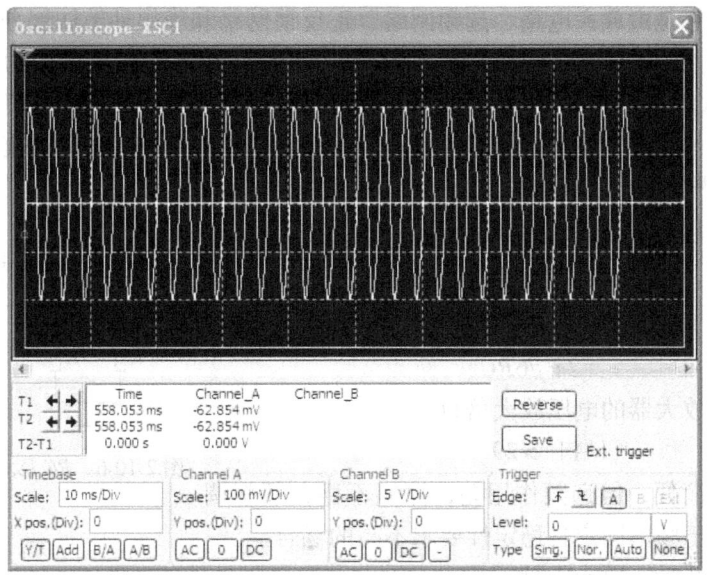

图 2-10-4　$R_1 = R_2 = 0.5\text{k}\Omega$ 时的输出波形

双击图 2-10-1 中的二极管 VD_1，设置 VD_1 为开路状态时，观察的输出波形如图 2-10-5 所示，输出产生失真。

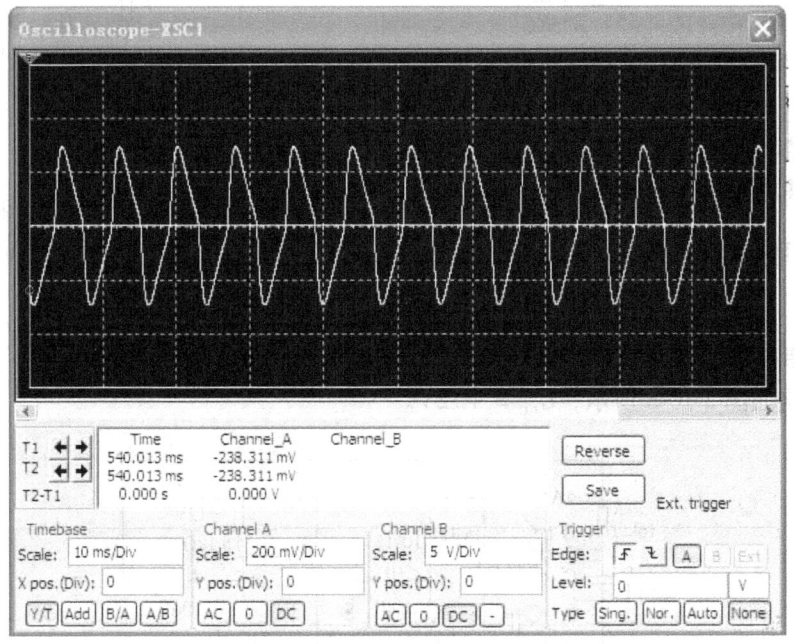

图 2-10-5　VD_1 开路的输出波形

四、实验原理

正弦波振荡电路是在没有外加输入信号的情况下，依靠电路的自激振荡而产生正弦波输出电压的电路。它是由放大电路、选频网络、正反馈网络和稳幅环节四部分组成。若选频网络用 R、C 元件组成则称为 RC 振荡器，一般用来产生 1Hz~1MHz 范围内的低频信号，若用 L、C 元件组成选频网络则称为 LC 振荡器，一般用来产生 1MHz 以上的高频信号。石英晶体正弦波振荡电路具有非常稳定的固有频率。实验电路分别由分离元器件或集成电路构成。

1. RC 移相振荡器

电路如图 2-10-6 所示，选择 $R \gg R_i$。

振荡频率

$$f_0 = \frac{1}{2\pi\sqrt{6}RC}$$

起振条件：放大器的电压放大倍数

$$|\dot{A}| > 29$$

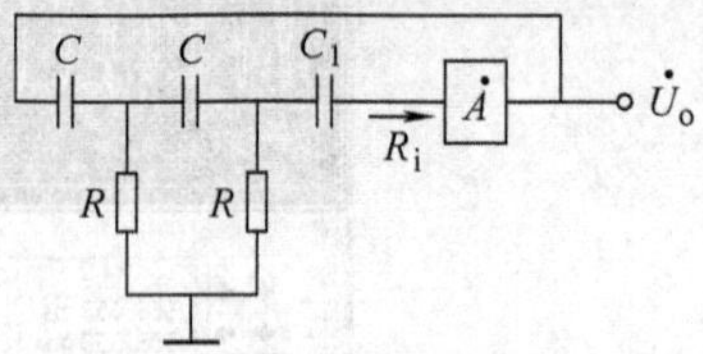

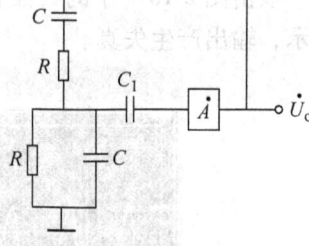

图 2-10-6 RC 移相振荡器实验电路

电路特点：简便，但选频作用差，振幅不稳，频率调节不便，一般用于频率固定且稳定性要求不高的场合。

频率范围：几赫~数十千赫。

2. RC 串并联网络（文氏电桥）振荡器

电路如图 2-10-7 所示。

振荡频率

$$f_0 = \frac{1}{2\pi RC}$$

起振条件

$$|\dot{A}| > 3$$

电路特点：可方便地连续改变振荡频率，便于加负反馈稳幅，容易得到良好的振荡波形。

图 2-10-7 RC 串并联网络振荡器实验电路

五、实验内容

方案 1：

1. RC 串并联选频网络振荡器

实验电路如图 2-10-8 所示，$U_{CC} = +12V$。

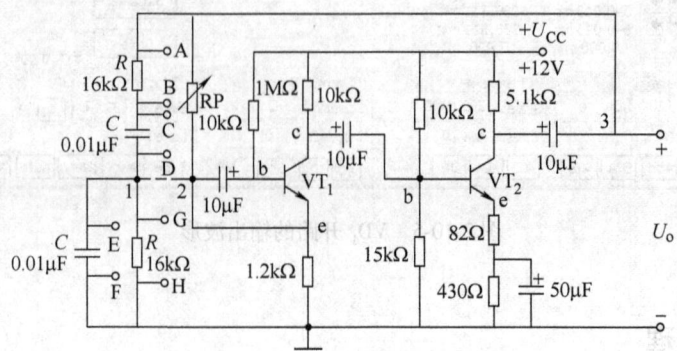

图 2-10-8 RC 串并联选频网络振荡器实验电路

1) 断开 RC 串并联网络（即 1 点和 2 点不连线），输入信号为零，测量放大电路中晶体管 VT_1、VT_2 静态工作点 U_E、U_B、U_C，记录在表 2-10-1 中。

表 2-10-1

器件	VT_1			VT_2		
测试点	U_E/V	U_B/V	U_C/V	U_E/V	U_B/V	U_C/V
测量值						

2) 接通 RC 串并联网络（即连线 1 点和 2 点），调节电位器 RP 使电路产生振荡，用示波器观察输出波形无明显失真并测量振荡频率 f_0（记录在表 2-10-3 中）及输出电压 U_o。断开 RC 串并联网络，保持 RP 不变，将函数信号发生器输出正弦信号接至 2 点，使信号频率 $f=f_0$，并适当调节输入信号幅度使此时的输出电压与振荡器原输出电压 U_o 相等，测量放大器 2 点的输入电压及 3 点的输出电压并计算放大倍数，记录于表 2-10-2 中。

表 2-10-2

测试内容	输入电压	输出电压	放大倍数
测量值			

3) 接通 RC 串并联网络（即连线 1 点和 2 点），调节 RP 使之产生正常振荡，用示波器观测输出电压 U_o 波形，记录波形及其频率值于表 2-10-3 中。
4) 计算振荡频率于表 2-10-3 中，并与测量值进行比较。
5) 改变 R 值（即 A 点和 B 点，G 点和 H 点各并联一个 R），观察振荡频率的变化情况，并记录于表 2-10-3 中。
6) 改变 C 值（即 C 点和 D 点，E 点和 F 点各并联一个 C），观察振荡频率的变化情况，并记录于表 2-10-3 中。

表 2-10-3

频率	f_0	f_1（R 改变）	f_2（C 改变）
测量值			
计算值			
波形			

2. RC 串并联网络幅频特性的观察

将 RC 串并联网络与放大器断开，函数信号发生器输出 $f = 1\text{kHz}$ 的正弦信号至 RC 串并联网络的 3 点和地，保持输入信号的幅度 $U_i = 3\text{V}$（峰峰值 $U_{P-P} = 8.48\text{V}$）不变，只改变输入信号频率，RC 串并联网络输出幅度将随之变化。当输入信号达到某一频率时，RC 串并联网络的输出将达到最大值 1V 左右（峰峰值 $U_{P-P} = 2.8\text{V}$），且输入、输出同相位，此时信号源频率为

$$f \approx f_0 = \frac{1}{2\pi RC}$$

并采用三点法测试 RC 串并联网络幅频特性，将结果记入表 2-10-4 中。

表 2-10-4

f/Hz	f_0	f_L	f_H
U_{oL}/V			

方案 2：

1. RC 桥式振荡器

RC 文氏电桥正弦波振荡器是由具有选频作用的 RC 串并联正反馈网络和负反馈网络构成的文氏电桥与放大器一起组成振荡器。其基本电路如图 2-10-9 所示。

1）振幅和相位平衡条件：

$$|\dot{A}\dot{F}_{(+)}| \geq 1$$

$$\arg \dot{A}\dot{F} = \varphi_A + \varphi_F = \pm 2n\pi \quad (n = 1, 1, 2, \cdots)$$

其中 A 为同相比例放大器的放大倍数

$$A = \frac{\dot{U}_o}{\dot{U}_{F(+)}} = 1 + \frac{R_f}{R_p}$$

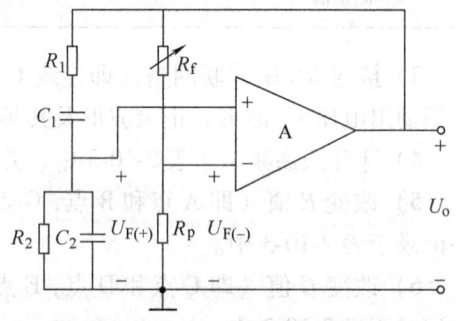

图 2-10-9 RC 桥式振荡器实验电路

当 $|\dot{A}\dot{F}_{(+)}| < 1$ 时，振荡幅度收敛，导致停振；反之，$|\dot{A}\dot{F}_{(+)}| > 1$ 时，振荡幅度发散，进入放大器的非线性区，引起波形严重失真。因此，只有严格满足振幅和相位平衡条件，才能得到无失真、幅度稳定的正弦振荡信号。分析表明，正反馈系数为

$$\dot{F}_{(+)} = \frac{\dot{U}_{F(+)}}{\dot{U}_o} = \frac{1}{\left(1 + \dfrac{R_1}{R_2} + \dfrac{C_2}{C_1}\right) + j\left(\omega C_2 R_1 - \dfrac{1}{\omega C_1 R_2}\right)}$$

实验用文氏电桥振荡器中 RC 串并联网络元件参数是完全对称的，即 $R_1 = R_2 = R$，$C_1 = C_2 = C$，于是得

$$\dot{F}_{(+)} = \frac{1}{3 + j\left(\omega RC - \dfrac{1}{\omega RC}\right)} = \frac{1}{3 + j\left(\dfrac{\omega}{\omega_0} - \dfrac{\omega_0}{\omega}\right)}$$

故振幅和相角分别为

$$F_{(+)} = \frac{1}{\sqrt{9 + \left(\dfrac{\omega}{\omega_0} - \dfrac{\omega_0}{\omega}\right)^2}}$$

$$\varphi = -\arctan \frac{\left(\dfrac{\omega}{\omega_0} - \dfrac{\omega_0}{\omega}\right)}{3}$$

其中 $\omega_0 = \dfrac{1}{RC}$，为 RC 串并联网络的特征频率。显然，它们都是频率的函数。图 2-10-10a、b 分别示出了文氏电桥的幅频特性和相频特性。由图可见，在 $\omega = \omega_0$ 处，正反馈支路幅频特性的幅值最大，且为 $F_{(+)} = \dfrac{1}{3}$，相移为 $\varphi = 0$。

由振幅平衡条件式（2-10-6）得

$$|\dot{A}\dot{F}_{(+)}| = \left|\frac{\dot{A}}{3}\right| \geqslant 1$$

故电路的起振条件是

$$|\dot{A}| \geqslant 3$$

$$\varphi = 2n\pi \quad (n = 0, 1, 2, 3, \cdots)$$

为使电路起振，放大器的同相端到输出端的放大倍数应不小于 3。实验中，通过调节电位器 RP 改变负反馈系数 $F_{(-)}$，使放大倍数满足要求。

由相位平衡条件，可得

$$\omega_0 RC - \frac{1}{\omega_0 RC} = 0$$

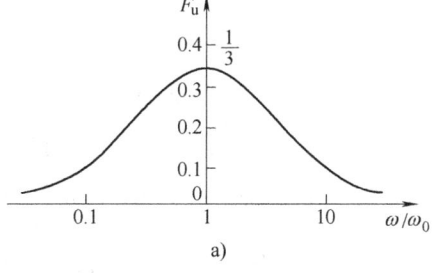
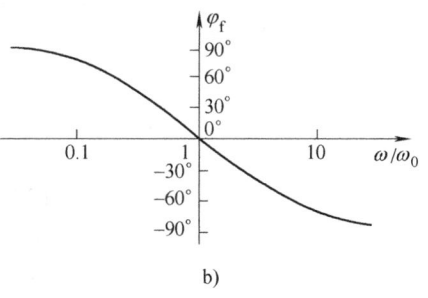

图 2-10-10 RC 串并联网络的频率响应

故振荡频率为

$$f_0 = \frac{1}{2\pi RC}$$

文氏电桥振荡器只有在 f_0 这个频率下传输系数最大，且相移为零，即电路只有在单一频率 f_0 上才能产生正弦自激振荡。在 f_0 以外，由于文氏电桥的附加相移不能满足起振条件而停振。当同时连续改变 R_1、R_2（或 C_1、C_2）的值时，即可得到频率范围较宽的正弦波。

2) RC 文氏电桥振荡器的稳幅：为使电路起振，应使 $|\dot{A}\dot{F}_{(+)}| > 1$；电路起振后，要使振幅稳定，又必须满足 $|\dot{A}\dot{F}_{(+)}| = 1$。为使放大器不致进入非线性状态，同时满足整个电路

由 $|\dot{A}\dot{F}_{(+)}|>1$ 到 $|\dot{A}\dot{F}_{(+)}|=1$ 的转变而引入负反馈支路,并在负反馈支路中引入非线性元件,使负反馈的强弱随振荡输出幅度的大小而自动改变放大器的增益,从而达到稳幅的目的。

实验电路中负反馈系数 $F_{(-)}$ 为

$$\dot{F}_{(-)} = \frac{\dot{U}_{F(-)}}{U_o} = \frac{R_4}{R_3+R_4}$$

可见,负反馈系数为一实数。

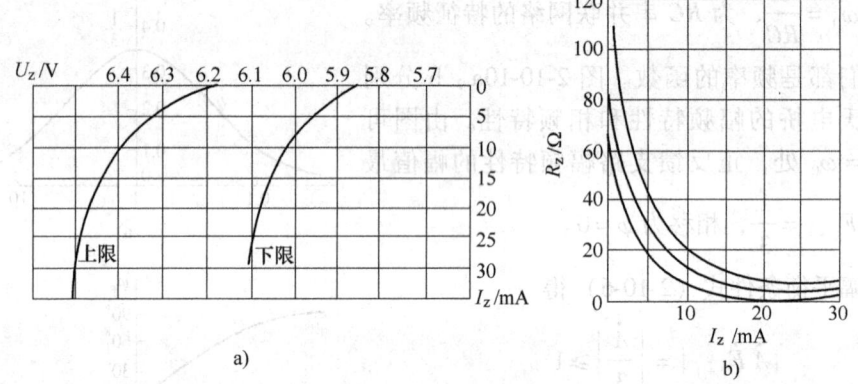

图 2-10-11 稳压二极管特性
a) 稳压管 U_z—I_z 特性   b) 稳压管 R_z—I_z 特性

图 2-10-12 是利用稳压管动态电阻的非线性来实现稳幅的,稳压管 2DW7B 的 U_z—I_z 和 R_z—I_z 特性如图 2-10-11a、b 所示。由图可见,流过稳压管的电流 I_z 随加于其上的电压 U_z 增加而增加,而稳压管的动态电阻 R_z 随 I_z 的增加而减小,从而稳压管的动态电阻随加于其上的电压 U_z 而变化。在图 2-10-12 中,将 2DW7B 经电阻接于放大器反相输入端与输出端之间,这样,输出电压 U_o 变化时,即随之改变负反馈的强弱,从而自动改变放大器增益,直到 $|\dot{A}_{uf}\dot{F}_{(+)}|=1$ 电路进入稳幅振荡状态。

另外,热敏电阻的阻值是具有随温度升高而减小的特性的,因此还可利用热敏电阻来实现稳幅。除此以外,还可利用场效应晶体管作可变电阻来实现稳幅。

2. 实验电路及测试

实验电路如图 2-10-12 所示。

1)在模拟电路实验箱连接图 2-10-12 所示电路,开关 K_{2-1}、K_{2-2} 置于第 3 组 RC 串并联网络,开关 K_{1-1}、K_{1-2} 置 "1",其余元器件按图连接,连接时注意电解电容的极性,检查集成电路正、负电源是否连接正确,检查无误后方可开启模拟电路实验箱电源。接通电源后,用万用表测量正常振荡状态与静态(停振)时集成电路各引脚的工作电压,记入表 2-10-5 中。

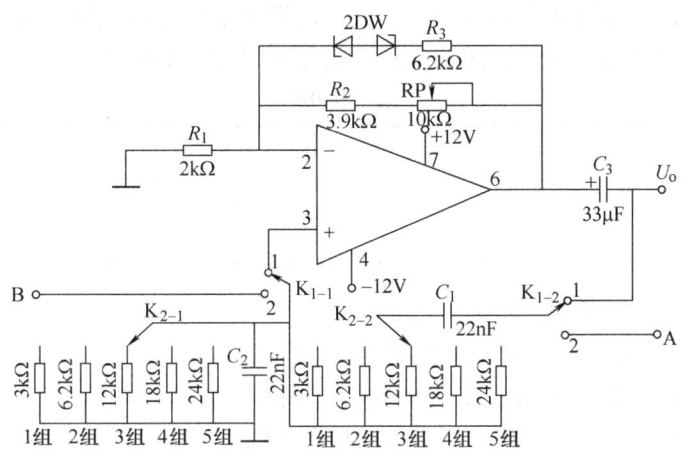

图 2-10-12 RC 文氏电桥正弦波振荡器实验电路

表 2-10-5

测试点	μA741							
	1	2	3	4	5	6	7	8
正常振荡状态电压								
静态电压								

2）测量放大器放大倍数和正、负反馈网络的反馈系数

①测量 $U_{F(+)}$，f_0，U_o：调节电位器 RP 使电路产生振荡，用示波器观察输出波形。当输出电压 U_o 达到最大且无明显失真时，用示波器测量 U_o、$U_{F(+)}$ 并记入表 2-10-6 中。再用李沙育图形法或函数信号发生器的外测频功能，测量并记录此时的 f_0。

表 2-10-6

测试内容	U_o	$U_{F(+)}$	$F_{(+)} = \dfrac{U_{F(+)}}{U_o}$	f_0
正常振荡时				

②测量放大倍数：断开正反馈网络，将开关 K_{1-1} 接"2"，将函数信号发生器输出端接于"1"端（即集成电路的第 3 脚），使信号发生器输出信号频率 f 与振荡频率 f_0 相同，并适当改变输入信号幅度使之与振荡器原输出电压 U_o 相等。测量电压 U_i、U_o 的值，并计算 A_{uf} 的值，记入表 2-10-7 中，绘制相应各点的波形。

表 2-10-7

测试内容	U_o	U_i	A_{uf}	$|\dot{A}_{uf}\dot{F}_{(+)}|$
正弦波				

3）测量明显失真时的放大倍数

①开关 K_{1-1}、K_{1-2} 置"1"，调节电位器 RP 使振荡电路输出产生比较明显的失真。

②将开关 K_{1-1} 接"2"，断开正反馈网络，将函数信号发生器输出端接于"1"端（即集

成电路的第3脚），信号源频率不变（$f=f_0$），适当改变信号源幅度，用示波器观察波形，使输出不失真，并测量此时的 U_o 及 U_i，计算 A_{uf}，记入表2-10-8中。

表 2-10-8

测试内容	U_o	U_i	A_{uf}	$|\dot{A}_{uf}\dot{F}_{(+)}|$
正弦波				

4) 测量停振时放大倍数。
①开关 K_{1-1}、K_{1-2} 置"1"，调节电位器使电路停振。
②将开关 K_{1-1} 接"2"，断开正反馈网络，将低频信发生器输出端接于"1"端（即集成电路的第3脚），信号源频率不变，适当改变信号源幅度，用示波器观察波形，使输出不失真，并测量此时的 U_o 及 U_i，计算 A_{uf}，记入表2-10-9中。

表 2-10-9

测试内容	U_o	U_i	A_{uf}	$|\dot{A}_{uf}\dot{F}_{(+)}|$
正弦波				

5) 测量振荡频率和失真度
①调节电位器 RP，使振荡器输出幅度最大、失真最小，用示波器（或频率计）测量振荡频率，并与理论计算值比较，计算相对误差 α，然后再用失真度测量仪测量失真度 D，记入表2-10-10中。

表 2-10-10

测试内容	R		C		f_1	f_2	f	α	D
	标称值	实测值	标称值	实测值	频率计测	示波器	计算值	误差	失真度
数据									

②在图 2-10-12 中，将电路分别接到对应的 1 组、2 组、4 组、5 组 RC 串并联网络，测量相应的振荡输出电压 U_o 及频率 f_0，并与频率计算值比较。结果记入表2-10-11中。

表 2-10-11

R	1组			2组			4组			5组		
测试内容	f_{01}		U_o	f_{02}		U_o	f_{04}		U_o	f_{05}		U_o
	计算值	测量值		计算值	测量值		计算值	测量值		计算值	测量值	
数据												

6) 测量 RC 串并联网络的幅频特性曲线：断开放大器，将开关 K_{1-1}、K_{1-2} 置"2"，电路按第3组 RC 串并联网络连接，函数信号发生器接至输入 A 端，输出 B 端接示波器，输入正弦信号 $U_{(A)}=3V$（有效值），只改变输入信号频率 f，用逐点法测量输出 B 端的电压 $U_{(B)}$

(有效值),即 RC 串并联网络的幅频特性。将测量结果记入表 2-10-12 中,并用半对数坐标绘出特性曲线(横坐标为 $\lg f$,纵坐标为 $U_{(B)}$ 即 $U_{F(+)}$ 或传输系数 F)。

表 2-10-12

正弦信号 $U_{(A)}=3V$	f	20Hz	50Hz	80Hz	100Hz	120Hz	160Hz	...	80kHz	100kHz
	$U_{(B)}$									

六、思考题

1) 测量振荡频率可采用几种常用的方法?
2) 负反馈放大电路与正弦波振荡电路产生自激振荡有什么不同?
3) 正弦波振荡电路由哪几部分组成?判断电路是否可能产生正弦波振荡的基本要点是什么?
4) RC 文氏电桥正弦波振荡器的输出波形与哪些因素有关?
5) RC 文氏电桥正弦振荡器的振荡频率受哪些因素的影响?

七、实验报告要求

若选方案 1:整理数据,由给定电路参数计算振荡频率并与实测值进行比较,分析误差产生的原因。

若选方案 2:

1) 分析由集成运算放大器构成的 RC 桥式正弦波振荡器产生振荡的相位条件和幅值条件。
2) 说明负反馈对振荡波形的影响,试分析电路正常振荡、失真、停振的条件。
3) 试说明双向稳压管的自动稳幅原理。

实验十一 直流稳压电源的安装及设计

一、实验目的

1) 了解桥式整流电路的原理,以及输入、输出电压间的数量关系。
2) 认识滤波电路的作用,理解变压器参数的选择方法。
3) 了解可调串联稳压电路的工作原理。
4) 了解集成稳压块的性能及其测试方法。

二、实验设备与器件

1) 双踪示波器 1 台。
2) 数字式万用表 1 台。
3) 模拟电路实验箱 1 台。
4) 三端集成稳压电源,电容(0.1μF、470μF)、电位器(1kΩ、10kΩ)、电阻(27Ω、240Ω、120Ω)。

三、实验预习要求

1）预习实验，并选择实验方案。

2）若选方案1，应写好预习报告，并在 Multisim 上实现。对于电压调整率 S_D 的测试，应在预习报告中设计好测试电路和步骤。

3）若选方案2，应写好设计步骤（参数计算）和实验步骤。

整流、滤波电路利用二极管的单向导电性，把交流电压变换成脉动很小的直流电压，而稳压电路的作用是使输出的直流电压在电网电压或负载电流发生变化时保持稳定。

首先采用 Multisim 创建如图 2-11-1 所示的仿真电路，该电路由二极管构成桥式整流、滤波电路。运行仿真开关，双击示波器，可以得到纯电阻负载时的输出波形，如图 2-11-2 所示。

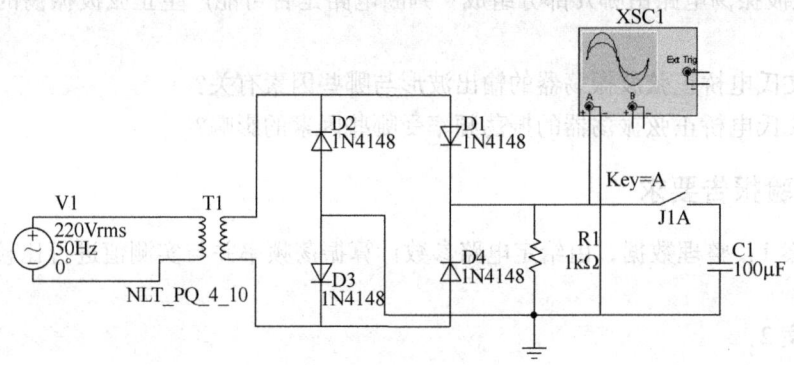

图 2-11-1　整流滤波仿真电路

单击开关 J1A，开关 J1A 闭合，从示波器观测到整流滤波输出波形，如图 2-11-3 所示。

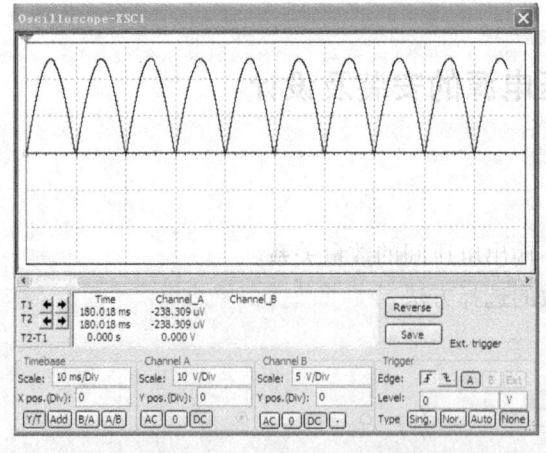
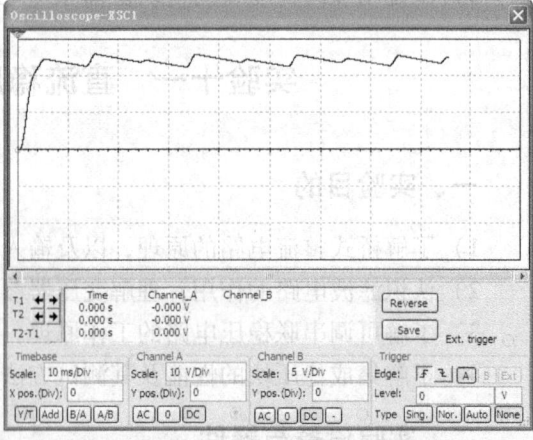

图 2-11-2　未闭合开关的输出波形　　　　图 2-11-3　闭合开关的输出波形

为便于观测滤波电容对桥式整流、滤波输出的影响，利用 Multisim 仿真分析法——参数扫描分析，对滤波电容 C_1 进行扫描分析，分别取 $C_1 = 100\mu F$、$550\mu F$、$1000\mu F$，观测输出波形，如图 2-11-4 所示，可以得出，C_1 越大，整流滤波输出波动电压幅度越小。

稳压管稳压、串联型稳压仿真电路如图 2-11-5 及图 2-11-6 所示，运行仿真开关，从示波器观测到稳压管稳压电路输出波形，如图 2-11-7 所示。加上二极管后，输出电压基本稳定在 5V，改变输入交流电压幅值，稳压电路输出电压基本不变。另外，从图 2-11-5 和图 2-11-6 中万用表的交流有效值看，串联型稳压电路输出电压的纹波小于稳压管输出纹波，所以，串联型稳压电路的稳压效果更好。

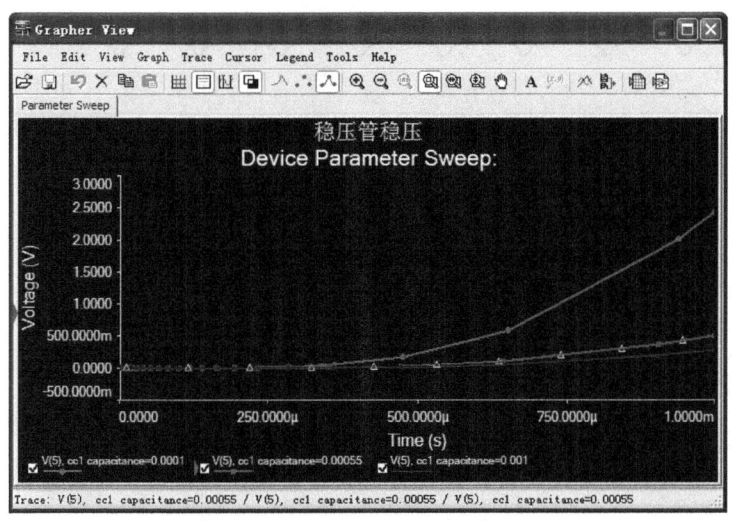

图 2-11-4　扫描分析结果

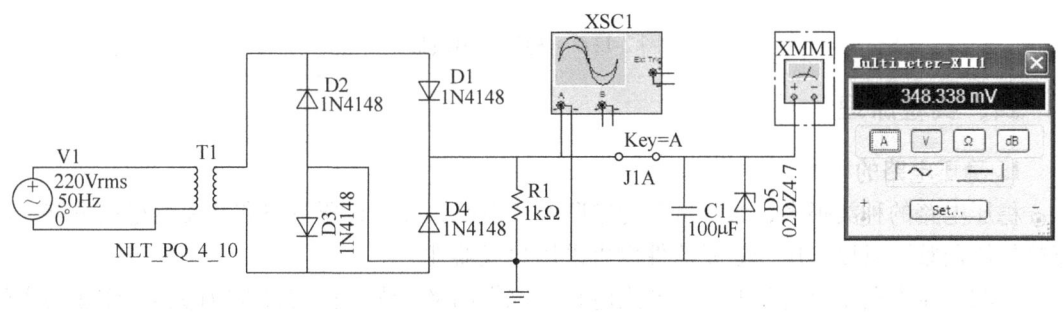

图 2-11-5　稳压管稳压仿真电路

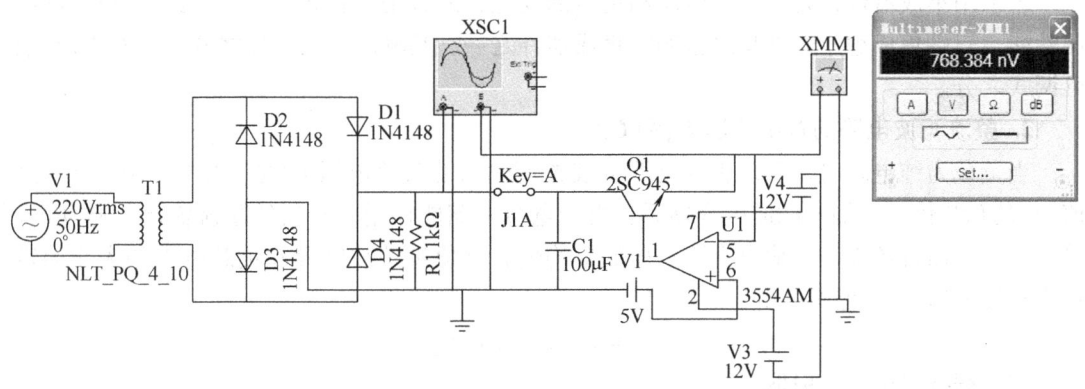

图 2-11-6　串联型稳压仿真电路

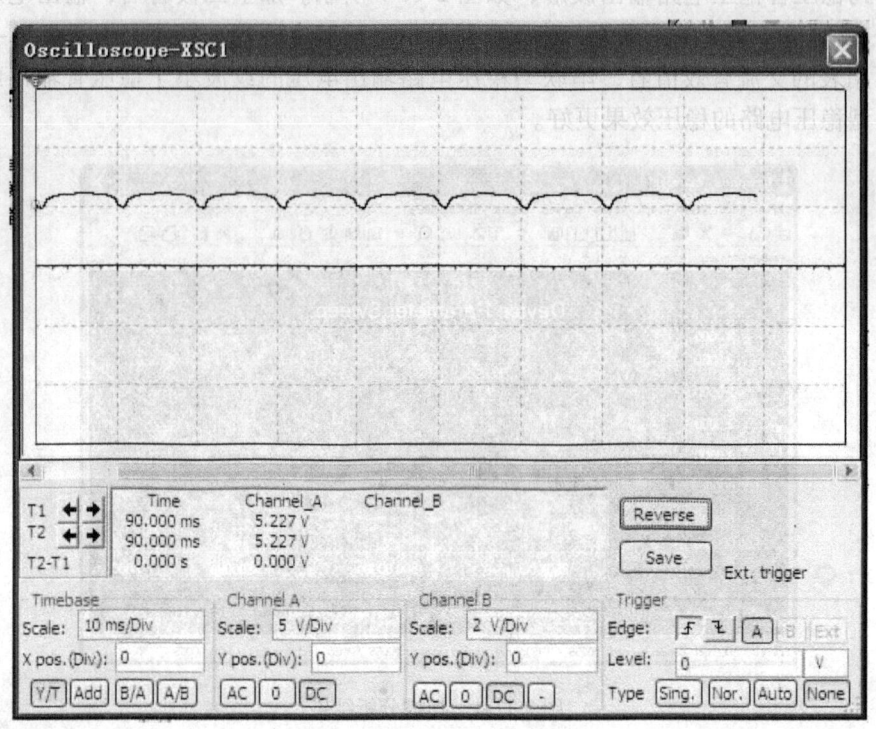

图 2-11-7　稳压输出波形

四、实验原理

1. 稳压电路的种类

稳压电路的种类很多，通常可分为串联稳压电路、并联稳压电路和开关型稳压电路。电路的稳压调整既可以采用分立元器件也可采用集成器件。

串联稳压电路主要由基准电压产生电路、取样网络、误差比较放大电路和工作在功率放大状态下的调整管组成。在实际电路中，为了保证调整管的安全，往往还有保护电路。

并联稳压电路实际上就是电路中稳压管和负载电阻为并联形式，故称为并联稳压。

若采用集成器件，则对输入电压和负载的变化，或者是二者同时变化，都具有良好的稳压性能。三端集成稳压器件是最常用的集成器件之一，其输出有正、负之分，以及固定式和可调式之分。

2. 整流滤波电路的输出电压 U_o' 和 U_o''

当负载为纯电阻时，在理想情况下全波整流输出的直流电压 U_o' 是变压器二次电压有效值 U_2 的 0.9 倍。当加入滤波电容器后，由于电容的储能作用，不仅使整流输出的脉动电压趋于平滑，而且还提高了输出直流电压的平均值，其值视滤波电容和负载电阻的大小而定。输出直流电压 U_o'' 的范围可由下式确定：

$$U_o'' = (0.9 - 1.4) U_2$$

在工程技术中，一般取

$$U_o'' = (1.1 - 1.2) U_2$$

3. 稳压电源的主要性能指标

稳压电源的主要性能指标有：电压调节范围、电压调整率、内阻和纹波系数等。

电压调节范围是指符合直流稳压电源工作条件情况下，能够正常工作的输出电压范围。该指标的上限是由最大输入电压和最小输入-输出电压差所规定，而其下限由直流稳压电源内部的基准电压值决定。

1) 纹波系数 r：是反映输出电压中所含交流分量的程度，并希望交流分量愈小愈好，该系数用输出电压中交流分量的总有效值 $\dot{U}_o$ 与直流分量值 U_o 之比来表示，即

$$r = \frac{\dot{U}_o}{U_o}$$

2) 电压调整率 S_v：直流稳压电源稳压性能的优劣的重要指标，又称为稳压系数或稳定系数，它表征当输入电压 U_i 变化时，直流稳压电源输出电压 U_o 稳定的程度，通常就是指温度 $\Delta T = 0$ 和负载 $\Delta I_o = 0$ 不变时，输出电压的相对变化量与输入电压的相对变化量，且用输出电压相对变化的百分数来表示，即

$$S_v = \frac{\Delta U_o / U_o}{\Delta U_i / U_i} \times 100\% \bigg|_{\substack{\Delta I_o = 0 \\ \Delta T = 0}}$$

3) 电源内阻 R_o：是指在输入电压及温度不变，负载变化时，输出电压的变化程度，并且输出电压的变化与输出电流的变化之比来表示，即

$$R_o = \frac{\Delta U_o}{\Delta I_o} \bigg|_{\substack{\Delta U_o'' = 0 \\ \Delta T = 0}}$$

4. 三端固定式集成稳压电源

三端固定式集成稳压电源最常用的产品为 CW78XX 系列和 CW79XX 系列，图 2-11-8 所示为它们的外形及引脚排列。两种系列均在 5~24V 范围内有 7 种不同的输出电压档次，其中 7800 系列输出为正电压，而 7900 系列输出为负电压，最大输出电流均可达 1.5A。型号中最末两位数字表示它们输出稳定电压的数值，如 CW7805 型表示稳压输出电压为 +5V，CW7912 型表示稳压输出电压为 -12V。进口型号为 LM78XX 和 LM79XX 系列，引脚定义与国产相同。图 2-11-9 所示为两种稳压电源的典型应用电路。其中输入端电容 C_i 用于旁路高频干扰脉冲及改善纹波。输出端电容 C_o 起改善瞬态响应特性、减小高频输出阻抗的作用，C_i、C_o 最好采用漏电流小的钽电容，如果采用电解电容，则电容量应比图中增加 10 倍。

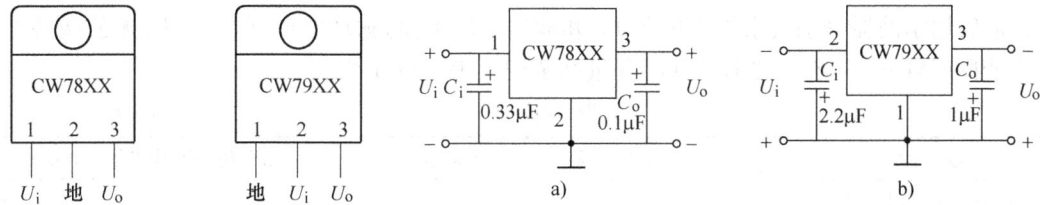

图 2-11-8 三端固定式集成稳压电源外形及引脚排列

图 2-11-9 典型应用电路

图 2-11-10 所示是由 CW78XX 集成稳压电源构成的实用电路。设计任务的主要内容是根据性能指标的要求正确选定集成稳压电源、变压器 T、整流二极管 $VD_1 \sim VD_4$ 及滤波电容 C。

5. 可调式三端集成稳压电源

可调式三端集成稳压电源最常用的产品有正压可调（117、217、317 等）和负压可调（137、237、337 等）。它的稳压输出值可以通过可调端的外接电阻进行调整。由于输出电压连续可调（在输出范围内），因此它在可变稳压电源中得到广泛应用。图 2-11-11 所示为可调式三端集成稳压电源接线。

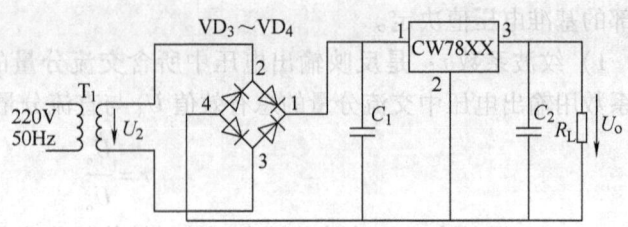

图 2-11-10 集成稳压电源实用电路

五、实验内容

方案 1：

可调式三端集成稳压电源实验电路如图 2-11-11 所示，它由单相变压器给由四只整流二极管组成的桥式整流电路提供电源，整流输出经电容滤波、LM317 集成块稳压后向负载供电。为研究方便，整流、滤波、稳压及负载四部分电路分开设置，可用短接线连接后组成完整的整流、滤波、稳压电路。电阻 R_L（120Ω）为整流滤波稳压电路的负载，二极管 VD 为三端集成稳压器的限流保护电路。当调节电位器 RP（10kΩ）时，可改变稳压器的输出电压 U_o。

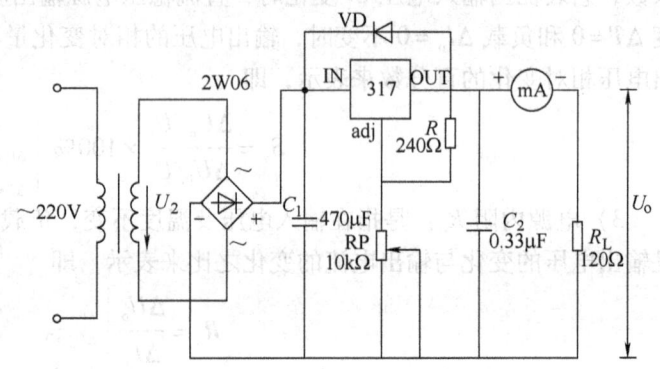

图 2-11-11 可调试三端集成稳压电源实验电路

1. 整流电路的测试

按图 2-11-12 接线，用数字式万用表交流电压挡测量变压器二次电压 U_2（14V），用数字式万用表直流电压挡测量输出电压的直流分量 U_o'，再用数字式万用表交流电压挡测量输出电压的交流分量 $\tilde{U}$，最后用示波器分别观察输入电压 U_2 和输出电压 U_o' 的脉动波形（U_2 和 U_o' 无公共接地点，不能同时观察），绘出波形图并将测量结果记入表 2-11-1 中。

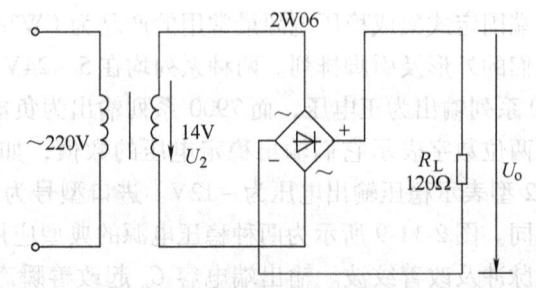

图 2-11-12 整流电路的测试

表 2-11-1　　　　　　　　　　　　　　　　　（$U_2=$　　）

参　数	输出电压直流分量	输出电压交流分量	输入电压 U_2 和输出电压波形对比
整流电路输出电压 U_o'			
整流滤波电路输出电压 U_o''			

2. 整流滤波电路的测试

按图 2-11-13 接线，测出整流滤波电路带载时输出电压的直流分量与交流分量，并记入表 2-11-1 中。

3. 集成稳压电源的测试

按图 2-11-11 连接除负载电阻外的所有电路,即组成整流、滤波及稳压电路,再按下述要求分项测试。要注意,在测试稳压电源参数时,应记录至少四位有效数字。

1)电压调节范围的测试。将 RP 反时针旋到底后,用数字式万用表直流电压挡测量最小输出电压 U_{omin},再将 RP 顺时针旋转到底,测量最大输出电压 U_{omax},则稳压电源的输出范围是 $U_{omin} \sim U_{omax}$,记入表 2-11-2 中。

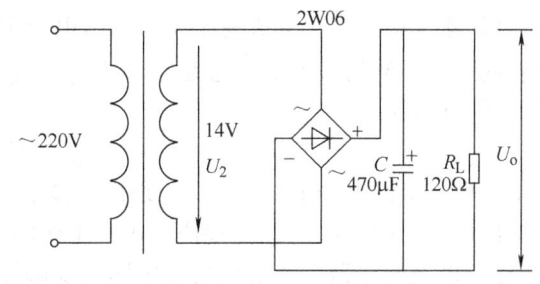

图 2-11-13 整流滤波电路的测试

表 2-11-2

U_{omin}	U_{omax}	$U_{omax} - U_{omin}$

2)电源内阻 R_o 的测试。保持 U_2 不变,在不接入负载($I_L = 0$)时,调节 RP,使 $U_o = 12V$;然后再将负载接入,测出此时的 U_o 及负载电流 I_L,计算 R_o 的值并记入表 2-11-3 中。

表 2-11-3

U_2	调节	I_L	U_o	输出电压波形	R_o
实验值	调节 RP	0	12V		
	RP 值不变、$R_L = 120\Omega$				

3)纹波系数 r 的测试。保持 $U_o = 12V$ 和 $I_L = 100mA$ 不变,用数字式万用表交流电压挡测出输出电压 U_o 的交流分量 $\dot{U}_o'$,计算出 r 后记入表 2-11-4 中。

表 2-11-4

I_L	U_o	$\dot{U}_o'$	r
100mA	12V		

4)设计实验:电压调整率 S_v 的测试。在变压器二次电压 U_2 为 14V 条件下,调节 RP,使 $U_o = 12V$,$I_L = 100mA$,然后利用实验箱上提供的 1kΩ 电位器,设计实验电路,使 U_2 可以在 ±10% 范围内上升和下降,将设计方案交指导老师签字后连接电路,调节 1kΩ 电位器使 U_2 上升或下降时测出对应的 U_o,计算 S_v,并记入表 2-11-5 中。

表 2-11-5

U_2	I_L	U_o	ΔU_2	ΔU_o	S_v
定为额定值 14V	100mA	12V			
上升 10%	100mA				
下降 10%	100mA				

方案2（设计固定式集成稳压电源）：

1. 设计原则

1）集成稳压器：集成稳压器的输出电压 U_o 应与稳压电源要求的输出电压的大小及范围相同。稳压器的最大工作电流 $I_{OM} > I_{omax}$，I_{omax} 为设计电源最大输出电流。稳压器的输入电压 U_i 的范围为

$$U_{omax} + (U_i - U_o)_{min} \leq U_i \leq U_{omin} + (U_i - U_o)_{max}$$

式中，U_{omax} 是最大输出电压；U_{omin} 是最小输出电压；$(U_i - U_o)_{min}$ 是稳压器正常工作的最小输入输出压差；$(U_i - U_o)_{max}$ 是稳压器正常工作的最大输入输出压差。

2）电源变压器：通常根据变压器二次侧输出的功率 P_o 来选购（或自绕）变压器。对于容性负载，变压器二次侧的输出电压 U_2 与稳压器输入电压 U_i 的关系为 $U_{imin}/(1.1 \sim 1.2) \leq U_2 \leq U_{imax}/(1.1 \sim 1.2)$，在此范围内，$U_2$ 越大，稳压器的压差越大，功耗也就越大，一般取二次电压

$$U_2 \geq U_{imin}/1.1$$

二次电流有效值

$$I_2 > I_{omax}$$

3）整流二极管及滤波电容：整流二极管 $VD_1 \sim VD_4$ 的反向击穿电压 U_{RM} 应满足

$$U_{RM} > \sqrt{2} U_2$$

其额定工作电流 I_F 应满足

$$I_F > I_{omax}$$

滤波电容 C 的容量可由下式估算：

$$C = \frac{I_C t}{\Delta U_{i(P-P)}}$$

式中，$\Delta U_{i(P-P)}$ 是稳压器输入端纹波电压的峰峰值；t 是电容 C 放电时间，$t = T/2 = 0.01s$；I_C 是电容 C 的放电电流，可取 $I_C = I_{omax}$，滤波电容 C 的耐压值应大于 $\sqrt{2} U_2$，也可按下式估算：

$$C \geq (3 \sim 5) \frac{\frac{T}{2} I_{omax}}{U_{imin}}$$

2. 设计任务

设计一组同时输出 ±12V 的直流稳压电源。

已知条件：集成稳压器 CW7812、CW7912 各一只，整流桥堆一只，电源变压器一只，电阻、电容（0.33μF、0.13μF、2.2μF、1μF 等）若干。

设计要求：

输出电压：±12V；

最大输出电流：100mA；

纹波指标：$\Delta U_{o(P-P)} \leq 5mV$（条件：$I_o = 100mA$）。

六、思考题

1）在整流电路后面为什么要加滤波电路？

2) 在整流、滤波电路之后为什么还要加稳压电路？
3) 整流输出直流电压 $U_o'' < 0.9U_2$ 是什么原因？
4) 在电容滤波电路中，当负载开路时，输出直流电压 U_o'' 是多少？

七、实验报告要求

1) 整理测量结果，并把相应计算值填入表中，写出计算过程。
2) 试阐述保护电路的限流保护作用。
3) 分析讨论在调试、测试过程中出现的问题。

实验十二　集成运算放大器的应用

一、设计任务及要求

使用通用四运放芯片 LM324（个数不限）组成电路，原理框图如图 2-12-1a 所示，实现下述功能：使用低频信号源产生 $u_{i1} = 0.1\sin2\pi f_0 t$（V），$f_0 = 500$Hz 的正弦波信号，加至加法器输入端，加法器的另一输入端加入由自制振荡器产生的信号 u_{o1}。u_{o1} 如图 2-12-1b 所示，$T_1 = 0.5$ms，允许 T_1 有 ±5% 的误差。

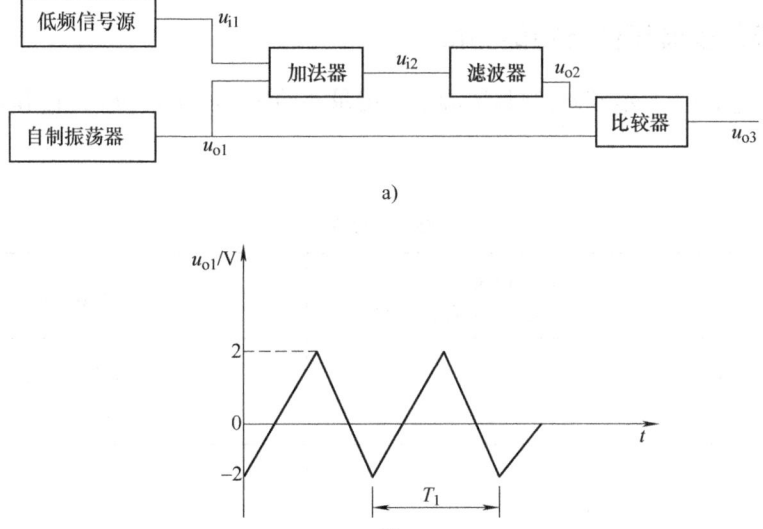

图 2-12-1　原理框图及波形
a) 原理框图　b) 自制振荡器产生的信号

图 2-12-1 中，要求加法器的输出电压 $u_{i2} = 10u_{i1} + u_{o1}$。$u_{i2}$ 经选频滤波器滤除 u_{o1} 频率分量，选出 f_0 信号为 u_{o2}，u_{o2} 为峰峰值为 9V 的正弦信号，用示波器观察无明显失真。u_{o2} 信号再经比较器在 1kΩ 负载上得到峰峰值为 2V 的输出电压 u_{o3}。

电源选用 ±12V 和 ±5V 电源，由稳压电源供给。不得使用额外电源和其他型号运算放大器。要求预留 u_{i1}、u_{i2}、u_{o1}、u_{o2} 和 u_{o3} 的测试端子，以方便测试。

二、原理框图及简要说明

原理框图如图 2-12-2 所示。

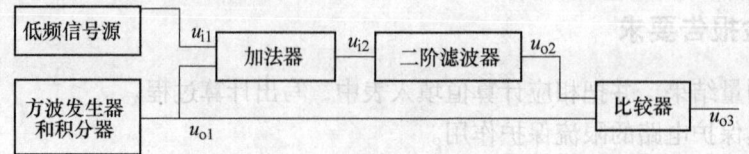

图 2-12-2　原理框图

本次实验主要是考察运算放大器的应用及模拟电路知识的掌握。利用 LM324 中的四个运算放大器分别设计三角波发生电路、加法器、滤波器以及比较器，合理分配运算放大器实现一个信号调制解调的过程。

三、实验设备与器件

1) 直流稳压电源 1 台。
2) 低频信号发生器 1 台。
3) 面包板，LM324，电阻、电容若干。

四、实验的安装调试及功能测试

预留 u_{i1}、u_{i2}、u_{o1}、u_{o2} 和 u_{o3} 的测试端子，记录实验中 u_{i1}、u_{i2}、u_{o1}、u_{o2} 和 u_{o3} 的波形及数据于表 2-12-1 中。

表　2-12-1

测试端子	波形记录 可手绘描出大致形状或者截图粘贴	参数记录
u_{i1}		频率 f_0 = ＿＿ Hz 峰峰值 = ＿ ~ ＿ V
u_{i2}		
u_{o1}		频率 f_1 = ＿＿ Hz 峰峰值 = ＿ ~ ＿ V
u_{o2}		频率 f_2 = ＿＿ Hz 峰峰值 = ＿ ~ ＿ V
u_{o3}		频率 f_3 = ＿＿ Hz 峰峰值 = ＿ ~ ＿ V

五、思考题

1) LM324 芯片可以由单电源供电或者双电源供电，本实验为什么选择双电源供电？由单电源变为双电源，可以有哪些方式？
2) 滤波电路选择低通滤波和带阻滤波各有什么效果？在本实验中哪种方案效果更好？
3) 请阐释三角波发生器的设计理由。

六、实验结果分析及总结

1) 叙述设计过程，标出元器件取值范围及计算过程。
2) 给出仿真的完整电路图。
3) 总结电路优缺点以及调试收获。

实验十三 水位指示及水满报警器

水位指示及水满报警器主要用于江河、湖泊和水库的水位监测系统，在实际应用中，它能准确显示水位的高度，并在危险高度时能发出声光报警信号，可以进行远程监控。水位指示及水满报警器已从普通型发展到智能型，而且它的功能日趋完善，与其相关理论和技术仍在不断发展。本实验在实验室模拟一个水库，设计一个能够指示水位及水满报警的装置。

一、设计任务及要求

1) 要求在水位分别为 1/4、2/4、3/4 高度时，能用发光二极管发光来显示各个水位，不到上述高度时，相应发光二极管不发光。
2) 当水位达到满位时，不仅要用发光二极管显示水位，而且还要用报警器发出报警声。
3) 设计时所用元器件的选取及参数的计算过程要求写在实验报告上，并给出取值范围。
4) 画出完整的电路图，整体电路的电源电压要求为 6V 或由教师给定。

二、原理框图及简要说明

根据设计要求，画出水位指示及水满报警器的原理框图，如图 2-13-1 所示。

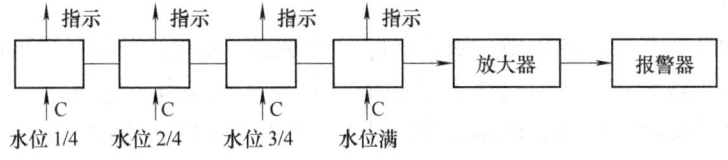

图 2-13-1 水位指示及水满报警器的原理框图

本实验主要利用 CD4066 双向模拟开关，其控制端为 C，A、B 端为双向输入、输出端。在实验中，控制信号为设定水位的状态，一种状态为未到设定水位，一种状态为到达设定水位。该信号接在 C 端，从而控制模拟双向开关，使其具有相应的两种状态：断开、接通。当水位到达指定水位时，系统会输出信号，使发光二极管发光来指示水位。当水位满时，系统就会输出信号，使发光二极管发光并且驱动蜂鸣器发出声响报警。

三、实验设备与器件

1) 直流稳压电源 1 台，数字式万用表 1 台，量杯 1 只，面包板 1 块。
2) CD4066、8050、发光二极管、蜂鸣器、电阻、导线若干。

四、实验的安装调试及功能测试

1) 设计并接好电路后，先检查电源电压，在水位没有达到 1/4 时，指示灯不亮，用数字式万用表测试 CD4066 各引脚的电压，记入表 2-13-1 中。

表 2-13-1

1	2	3	4	5	6	7	8	9	10	11	12	13	14

2) 当水位继续升高，在达到 1/4 水位时，第一个指示灯发光，其他三个指示灯都不发光，测量 CD4066 各引脚的电压，记入表 2-13-2 中。

表 2-13-2

1	2	3	4	5	6	7	8	9	10	11	12	13	14

3) 当水位继续升高，在达到 2/4、3/4 和满位时，相应的指示灯依次发光，且在满位时蜂鸣器发出声响报警，测量 CD4066 各引脚的电压及报警器两端的电压。

五、思考题

1) 蜂鸣器若在放大器的集电极接入线路是否会响？发光二极管此时是否会亮？为什么？
2) 此设计作何改动即可改成抽水自动控制，在水位最低时开始抽水，在水位最高时停止抽水，其他指示及报警不受影响。

实验十四　声光控制节能开关的设计

声、光控制节能开关广泛应用于楼道路灯、广场路灯的自动控制，当满足一定的条件时其会使灯自动点亮或熄灭，无须专人看管，能有效地节约人力、电能。通过本实验可了解声、光、电信号的接收、转换、传输及控制过程，具有很强的实用性。如果对执行部分的电路加以改进，还可以使其变成其他有趣的控制电路，因此，这是一个集知识、娱乐为一体的系统性的综合设计实验。

一、设计任务及要求

1) 当无声的时候，无论在白天或夜晚，要求路灯均不全亮。

2）当白天的时候，无论有声响或无声响，要求路灯均不全亮。

3）当夜晚的时候，一旦有声响信号时，要求路灯被点亮，灯亮时长为60s。

4）如果声响太大则会影响人们生活，如果声响太小则声光控制开关不起作用，如何确定声光控制节能开关的灵敏度？

5）根据设计任务要求，进行设计方案论证；合理选择元器件，写出设计中电阻、电容参数的计算过程；给出元件的取值或取值范围，并画出分部电路图；最后画出完整的设计电路图。

二、原理框图及简要说明

根据设计任务和要求，接收声音信号需要声音传感器，接收光信号需要光传感器，它们可以把声音和光信号转变成电信号。控制器接收这些信号并驱动后续的执行电路。声光控制节能开关的原理框图如图2-14-1所示。

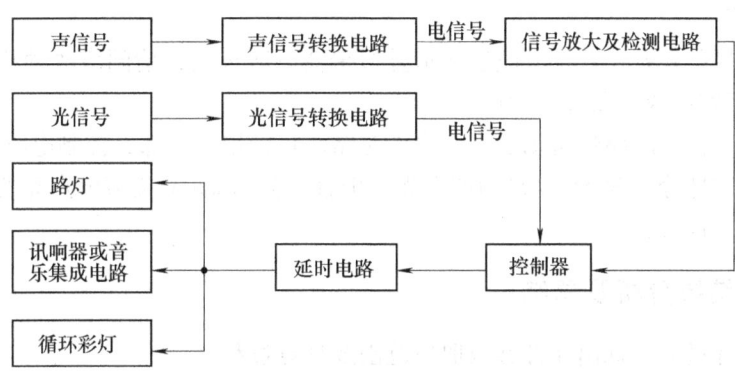

图2-14-1 声光控制节能开关的原理框图

原理框图说明：

1）声信号转换电路。本实验选用驻极体传声器，随声音变化其内阻发生变化，故其端电压也发生变化。

2）光信号转换电路。可采用光敏电阻或光敏二极管，光的亮暗对其电阻的大小有影响，因而可得到不同的电信号。

3）信号放大及检测电路。设计时可选用一只 β 为 80～250 的三极管，利用三极管的特性来设计电路。

4）控制器。控制器部分采用4011集成电路来完成。

5）延时电路。由1N4148二极管、电阻、电容组成，延时时间是60s。确定电阻、电容的参数，注意误差不要太大。

6）输出部分。可用发光二极管来模拟楼道路灯的亮灭，也可用讯响器、音乐集成电路、循环彩灯或者各自喜好的负载电路实现相应的控制。

三、实验设备与器件

4011，8050，9014，驻极体传声器，光敏电阻，光敏二极管，1N4148，发光二极管，讯响器，集成音乐芯片，电阻、电容若干，面包板1块。

四、实验的安装调试及功能测试

1）按设计要求写出设计方案，设计过程及完整的设计电路交教师审定后方可实验。
2）在面包板上安装电路，检查电路及集成电路连接均无误，最后给电路接通电源来进行测试。
3）实验调试及功能测试：
①当白天时，无声响信号，要求发光二极管不显示——灯不亮。
②当白天时，有声响信号，要求发光二极管不显示——灯不亮。
③当夜晚时，无声响信号，要求发光二极管不显示——灯不亮。
④当夜晚时，有声响信号，要求发光二极管要显示——灯亮，且显示时间要达到规定延时时间60s，然后灯自动熄灭。

五、思考题

1）此自动控制系统，若将其改造成烟雾报警器以防火灾，请问应改动哪部分电路，如何改动（用文字叙述或电路表示均可）？
2）如仅用于夜晚时路灯自动点亮，白天时路灯自动熄灭，那么控制电路又如何改动？
3）如果负载部分不为5V小灯泡或发光二极管，而为220V交流电点亮的路灯，那么线路又如何改动，为什么？

六、实验结果分析及总结

1）叙述设计过程，标出元件参数取值范围及计算过程。
2）画出符合要求的完整电路图。
3）总结电路优缺点，提出改进方案。

实验十五　数控直流电源

采用集成电路设计输出电压为0～9.9V的数控电源，具有0.1V步进可调功能，能够显示当前电压值。输出电压的大小调节通过"＋"、"－"两键操作，控制可逆计数器分别作加、减计数。可逆计数器的二进制数字输出分两路运行：一路用于驱动数显电路，指示电源输出电压的大小；另一路进入D-A转换电路，将数字量按比例转换成模拟电压，控制调整输出级输出所需的稳定电压。

一、设计任务及要求

1）设计电路的5V和15V供电电源。直接采用三端集成稳压器7815把输入电压稳到15V后，再接一个7805就可以分别得到5V和15V电源。
2）十进制可逆计数器。采用两个按钮作为电压调整键与可逆计数器的加计数和减计数输入端相连，可逆计数器采用两片4位十进制同步加/减计数集成块74LS192级联而成。
3）数显电路。数显译码驱动采用两块74LS248集成块。74LS248为四线-七段译码器/驱动器，内部输出带上拉电阻，它把从计数器传送来的二—十进制的8421 BCD码转换成十进制码,并驱动数码管显示数字。

4) D-A 转换电路。D-A 转换电路采用两块 DAC0832 集成块。DAC0832 是一个 8 位 D-A 转换器,这里只使用低 4 位数字量输入端。由于 DAC0832 不包含运算放大器,所以需要外接一个运算放大器,构成完整的 D-A 转换电路,低位 D-A 转换器输出模拟量经 9:1 的分流器分流后与高位 D-A 转换器输出模拟量相加后送入运算放大器,运算放大器将其转换成与数字量输入端的数值成正比的模拟量输出电压。为了使用方便,运算放大器采用单电源供电的 LM358。运算放大器首先完成的是把 DAC0832 的输出电流转换成输出电压,然后进行电压值的调整。由于 D-A 转换电路输出的电压不能满足线性调整电压的要求,因此还需加入一级同相电压放大电路。

5) 电压调整电路。本设计中最核心的部分就是电压调整电路。面对这样的设计要求,可选择的方案很多,这里选用线性电源的方案。简单说,就是利用负反馈控制调整管的基极电流大小,从而控制调整管集电极、发射极两端的电压大小,这样就可以改变输出端电压的大小,实现数字可调的目的。作为电源,需要提供的电流会很大,因此调整管采用大功率达林顿晶体管 BU406,以确保电路的输出电流达到设计要求。

二、原理框图及简要说明

依据设计要求,系统原理框图如图 2-15-1 所示。

由于 D-A 转换电路输出的电压值可能不适合稳压电路的参考电压要求,因此需要采用同相电压放大电路调整输出电压的大小,然后经过射极跟随器控制调整输出级输出所需的稳定电压。

根据各部分电压的要求,需要设计 5V、15V 供电电源。5V 电源供给十进制可逆计数器、数显电路、电压放大电路和 D-A 转换电路,因为设计中电压的精度和分辨率要求不高,所

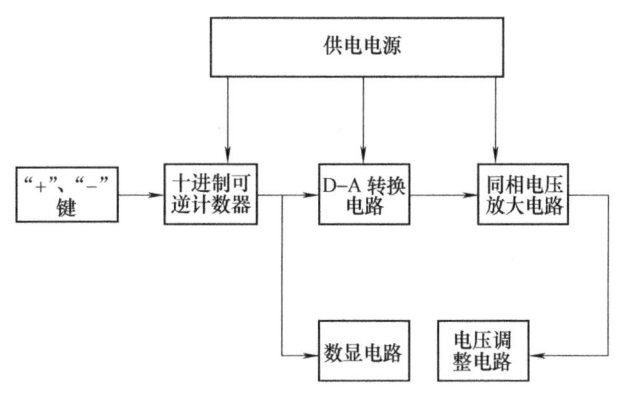

图 2-15-1 数控直流电源原理框图

以也可直接采用 5V 电压作为 D-A 转换器的参考电压;因为输出电压是 0~9.9V,所以 15V 电源用作线性调整电压。

三、实验设备与器件

7815、7805、74LS192、74LS248、DAC0832、LM358、大功率达林顿晶体管 BU406。

四、实验的安装调试及功能测试

1) 按设计要求写出设计方案、设计过程及完整的设计电路,交教师审定后方可实验。

2) 在面包板上安装电路,检查电路连接及集成电路连接均无误,最后连接电源线与稳压电源,接地及电源连线均无误后方可开启稳压电源。

3) 进行调试及功能测试。

五、思考题

1) 调整管处于什么工作状态？调整管的激励电压有什么要求？
2) 如何提高输出电压的分辨率和精度？为了使显示电路更加符合输出电压值可以作些什么改动？
3) 电路设计中如何使用两个计数器得到十位和个位的参考电压？

六、实验结果分析及总结

1) 叙述设计过程，标出元件参数取值范围及计算过程。
2) 画出符合要求的完整电路图。
3) 总结电路优缺点，提出改进方案。制作实物时可能会遇到按一次键执行很多次计数的问题，主要是按键没有消抖引起的，采用带有机械消抖的按键可以消除影响。如果最后的电压调整电路不能带负载，就需要检查反馈电路的稳定性，采用自控原理的零极点分析方式可以解决这个问题。

第三篇

数字电子技术实验

实验一　脉冲参数测量

一、实验目的

1）学习并掌握 TDS—1002（2002）型双踪数字示波器的功能和使用方法。
2）学习并掌握利用 TDS—1002（2002）型双踪数字示波器测量脉冲参数。
3）熟悉 THD—2 型数字电路实验箱的功能及使用方法。

二、实验设备与器件

1）TDS—1002（2002）型双踪数字示波器 1 台。
2）THD—2 型数字电路实验箱 1 台。

三、实验预习要求

1）学习本书附录七部分 THD—2 型数字电路实验箱的使用说明。
2）明确本次实验的目的和内容，拟定记录的表格和坐标，写好预习报告。

四、实验原理

数字存储示波器是 20 世纪 70 年代初发展起来的一种新型示波器。这种类型的示波器可以方便地实现对模拟信号波形进行长期存储并能利用机内微处理器系统对存储的信号做进一步的处理，例如对被测波形的频率、幅值、前后沿时间、平均值等参数的自动测量以及多种复杂的处理。数字存储示波器的出现使传统示波器的功能发生了重大变革。图 3-1-1 所示为典型数字存储示波器原理框图。

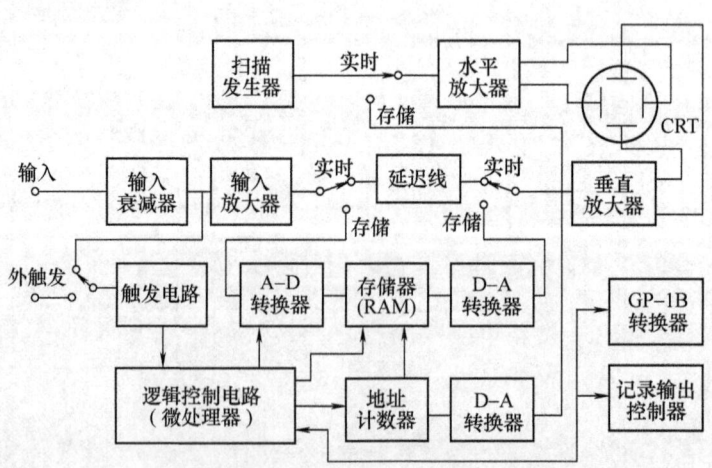

图 3-1-1　典型数字存储示波器原理框图

TDS—1002 型数字存储示波器是 Tektronix 公司生产的 1000 系列数字存储示波器，具有双通道，60MHz 带宽，1.0GS/s 的取样速率，采用黑白显示屏。图 3-1-2 所示为 TDS—1002

型数字存储示波器控制面板图。

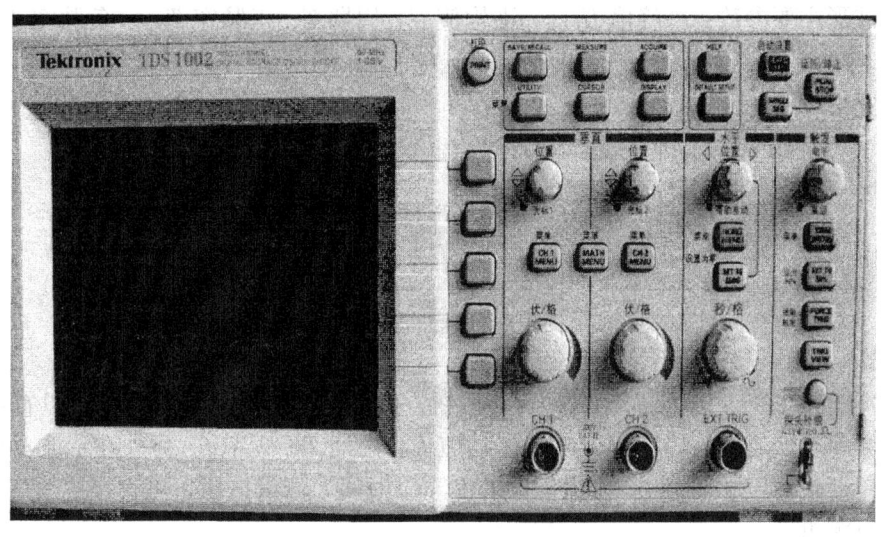

图 3-1-2　TDS—1002 型数字存储示波器控制面板图

TDS—1002（2002）型数字存储示波器基本设置步骤：

1) 语言设置。按"UTILITY"（辅助功能）按钮，在菜单显示区"Language"设置为"中文（简）"。

2) 通道设置。按"CH1 MENU"或"CH2 MENU"按钮，在菜单显示区"耦合"设置为"直流"，"带宽限制"设置为"关"，"伏/格"设置为"粗调"，"探头"设置为"1×"，"反相"设置为"关闭"。

3) 触发源和触发电平的设置。先按一下"TRIG MENU"（触发菜单）按钮，然后在菜单显示区中，"类型"设置为"边沿"，"信源"设置为被测信号输入的通道"CH1"或"CH2"，"触发方式"设置为"自动"，"耦合"设置为"交流"，再调节"LEVEL"（触发电平）旋钮使波形显示稳定。

4. 按"AUTOSET"（自动设置）按钮，以上设置生效。

五、实验内容

1. 脉冲波形的显示

1) 按下示波器机壳上方的电源开关，等待 2min，待示波器自检完毕后，再进行下一步操作。

2) 从数字电路实验箱上取脉冲信号 f = 1kHz，接入示波器 CH1 探头，另取二分频脉冲信号接入 CH2 探头，按下示波器面板上"AUTOSET"按钮，在屏上同时显示出双踪脉冲波形，如图 3-1-3 所示。

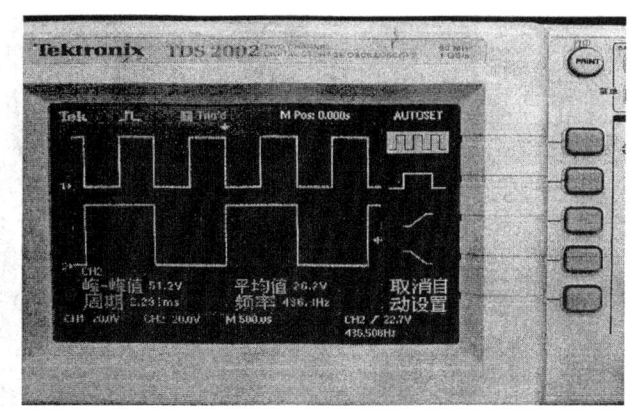

图 3-1-3　双踪脉冲波形测量显示

2. 脉冲波形参数测量

脉冲波形主要参数：峰峰值 U_{P-P}、平均值 $\overline{U}$、周期 T、正脉宽 T_{P+}、负脉宽 T_{P-}、上升时间 t_r、下降时间 t_f、频率 f。脉冲波形参数如图3-1-4所示。

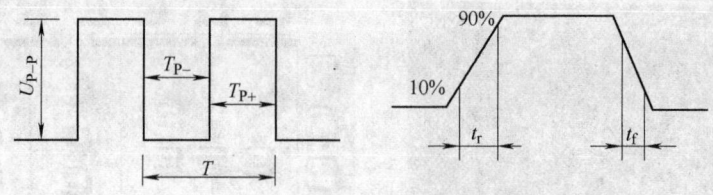

图 3-1-4　脉冲波形参数

1）"自动模式"。按下"AUTOSET"按钮，此时若波形显示稳定，就可以直接读出两个通道中频率较低通道的峰峰值 U_{P-P}、平均值 $\overline{U}$、周期 T、频率 f。另外在示波器显示屏右侧相应菜单还包括正脉宽 T_{P+}、上升时间 t_r 和下降时间 t_f 测量按钮，可直接按下菜单对应选项按钮进行测量。

从数字实验平台上取脉冲信号 $f=1\text{kHz}$，接入示波器 CH1 探头，另取二分频、四分频脉冲信号依次接入 CH2 探头，将 CH2 通道的测量结果依次记录于表 3-1-1 中。

表 3-1-1

序号	峰峰值 U_{P-P}	正脉宽 T_{P+}	周期 T	频率 f	上升时间 t_r	下降时间 t_f
Q_2						
Q_3						

2）"测量模式"。按下"CH1 MENU"按钮，再按下"MEASURE"（测量）按钮。根据示波器显示屏右侧相应选项菜单，首先选择"信源"（CH1 或 CH2），再根据测量内容通过窗口边对应按钮进行测量"类型"的选择，其中包括：峰峰值 U_{P-P}）、最大值 U_{max}、最小值 U_{min}、周期 T、正脉宽 T_{P+}、负脉宽 T_{P-}、上升时间 t_r、下降时间 t_f、频率 f。（TDS—210型还包括平均值、方均根值、无最大值、最小值）。显示如图3-1-5所示。

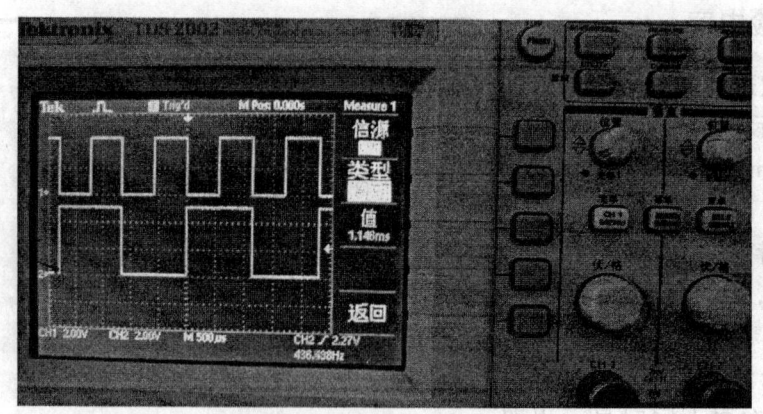

图 3-1-5　示波器参数测量显示

从数字电路实验箱上取脉冲信号 $f=1\text{kHz}$，依次将 Q_1、Q_2 接入示波器 CH1 探头，将 CH1 通道的测量结果依次记录于表 3-1-2 中。

表 3-1-2

序　号	最大值 $U_{\max}$	最小值 $U_{\min}$	负脉宽 T_{P-}	上升时间 t_r
Q_1				
Q_2				

3）"光标模式"。利用光标可对脉冲波形进行时间和电压测量。首先选取测量通道（CH1 或 CH2），再按下"CURSOR"（光标）按钮，观看屏幕右侧光标菜单，如图 3-1-6 所示。再根据测量内容对测量类型进行设置。

①时间测量：类型选项设为"时间"，屏幕中会出现两条纵向虚线 1 和虚线 2，旋转"光标 1"和"光标 2"旋钮，分别移动虚线 1、2 的位置，测量出波形时间参数，并通过光标菜单中的"增量"读数。

②电压测量：类型选项设为"电压"，屏幕中会出现两条横向虚线 1 和虚线 2，旋转"光标 1"和"光标 2"旋钮，分别移动虚线 1、2 的位置，测量出波形时间参数，并通过光标菜单中的"增量"读数。

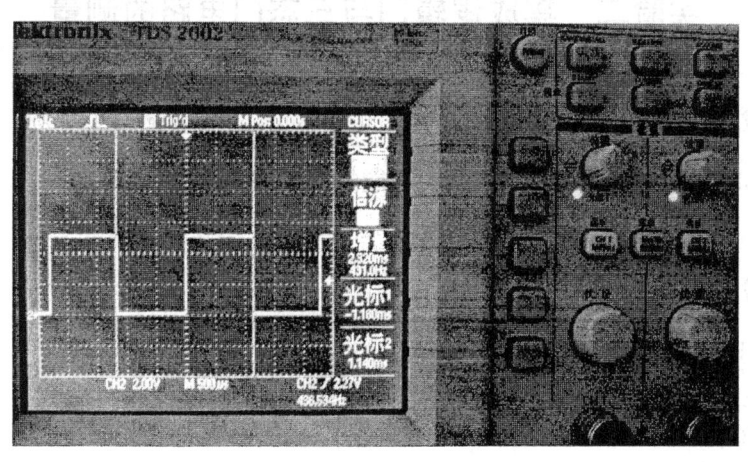

图 3-1-6　示波器"光标模式"测量显示

3. 脉冲波形相位关系

在某一电路中若要同时观察输入和输出波形，则需同时将信号分别接入两个通道。在数字电路实验箱上取脉冲信号 $f=20\text{kHz}$ 接入 CH1 通道中，另取二分频脉冲信号接入 CH2 通道中，按下"AUTOSET"按钮，使屏幕上出现稳定双踪波形。再利用"自动模式"或"测量模式"，将测量结果记录于表 3-1-3 中，并分别将 CH1 和 CH2 波形绘制于坐标系 1、2 中，相位对齐。

表 3-1-3

通道	峰峰值 U_{P-P}	周期 T	频率 f	波　形
CH1				
CH2				

六、思考题

1）总结"自动模式"与"测量模式"在参数测量中的区别。
2）总结在参数测量中，如何减小测量误差。
3）在使用数字电路实验箱时，应注意哪些要求？

实验二　集成逻辑门与三态门电路的测量

一、实验目的

1）掌握 CMOS 门、TTL 门电路及逻辑功能的测试方法。
2）熟悉三态门的逻辑功能及典型应用。

二、实验设备与器件

1）TDS—1002 型数字存储示波器 1 台。
2）数字电路实验箱、DT830（DT9901）数字式万用表各 1 台。
3）74HC20、74LS00、74LS20、74LS125 若干。

三、实验预习要求

1）熟悉 TTL 门电路主要参数的含义及 CMOS 门电路的特点。
2）熟悉 TTL 门电路和 CMOS 门电路的使用规则。
3）熟悉三态门的工作原理。
4）集成逻辑门的 Multisim 软件仿真。

用 Multisim 仿真软件做出与非门对脉冲信号的控制电路，如图 3-2-1 所示，可以看到，无论与非门有多少个输入端，只用一个输入端作为信号输入端，将剩余的输入端并联作为控制端使用。用示波器同时观察信号输入与输出波形，函数发生器的输出为方波信号，频率为

1kHz，峰峰值为10V。

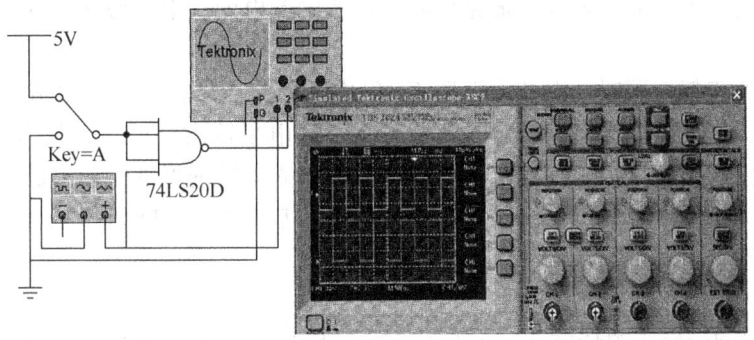

图 3-2-1 控制信号为高电平时，与非门控制电路及仿真波形

当控制信号为高电平时，输入、输出波形为反相波，即输入信号反相通过与非门电路。

当控制信号为低电平时，输入方波信号的波形不变，而输出波形的显示则为一水平线（高电平），如图 3-2-2 所示。

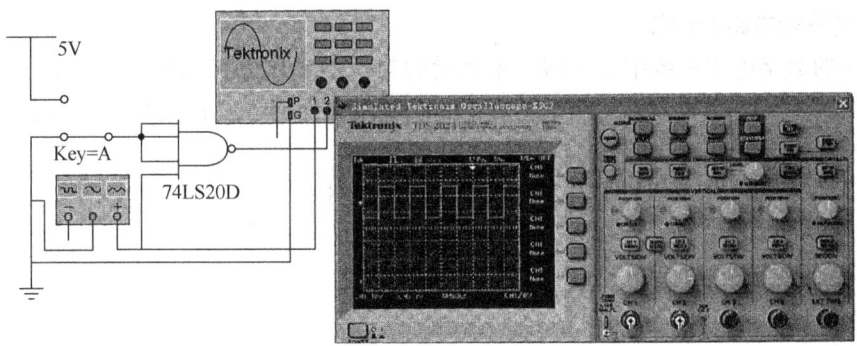

图 3-2-2 控制信号为低电平时，与非门控制电路及仿真波形图

通过以上仿真加深对与非门输入、输出端逻辑关系的理解。

四、实验原理

集成逻辑门是数字集成电路中最基本的单元，它是组合逻辑电路和时序逻辑电路的基础。目前常用的集成电路为 TTL 门电路和 CMOS 门电路。TTL 门电路是双极型集成电路，是电流控制器件，其特点为电路的速度快，传输时间短，但功耗大。CMOS 门电路是电压控制器件，与 TTL 门电路比较，它的速度稍慢，但功耗低，具有很宽的噪声容限。TTL 门电路和 CMOS 门电路的输入、输出电平见表 3-2-1。

表 3-2-1

	电源电压	输入低电平	输入高电平	输出低电平	输出高电平
TTL 门电路	5V	≤0.8V	≥2V	<0.4V	>2.4V
CMOS 门电路	3~18V	≤10% U_{CC}	≥85% U_{CC}	接近于 0V	近于电源电压

1. TTL 门电路输入、输出电路性质

当输入端为高电平时，输入电流是反向二极管的漏电流，电流极小。其方向是从外部流入输入端。

当输入端处于低电平时，电流由电源 U_{CC} 经内部电路流出输入端，电流较大，当与上一级电路衔接时，将决定上级电路应具的负载能力。高电平输出电压在负载不大时为 3.5V 左右。低电平输出时，允许后级电路灌入电流，随着灌入电流的增加，输出低电平将升高，一般 LS 系列 TTL 门电路允许灌入 8mA 电流，即可吸收后级 20 个 LS 系列标准门的灌入电流。最大允许低电平输出电压为 0.4V。

2. CMOS 门电路输入、输出电路性质

一般 CC 系列的输入阻抗可高达 $10^{10}\Omega$，输入电容在 5pF 以下，输入高电平通常要求在 3.5V 以上，输入低电平通常为 1.5V 以下。因 CMOS 电路的输出结构具有对称性，故对高低电平具有相同的输出能力，负载能力较小，仅可驱动少量的 CMOS 门电路。当输出端负载很轻时，输出高电平将十分接近电源电压；输出低电平时将十分接近地电位。

高速 CMOS 门电路 54/74HC 系列中的一个子系列 54/74HCT，其输入电平与 TTL 电路完全相同，因此在相互取代时，不需考虑电平的匹配问题。

3. 集成逻辑电路的衔接

在实际的数字电路系统中总是将一定数量的集成逻辑电路按需要前后连接起来。这时，前级电路的输出将与后级电路的输入相连并驱动后级电路工作。这就存在着电平的配合和负载能力这两个需要妥善解决的问题。

可用下列几个表达式来说明连接时所要满足的条件：

U_{OH}（前级）$\geq U_{iH}$（后级）；

U_{OL}（前级）$\leq U_{iL}$（后级）；

I_{OH}（前级）$\geq n \times I_{iH}$（后级）；

I_{OL}（前级）$\geq n \times I_{iL}$（后级），n 为后级门的数目。

五、实验内容

1. CMOS 及 TTL 与非门逻辑功能测试

1）将 CMOS 与非门输入端 A、B、C 分别接至数据开关（$K_1 \sim K_{16}$）中任意三个端子，输入 D 端接高电平，输出 Y 接至发光二极管显示器（$L_1 \sim L_{16}$）中任意一个端子，电路如图 3-2-3 所示。按表 3-2-2 记录对应输出状态。

表 3-2-2

输入			输出	实测电压
A	B	C	Y	U
0	0	0		
0	0	1		
0	1	0		
0	1	1		
1	0	0		
1	0	1		
1	1	0		
1	1	1		

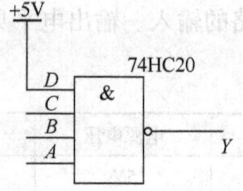

图 3-2-3 测试与非门输出状态

2）测试 TTL 与非门输入负载特性，电路如图 3-2-4 所示。按表 3-2-3 记录对应输出状态并理论分析输出 Y 值。

表 3-2-3

输 入			输出 Y	
A	B	C	$R=10\text{k}\Omega$ 实测电压	$R=150\Omega$
0	0	0		
0	0	1		
0	1	0		
0	1	1		
1	0	0		
1	0	1		
1	1	0		
1	1	1		

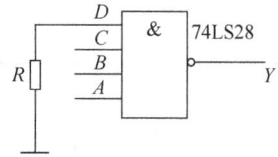

图 3-2-4 测试与非门输入负载特性

3）观察与非门对脉冲的控制作用。与非门的一个输入端接连续脉冲信号 $f_{CP}=1\text{kHz}$，其余输入端接数据开关（$K_1\sim K_{16}$）。用示波器观察并记录 f_{CP} 和 Y 波形，电路如图 3-2-5 所示，按表 3-2-4 记录对应波形。

表 3-2-4

输入	数据开关	输入、输出波形
$f_{CP}=1\text{kHz}$	1	
$f_{CP}=1\text{kHz}$	0	
$f_{CP}=1\text{kHz}$	悬空	

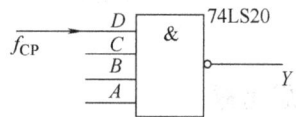

图 3-2-5 观察与非门对脉冲的控制作用

4）用 TTL 与非门 74LS00 完成"与""或""非"逻辑功能，画出逻辑电路，按表 3-2-5 记录输出状态。

表 3-2-5

输 入		输出 Y		
A	B	与	或	非
0	0			
0	1			
1	0			
1	1			

1）$Y=AB \rightarrow Y=\overline{\overline{AB}}$

2）$Y=A+B \rightarrow Y=\overline{\overline{A}\,\overline{B}}$

3）$Y=\overline{A} \rightarrow Y=\overline{1\cdot A}$

2. 三态门逻辑功能及其应用

1）三态门逻辑功能的测试，将三态门 74LS125 按图 3-2-6 所示电路接线，C 和 A 接数据开关（$K_1\sim K_{16}$）中任意两个端子，输出用逻辑笔测量，根据表 3-2-6 记录测试结果。

2）三态门电路主要用途之一是实现总线传输，即用一个传输通道（称总线）以选通方式传送多路信息。三态门控制电路逻辑功能测试电路如图 3-2-7 所示，C、A 和 B 接数据开关（$K_1\sim K_{16}$）中任意三个端子，按表 3-2-7 测量并记录测试结果。

表 3-2-6

C（控制）	A（入）	Y（出）
0	0	
0	1	
1	0	
1	1	

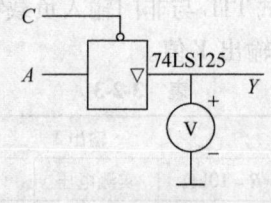

图 3-2-6 三态门逻辑功能测试

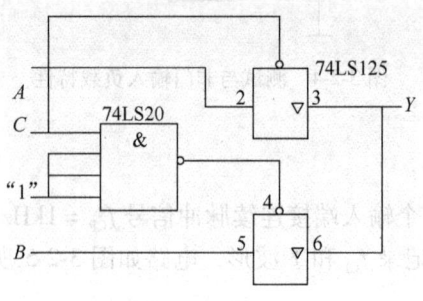

图 3-2-7 三态门的应用

表 3-2-7

C	A	B	Y
0	0	0	
0	0	1	
0	1	0	
0	1	1	
1	0	0	
1	0	1	
1	1	0	
1	1	1	

六、思考题

在图 3-2-8 所示电路中（Y_1 为与非门，Y_2 为与或非门），若要实现 $Y_1 = \overline{AB}$ 和 $Y_2 = \overline{AB + CD}$ 的逻辑关系，电路的多余输入端如何处理（分别说明 TTL 和 CMOS 器件的情况）？

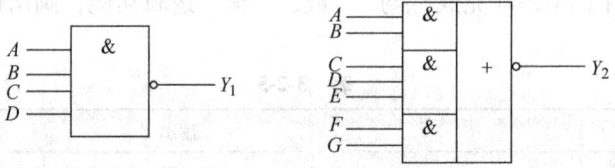

图 3-2-8 与非门、与或非门示意图

七、实验报告要求

1）整理实验数据，分析实验结果与理论值是否相符。
2）CMOS 和 TTL 与非门电路多余输入端的处理方法有几种？各种方法有何特点？
3）TTL 与非门、三态门和 CMOS 与非门的特点。

实验三 组合逻辑电路设计

一、实验目的

1）掌握半加器、全加器的构成与逻辑功能。
2）掌握组合逻辑电路的设计和实现方法。

3）掌握二进制数的运算规律。

二、实验设备与器件

1）数字电路实验箱1台。
2）数字式万用表1台。
3）器件：74LS08、74LS20、74LS10、74LS32、74LS86、74LS83 若干。

三、实验预习要求

1）复习半加器、全加器的逻辑功能及组合逻辑电路的分析与设计方法。
2）根据实验任务要求，设计组合逻辑电路，画出逻辑电路图，列出所设计电路的真值表。
3）对于方案2，根据实验任务要求设计组合逻辑电路，并写出实验步骤以及测试方法。

四、实验原理

组合逻辑电路的特征是任意时刻的输出信号仅取决于该时刻的输入信号，与信号作用前电路原来所处的状态无关。设计组合逻辑电路应根据给出的实际逻辑要求，画出实现这一逻辑功能的最简单逻辑电路图。这里所说的"最简"，是指电路所用的器件种类最少，器件数量最少，器件之间的连线也尽可能少。

使用中、小规模集成电路来设计组合逻辑电路，根据设计任务的要求建立输入、输出变量并列出真值表，再用逻辑代数或卡诺图化简和变换得到最简逻辑表达式，并按实际选用逻辑门的类型修改逻辑表达式。根据简化后的逻辑表达式画出逻辑图，用标准器件构成逻辑电路。最后，用实验来验证设计的正确性。

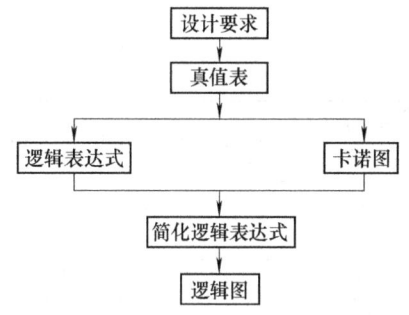

图 3-3-1 组合逻辑电路设计流程

1. 设计组合逻辑电路的一般步骤

组合逻辑电路设计流程如图 3-3-1 所示。

2. 组合逻辑电路设计举例

1）用"与非"门设计一个4变量多数表决器。有 A、B、C、D 四人，当有三人或三人以上赞成（即输入为"1"时），投票结果通过（输出 Z 为"1"），否决为"0"。

设计步骤：根据题意列出表决器真值表，见表 3-3-1。再画卡诺图，如图 3-3-2 所示。

表 3-3-1

输入				输出
A	B	C	D	Z
0	0	0	0	0
0	0	0	1	0
0	0	1	0	0
0	0	1	1	0

（续）

输入				输出
A	B	C	D	Z
0	1	0	0	0
0	1	0	1	0
0	1	1	0	0
0	1	1	1	1
1	0	0	0	0
1	0	0	1	0
1	0	1	0	0
1	0	1	1	1
1	1	0	0	0
1	1	0	1	1
1	1	1	0	1
1	1	1	1	1

由卡诺图得出逻辑表达式，并变换成"与非"的形式

$$Z = ABC + BCD + ACD + ABD = \overline{\overline{ABC} \cdot \overline{BCD} \cdot \overline{ACD} \cdot \overline{ABD}}$$

根据逻辑表达式画出用"与非门"构成的逻辑电路图，如图 3-3-3 所示。

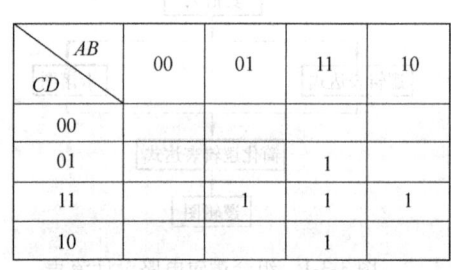

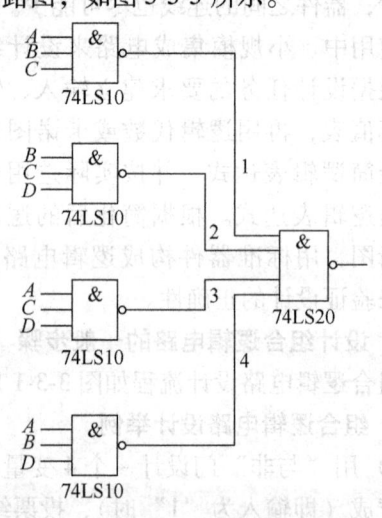

图 3-3-2　表决器卡诺图　　　　　图 3-3-3　表决器逻辑电路图

2）用实验验证逻辑功能。按图 3-3-3 连接实验电路，四个输入变量 A、B、C、D 分别接数字电路实验箱上的逻辑开关，输出端 Z 接 LED 显示器，观察输入、输出的状态变化。

五、实验内容

加法器是算术运算电路中的基本单元，它们是完成 1 位二进制数相加的一种组合逻辑电路。加法器从功能上分为半加器、全加器、多位加法器。

方案 1：

1. 半加器组合逻辑电路的设计

在加法运算中，如果只考虑两个加数本身相加，而不考虑低位进位，这种加法器叫半加器。半加器和全加器是算术运算电路中的基本单元，它们是完成 1 位二进制数相加的一种组合逻辑电路。

半加器逻辑表达式

$$\begin{cases} S_\mathrm{n} = \overline{A}B + A\overline{B} \\ C_\mathrm{n} = AB \end{cases}$$

由此得到用异或门和与门组成的半加器逻辑电路图，如图 3-3-4 所示。

用四 2 输入异或门 74LS86（见图 3-3-6）和二 4 输入与门 74LS08（见图 3-3-5）组成半加器，被加数 A、加数 B 分别接逻辑开关，输出 S_n、C_n 接 LED 显示器，按表 3-3-2 的要求输入变量，观察和 S_n、进位数 C_n 的逻辑状态，并填入表 3-3-2。

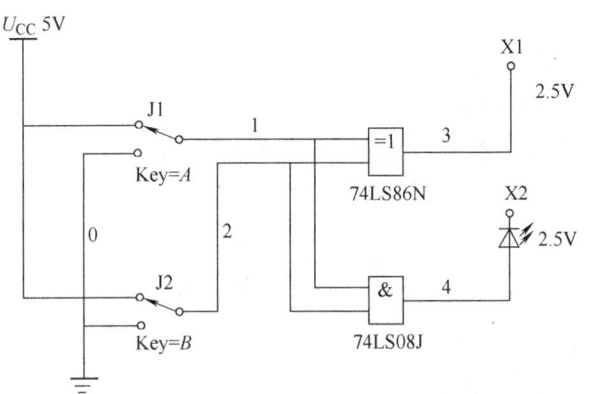

表 3-3-2

输	入	输	出
A	B	S_n	C_n
0	0		
0	1		
1	0		
1	1		

图 3-3-4 半加器逻辑电路图

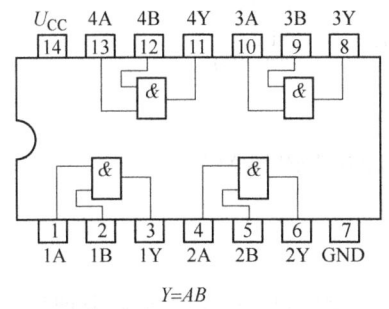

图 3-3-5 74LS08 四 2 输入与门

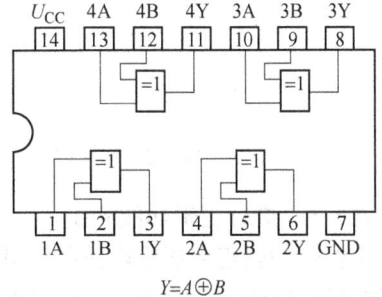

图 3-3-6 74LS86 四 2 输入异或门

2. 全加器组合逻辑电路的设计

全加器能进行加数、被加数和低位来的进位信号相加，并根据求和结果给出该位的进位信号，它通过组合逻辑电路对二进制数字信号进行运算来完成全加的逻辑功能。

设计一个 1 位全加器，输入被加数 A、加数 B，低位进位数 $C_{\mathrm{n}-1}$，输出为全加和 S_n 以及向高位的进位数 C_n，用四 2 输入与门 74LS08（见图 3-3-5）和四 2 输入异或门 74LS86（见

图 3-3-6) 实现。按表 3-3-3 加输入变量，观察 S_n、C_n 的逻辑状态，并记入表 3-3-3 中。

表 3-3-3

输入			输出	
A	B	C_{n-1}	S_n	C_n
0	0	0		
0	0	1		
0	1	0		
0	1	1		
1	0	0		
1	0	1		
1	1	0		
1	1	1		

全加器逻辑表达式

$$\begin{cases} S_n = A \oplus B \oplus C_{n-1} \\ C_n = AB + (A \oplus B)C_{n-1} \end{cases}$$

由此得到用异或门、与门和或门组成的全加器逻辑电路图如图 3-3-7 所示。

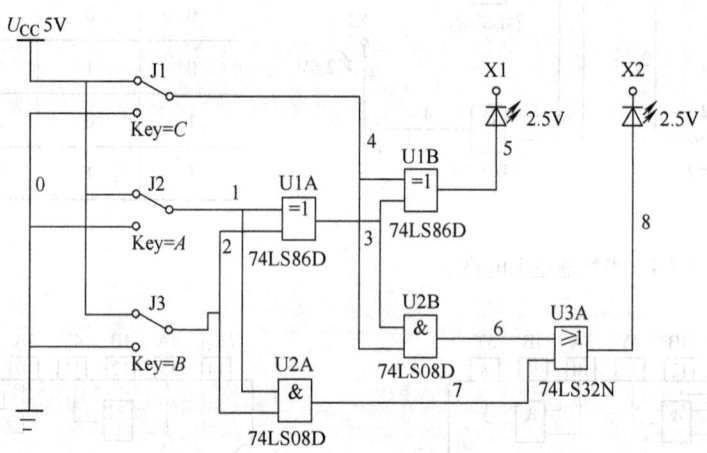

图 3-3-7 异或门、与门和或门组成的全加器逻辑电路图

对表 3-3-3 进行逻辑功能测试。

3. 4 位全加器组合逻辑电路的设计

用中规模集成电路设计一个 4 位二进制全加器，使用一只 4 位二进制全加器 74LS83（见图 3-3-8），实验按表 3-3-4 要求进行测试。

表 3-3-4

A_4	A_3	A_2	A_1	B_4	B_3	B_2	B_1	C_4	S_4	S_3	S_2	S_1	对应十进制
0	0	0	1	0	0	0	1						
0	1	0	0	0	0	1	1						
1	0	0	0	0	1	1	1						
1	0	0	1	1	0	0	0						

4. 用与非门设计拳击比赛裁判判定电路

设有一名主裁判和两名副裁判,当主裁判和至少一名副裁判判定合格时,运动员的动作方为成功。

1) 写出设计过程。
2) 画出逻辑电路图。
3) 自拟表格进行逻辑功能测试。

方案 2(设计性实验):

1) 用门电路设计一个输入 8421 BCD 码四舍五入电路。
2) 用门电路设计一个 1 位二进制全减器电路。
3) 用门电路设计一个将 8421 BCD 码转换为余 3 码的电路。

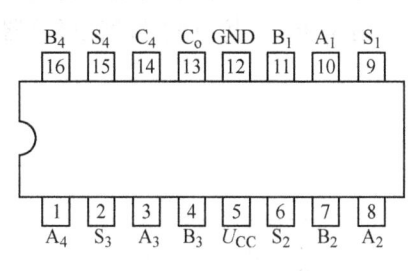

图 3-3-8　74LS83 引脚排列

六、思考题

1) 设计一个 1 位全加器,要求用"与或非"门实现。
2) "与或非"门中,当某一组"与"端不用时,应如何处理?

七、实验报告要求

1) 预习实验,写好预习报告,根据各题的题意,列写实验任务的设计过程,建立相应的真值表,画出设计的逻辑电路图。
2) 对所设计的电路进行实验测试,记录测试结果。
3) 分析在实验中所遇到的故障、问题以及解决的方法。
4) 总结用中、小规模数字集成电路设计组合逻辑电路的方法。

实验四　译码器及其应用设计

一、实验目的

1) 掌握译码器的工作原理、特点及分类。
2) 了解常用集成译码器的使用方法。
3) 掌握译码器应用的基本设计方法。

二、实验设备与器件

1) 数字电路实验箱 1 台。
2) 74LS138、CC4511 若干。

三、实验预习要求

1) 查阅本书附录,摘录本实验所用器件引脚排列备用。
2) 分析 CC4511 的功能表,了解各端口的职能及相互关系。

3）在进行理论设计时可以先在 Multisim 仿真软件上进行功能、性能的验证。例如，用译码器实现逻辑函数、分配器和译码器的扩展、密码锁等功能，都可以在 Multisim 仿真软件上，把设计的方案进行仿真，通过后，再到实验室进行实际的安装调试。

用 Multisim 仿真软件验证译码器 74LS138 的逻辑功能，如图 3-4-1、图 3-4-2 所示。

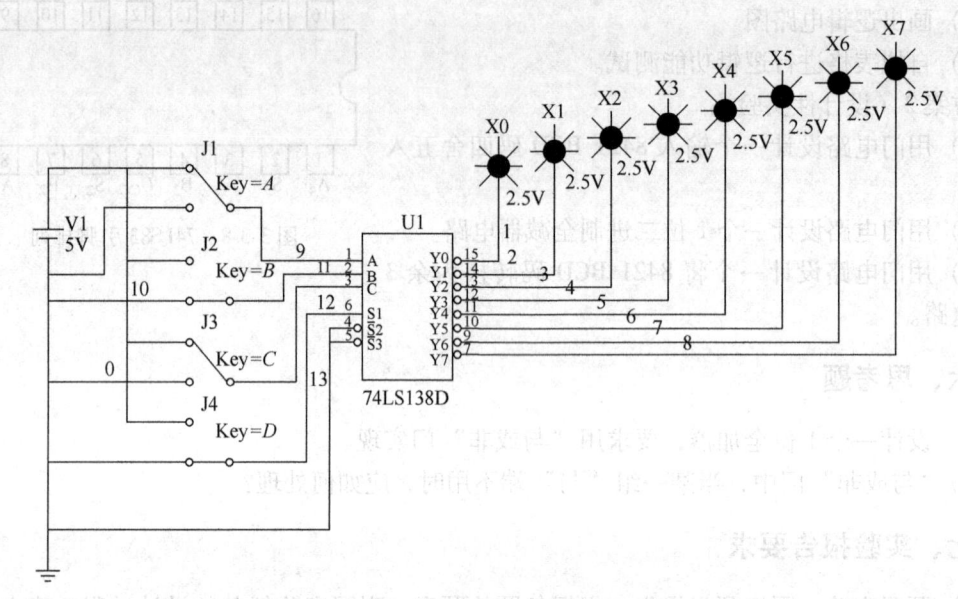

图 3-4-1　74LS138 逻辑功能测试的仿真电路（1）

当开关 J_4 接低电平时，译码器被禁止，所有输出同时为 1。

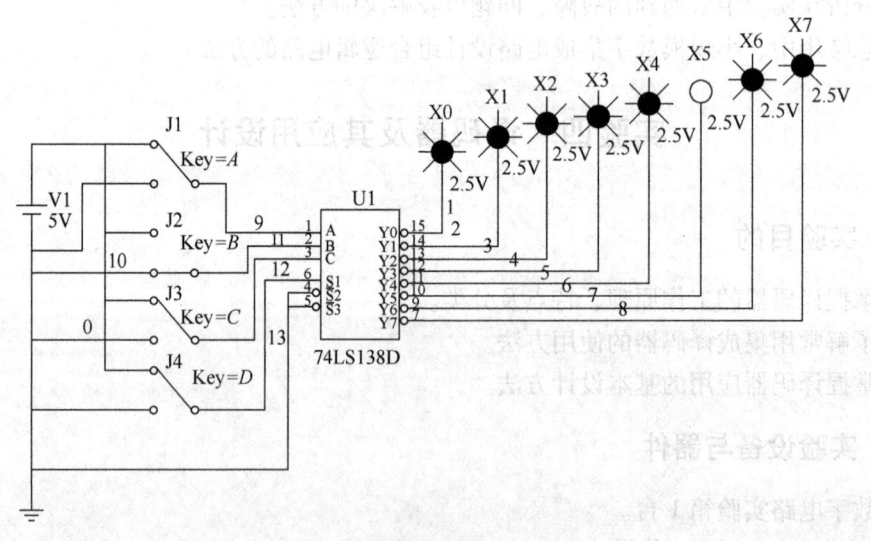

图 3-4-2　74LS138 逻辑功能测试的仿真电路（2）

当开关 J_4 接高电平时，译码器工作，其输出由输入端 A、B、C 的状态确定。在此电路中，A、B、C 为 101，故输出端为 Y_5，Y_5 输出低电平。

四、实验原理

译码器就是把二进制代码翻译成十进制码,然后通过数码管把十进制数显示出来。译码器在数字系统中有广泛的用途,不仅用于代码的转换、终端的数字显示,还用于数据分配、存储器寻址和组合控制信号等。不同的功能可选用不同种类的译码器。简单的译码器可以用逻辑门或二极管矩阵来实现,常用的集成译码器有二进制译码器(也称变量译码器)、二-十进制译码器(也称代码变换译码器)和显示译码器三类。译码器是一个多输入、多输出的组合逻辑电路,它的作用是把给定的代码进行"翻译",变成相应的状态,使输出通道中相应的一路有信号输出。

1. 二进制译码器(变量译码器)

用以表示输入变量的状态,如2线-4线、3线-8线和4线-16线译码器。若有 n 个输入变量,则有 2^n 个不同的组合状态,就有 2^n 个输出端供其使用。而每一个输出所代表的函数对应于 n 个输入变量的最小项。

二进制译码器典型的集成电路有 3 线-8 线译码器 74LS138,其引脚排列如图 3-4-3 所示。

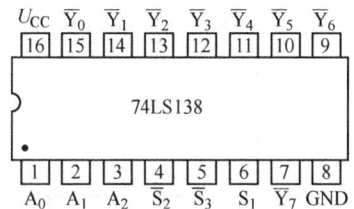

图 3-4-3 3 线-8 线译码器
74LS138 的引脚排列

除了三个输入端 A_2、A_1、A_0,八个输出端 $\overline{Y}_0$、$\overline{Y}_1$、$\overline{Y}_2$、$\overline{Y}_3$、$\overline{Y}_4$、$\overline{Y}_5$、$\overline{Y}_6$、$\overline{Y}_7$ 外,还有三个附加的控制端 S_1、S_2 和 S_3。当 $S_1=1$、$\overline{S}_2+\overline{S}_3=0$ 时,译码器处于工作状态,地址码所指定的输出端有信号输出(为 0),其他所有输出端均无信号输出(全为 1)。当 $S_1=0$,$\overline{S}_2+\overline{S}_3=\times$ 时($\times$ 表示为任意状态),或 $S_1=\times$,$\overline{S}_2+\overline{S}_3=1$ 时,译码器被禁止,所有输出同时为 1。这三个控制端也叫做"片选"输入端,利用片选的作用可以将多片连接起来以扩展译码器的功能。3 线-8 线译码器 74LS138 的功能表见表 3-4-1。

表 3-4-1

输入					输出							
S_1	$\overline{S}_2+\overline{S}_3$	A_2	A_1	A_0	$\overline{Y}_0$	$\overline{Y}_1$	$\overline{Y}_2$	$\overline{Y}_3$	$\overline{Y}_4$	$\overline{Y}_5$	$\overline{Y}_6$	$\overline{Y}_7$
0	×	×	×	×	1	1	1	1	1	1	1	1
×	1	×	×	×	1	1	1	1	1	1	1	1
1	0	0	0	0	0	1	1	1	1	1	1	1
1	0	0	0	1	1	0	1	1	1	1	1	1
1	0	0	1	0	1	1	0	1	1	1	1	1
1	0	0	1	1	1	1	1	0	1	1	1	1
1	0	1	0	0	1	1	1	1	0	1	1	1
1	0	1	0	1	1	1	1	1	1	0	1	1
1	0	1	1	0	1	1	1	1	1	1	0	1
1	0	1	1	1	1	1	1	1	1	1	1	0

注:×表示为任意状态。

二进制译码器实际上也是负脉冲输出的脉冲分配器。若利用使能端中的一个输入端输入数据信息,器件就成为一个数据分配器(又称多路分配器),如图 3-4-4 所示。若在 S_1 输入端输入数据信息,$\overline{S_2}=\overline{S_3}=0$,则地址码所对应的输出是 S_1 数据信息的反码;若从 $\overline{S_2}$ 端输入数据信息,令 $S_1=1$,$\overline{S_3}=0$,则地址码所对应的输出就是 $\overline{S_2}$ 端数据信息的原码。若数据信息是时钟脉冲,则数据分配器便成为时钟脉冲分配器。

根据输入地址的不同组合译出唯一地址,故可用作地址译码器。接成多路分配器,可将一个信号源的数据信息传输到不同的地点。

二进制译码器还能方便地实现逻辑函数,如图 3-4-5 所示,实现的逻辑函数是
$$Z = \overline{A}\,\overline{B}\,\overline{C} + \overline{A}BC + A\,\overline{B}\,\overline{C} + ABC$$

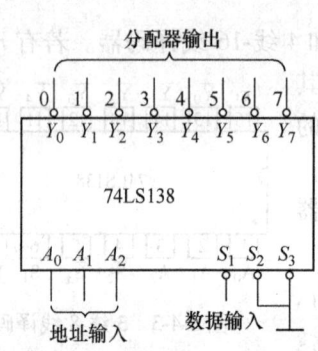

图 3-4-4　数据分配器

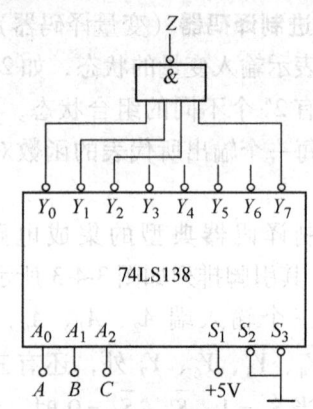

图 3-4-5　实现逻辑函数

2. 显示译码器

显示译码器的作用就是将 BCD 代码译成数码管所需要的驱动信号,以便使数码管用十进制数字显示出 BCD 代码所表示的数值。

此类译码器型号有 74LS47(共阳)、74LS48(共阴)、CC4511(共阴)等。本实验采用 CC4511 BCD 码锁存、译码、驱动器,它能将 4 位二进制数转换为七段 LED 显示器的字段码,同时具有锁存和驱动能力。其引脚排列如图 3-4-6 所示。

图 3-4-6 中:

A、B、C、D—BCD 码输入端

a、b、c、d、e、f、g—译码输出端,输出"1"有效,用来驱动共阴极 LED 数码管。

图 3-4-6　CC4511 引脚排列

$\overline{LT}$—灯测试输入端:当 $\overline{LT}$="0"时,便可使被驱动数码管的七段同时点亮,以检查该数码管各段能否正常发光。平时应置 $\overline{LT}$ 为高电平。

$\overline{BI}$—灭零输入端:$\overline{BI}$="0"时,译码输出全为"0",设置灭零输入信号 $\overline{BI}$ 的目的是为了能把不希望显示的零熄灭。

LE—锁定端:LE="1"时译码器处于锁定(保持)状态,译码输出保持在 LE="0"时的数值,LE="0"为正常译码。

表 3-4-2 为 CC4511 BCD 码七段显示译码器的真值表，以 $A_3A_2A_1A_0$ 表示显示译码器输入的 BCD 代码，以 a、b、c、d、e、f、g 表示输出的 7 位二进制代码，并规定用 "1" 表示数码管中线段的点亮状态，用 "0" 表示线段的熄灭状态。表中列出了 BCD 代码的 10 个状态与 a、b、c、d、e、f、g 状态的对应关系。CC4511 内接有上拉电阻，故只需在输出端与数码管笔段之间串入限流电阻即可工作。译码器还有拒伪码功能，当输入码超过 1001 时，输出全为 "0"，数码管熄灭。

表 3-4-2

输入							输出							显示字形
LE	$\overline{BI}$	$\overline{LT}$	D	C	B	A	a	b	c	d	e	f	g	
×	×	0	×	×	×	×	1	1	1	1	1	1	1	8
×	0	1	×	×	×	×	0	0	0	0	0	0	0	消隐
0	1	1	0	0	0	0	1	1	1	1	1	1	0	0
0	1	1	0	0	0	1	0	1	1	0	0	0	0	1
0	1	1	0	0	1	0	1	1	0	1	1	0	1	2
0	1	1	0	0	1	1	1	1	1	1	0	0	1	3
0	1	1	0	1	0	0	0	1	1	0	0	1	1	4
0	1	1	0	1	0	1	1	0	1	1	0	1	1	5
0	1	1	0	1	1	0	0	0	1	1	1	1	1	6
0	1	1	0	1	1	1	1	1	1	0	0	0	0	7
0	1	1	1	0	0	0	1	1	1	1	1	1	1	8
0	1	1	1	0	0	1	1	1	1	1	0	1	1	9
0	1	1	1	0	1	0	0	0	0	0	0	0	0	消隐
0	1	1	1	0	1	1	0	0	0	0	0	0	0	消隐
0	1	1	1	1	0	0	0	0	0	0	0	0	0	消隐
0	1	1	1	1	0	1	0	0	0	0	0	0	0	消隐
0	1	1	1	1	1	0	0	0	0	0	0	0	0	消隐
0	1	1	1	1	1	1	0	0	0	0	0	0	0	消隐
1	1	1	×	×	×	×	锁存							锁存

由表 3-4-2 可以看到，与每个输入代码对应的输出不是某一根输出线上的高、低电平，而是另一个 7 位的代码，所以，严格地讲，把这种电路叫做代码变换器更确切些。但习惯上都把它叫做显示译码器。

3. 数码显示器

为了能以十进制数码直观地显示出数字电路的运行数据，显示 0～9 和一些字符，目前广泛使用的是七段字符显示器，或称七段数码管。它由七段可以发光的线段拼合而成，常见的七段字符显示器有半导体数码管和液晶显示器两种。

半导体数码管的优点是工作电压低、体积小、寿命长、可靠性高,而且响应时间短(一般不超过 0.1μs),亮度比较高;缺点是工作电流比较大,每一段的工作电流在 10mA 左右。半导体数码管的每个线段都是一个发光二极管(Light Emitting Diode,LED),因而也把它叫做 LED 数码管或 LED 七段显示器。

为了增加使用的灵活性,同一规格的数码管一般都有共阴极和共阳极两种类型可供选用,其外形和等效电路如图 3-4-7 所示。

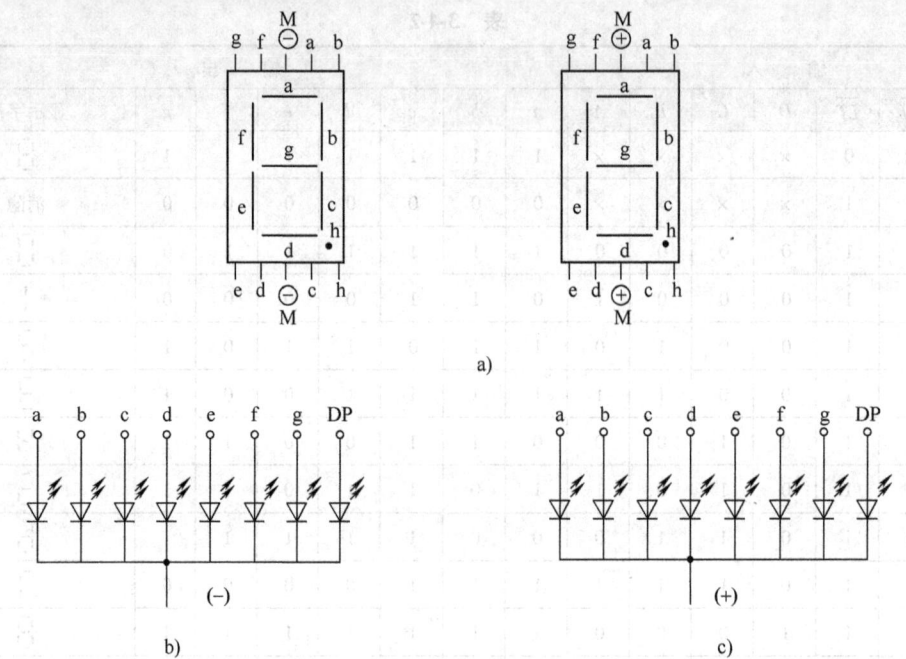

图 3-4-7 数码管符号和等效电路
a) 数码管符号及引脚功能 b) 共阴极等效电路 c) 共阳极等效电路

半导体数码管和液晶显示器都可以用 TTL 或 CMOS 集成电路直接驱动。

在数字电路实验箱上,已完成了译码器 CC4511 和共阴数码管 BS202 之间的连接。实验时,只要接通 +5V 电源和将十进制数的 BCD 码接至译码器的相应输入端 A、B、C、D 即可显示 0~9 的数字。4 位数码管可接收四组 BCD 码输入。CC4511 与 LED 数码管的连接如图 3-4-8 所示。

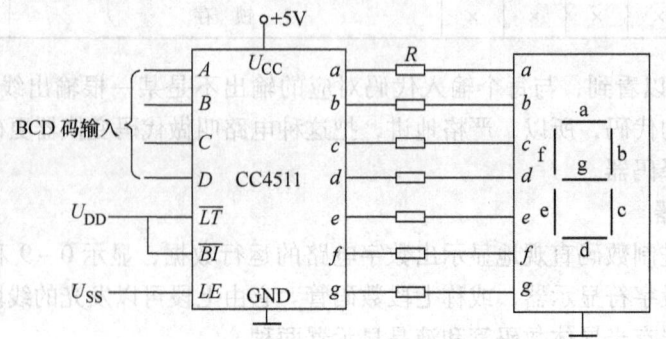

图 3-4-8 CC4511 驱动 1 位 LED 数码管

五、实验内容

方案 1：

1. 验证二进制译码器 74LS138 的逻辑功能

1）将 3 线-8 线二进制译码器 74LS138 插入实验系统空 IC 插座中，按图 3-4-9 连接实验电路，1~3 脚三个输入端 A_0、A_1、A_2 接逻辑开关 K_1、K_2、K_3，4~6 脚三个附加控制端 S_2、S_3 和 S_1 接逻辑开关 K_5、K_6、K_4，7、9~15 脚作为输出端接 LED 显示器。8 脚接地，16 脚接 +5V 电源。

2）按表 3-4-3 进行操作，利用逻辑开关 K_1~K_6，控制输入端 A_2、A_1、A_0 及附加控制端 S_1、$\overline{S_2}$ 和 $\overline{S_3}$ 的状态，观察 LED 输出端 $\overline{Y_0}$~$\overline{Y_7}$ 的对应状态，记录结果于表 3-4-3 中，验证 74LS138 的逻辑功能。

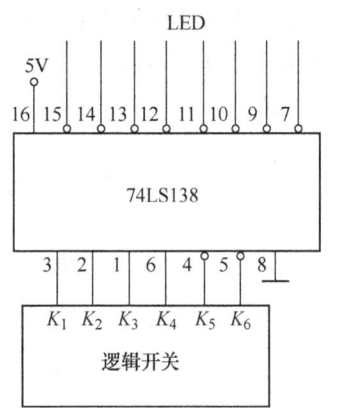

图 3-4-9　74LS138 的逻辑功能测试电路

2. 数据拨码开关的使用

将实验装置上的四组拨码开关的输出 A_i、B_i、C_i、D_i 分别接至四组显示译码/驱动器 CC4511 的对应输入口，译码器 CC4511 的 LE、$\overline{BI}$、$\overline{LT}$ 端已在实验装置上连好，只需接上 +5V 电源，然后按表 3-4-2 输入的要求揿动四个数码的增、减键（"+"与"-"键），观测拨码盘上的 4 位数与 LED 数码管显示的对应数字是否一致及译码显示是否正常。

表　3-4-3

S_1	$\overline{S_2}+\overline{S_3}$	A_2	A_1	A_0	$\overline{Y_0}$	$\overline{Y_1}$	$\overline{Y_2}$	$\overline{Y_3}$	$\overline{Y_4}$	$\overline{Y_5}$	$\overline{Y_6}$	$\overline{Y_7}$
0	×	×	×	×								
×	1	×	×	×								
1	0	0	0	0								
1	0	0	0	1								
1	0	0	1	0								
1	0	0	1	1								
1	0	1	0	0								
1	0	1	0	1								
1	0	1	1	0								
1	0	1	1	1								

3. 组成时序脉冲分配器

参照图 3-4-4 和实验原理说明，用 74LS138 组成时序脉冲分配器。时钟脉冲 CP 频率约为 1kHz，要求分配器输出端 $\overline{Y_0}$~$\overline{Y_7}$ 的信号与 CP 输入信号同相。

画出分配器的实验电路，用示波器观察和记录在地址端 A_2、A_1、A_0 分别取 000~111，8 种不同状态时 $\overline{Y_0}$~$\overline{Y_7}$ 端的输出波形，注意输出波形与 CP 输入波形之间的相位关系。

4. 组成 4 线-16 线译码器

用两片 74LS138 组成一个 4 线-16 线译码器并进行实验。

方案 2（设计性实验）：

1）设计一台只能接受硬币的方便面、汽水自动售货机的控制电路，其原理框图如图 3-4-10 所示。要求用 74LS138 和 74LS00 实现。设计要求：该方便面为每袋 1.6 元，汽水为 1 元。售货机有三个投币口（一个为 1 元，一个为 0.5 元，一个为 0.1 元）。
试设计该逻辑电路；实验测试；并列表记录实验结果。

2）请用译码器 74LS138 和适当的逻辑门设计一个密码锁，其密码为 1001。密码锁原理框图如图 3-4-11 所示，当密码为 1001 时，绿灯亮，表示密码锁开启；其他密码红灯亮，表示非法码。

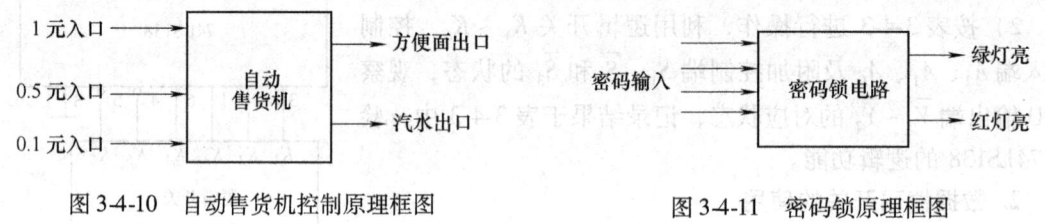

图 3-4-10　自动售货机控制原理框图　　　图 3-4-11　密码锁原理框图

六、思考题

1）用译码器 74LS138 和适当的逻辑门实现函数
$$F = \overline{A}\,\overline{B}\,\overline{C} + A\,\overline{B}\,\overline{C} + AB\overline{C} + ABC$$

2）译码器有哪些应用？举例说明。

七、实验报告要求

1）整理实验结果（含自行设计电路），画出实验电路，画出观察到的波形。
2）对实验结果进行分析、讨论。

实验五　数据选择器及其应用设计

一、实验目的

1）掌握中规模集成数据选择器的逻辑功能及使用方法。
2）掌握用数据选择器构成组合逻辑电路的方法。

二、实验设备与器件

1）数字电路实验箱 1 台。
2）74LS151 8 选 1 数据选择器，74LS153 4 选 1 数据选择器，74LS20 二 4 输入与非门若干。

三、实验预习要求

1）根据实验任务要求，用数据选择器对实验内容中各函数进行设计。

2）列出所设计电路的真值表。
3）对方案 2，根据实验任务要求设计组合逻辑电路，并写出实验步骤以及测试方法。
4）在进行理论设计时可以先在 Multisim 软件上进行功能、性能的验证，再到实验室进行实际的安装调试。

图 3-5-1、图 3-5-2 所示是用 Multisim 软件来验证 8 选 1 数据选择器 74LS151 逻辑功能的仿真电路。

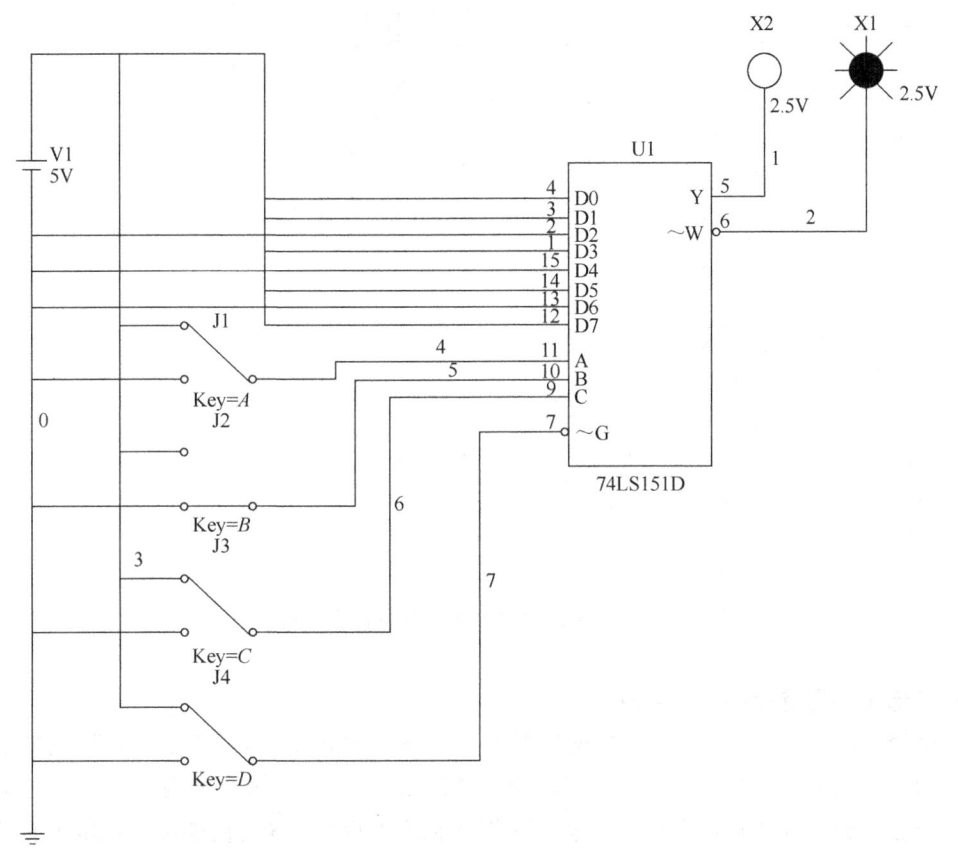

图 3-5-1　74LS151 逻辑功能测试的仿真电路（1）

当开关 J_4 接高电平时，数据选择器无输出（$Y=0$，$W=1$），多路开关被禁止。
当开关 J_4 接低电平时，数据选择器正常工作，其输出 Y 的状态由地址端 ABC 来决定，当 $ABC=111$ 时，其输出 $Y=D_7$。

四、实验原理

数据选择器又称"多路开关"，是一种常用的多功能的中规模集成器件。数据选择器在地址码（或叫选择控制）电位的控制下，从几个输入数据源中选择一个并将其送到一个公共的输出端。数据选择器的功能类似一个单刀多掷开关，如图 3-5-3 所示，四路数据 $D_0 \sim D_3$，通过选择控制信号 A_1、A_0（地址码）从四路数据中选中某一路数据送至输出端 Q。

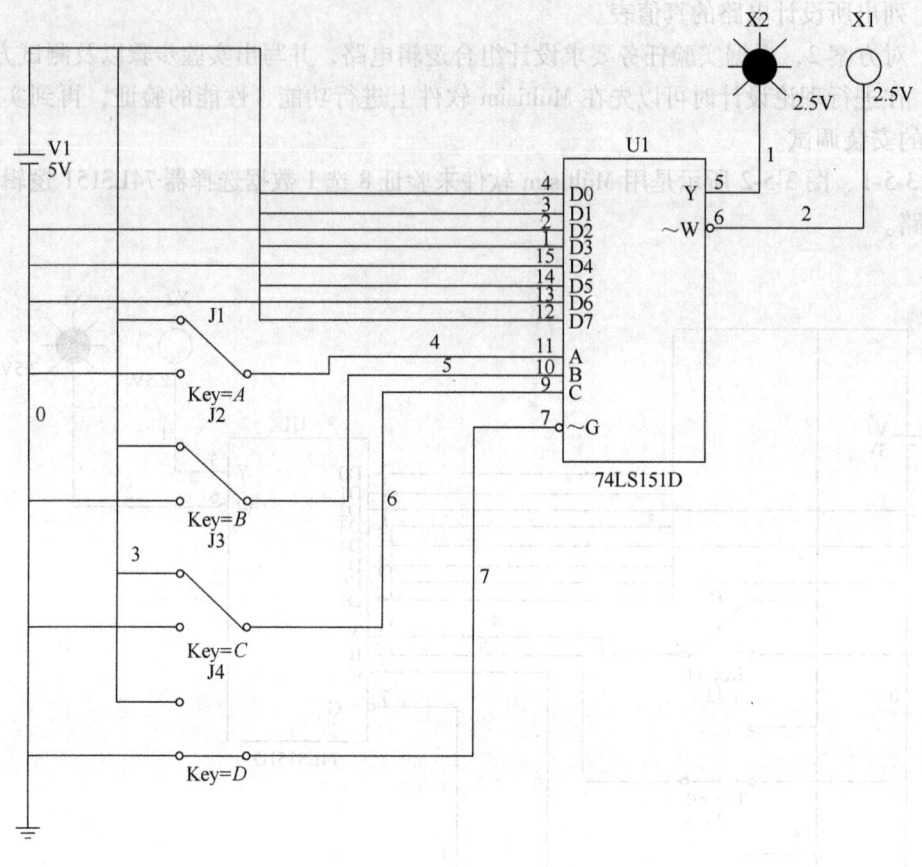

图 3-5-2　74LS151 逻辑功能测试的仿真电路（2）

1. 8 选 1 数据选择器 74LS151

74LS151 为互补输出的 8 选 1 数据选择器，引脚排列如图 3-5-4 所示，逻辑功能表见表 3-5-1。选择控制端（地址端）为 A_2、A_1、A_0，按二进制译码，从八个输入数据 $D_0 \sim D_7$ 中，选择一个需要的数据送到输出端 Y，输出端 W 为输出的反码，$\overline{S}$ 为使能端，低电平有效。

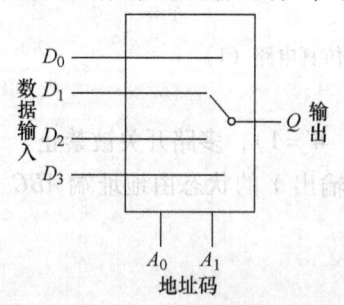

图 3-5-3　4 选 1 数据选择器示意图

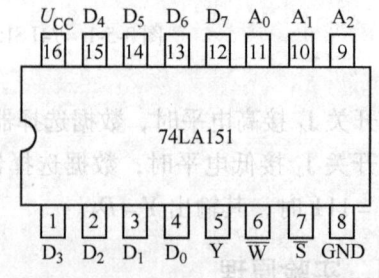

图 3-5-4　74LS151 引脚排列

1）使能端 $\overline{S} = 1$ 时，不论 $A_2 \sim A_0$ 状态如何，均无输出（$Y = 0$，$W = 1$），多路开关被禁止。

表 3-5-1

输入				输出	
$\overline{S}$	A_2	A_1	A_0	Y	W
1	×	×	×	0	1
0	0	0	0	D_0	$\overline{D_0}$
0	0	0	1	D_1	$\overline{D_1}$
0	0	1	0	D_2	$\overline{D_2}$
0	0	1	1	D_3	$\overline{D_3}$
0	1	0	0	D_4	$\overline{D_4}$
0	1	0	1	D_5	$\overline{D_5}$
0	1	1	0	D_6	$\overline{D_6}$
0	1	1	1	D_7	$\overline{D_7}$

2) 使能端 $\overline{S}=0$ 时，多路开关正常工作，根据地址码 A_2、A_1、A_0 的状态选择 $D_0 \sim D_7$ 中某一个通道的数据输送到输出端 Y。

若 $A_2 A_1 A_0 = 000$，则选择 D_0 数据到输出端，即 $Y = D_0$。

若 $A_2 A_1 A_0 = 001$，则选择 D_1 数据到输出端，即 $Y = D_1$。其余类推。

2. 双 4 选 1 数据选择器 74LS153

所谓双 4 选 1 数据选择器就是在一块集成芯片上有两个 4 选 1 数据选择器。引脚排列如图 3-5-5 所示，逻辑功能表见表 3-5-2。

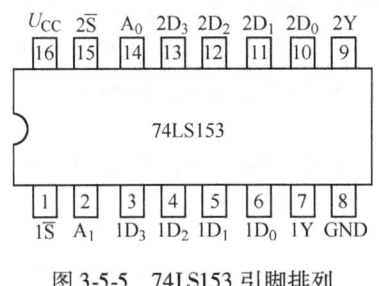

图 3-5-5 74LS153 引脚排列

表 3-5-2

输入			输出
$1\overline{S}$	A_1	A_0	$1Y$
1	×	×	0
0	0	0	$1D_0$
0	0	1	$1D_1$
0	1	0	$1D_2$
0	1	1	$1D_3$

$1\overline{S}$、$2\overline{S}$ 为两个独立的使能端，低电平有效；A_1、A_0 为共用的地址输入端；$1D_0 \sim 1D_3$ 和 $2D_0 \sim 2D_3$ 分别为两个 4 选 1 数据选择器的数据输入端；$1Y$、$2Y$ 为两个数据选择器的输出端。

1) 当使能端 $1\overline{S}$（$2\overline{S}$）= 1 时，多路开关被禁止，无输出，$Y=0$。

2) 当使能端 $1\overline{S}$（$2\overline{S}$）= 0 时，多路开关正常工作，根据地址码 A_1、A_0 的状态，将相应的数据 $D_0 \sim D_3$ 送到输出端 Y。

若 $A_1 A_0 = 00$　则选择 D_0 数据到输出端，即 $Y = D_0$。

$A_1 A_0 = 01$　则选择 D_1 数据到输出端，即 $Y = D_1$。其余类推。

数据选择器是目前逻辑设计中应用十分广泛的逻辑部件，它除了具有选择信息的功能外，还可以实现多路信号的分时传输、组合逻辑函数的构成、数据的并-串转换和译码、组成数码比较器等功能。例如，在计算机数字控制装置和数字通信系统中，往往要求将并行形式的数据转换成串行的形式，若用数据选择器就能很容易地完成这种转换，只要将欲变换的并行码送到数据选择器的信号输入端，使组件的控制信号按一定的编码（如二进制编码）顺序依次变化，则在输出端可获得串行码输出，如图 3-5-6 所示。

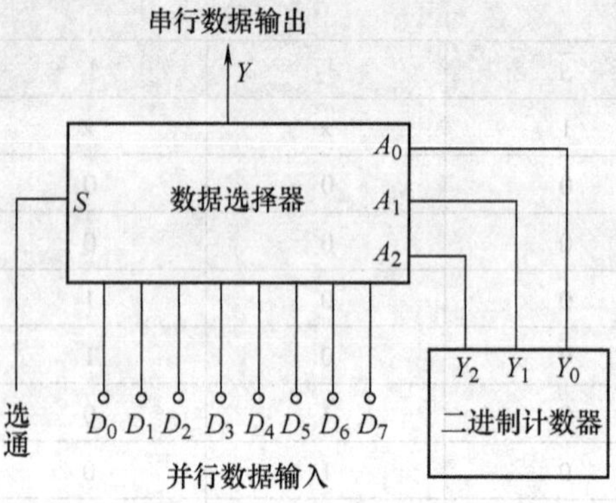

五、实验内容

方案 1：

1. 验证 8 选 1 数据选择器 74LS151 的逻辑功能

验证 8 选 1 数据选择器 74LS151 的逻辑功能及实现并行码变串行码的转换。

图 3-5-6 变并行码为串行码

1）将实验用 8 选 1 数据选择器 74LS151 插入数字电路实验箱中的 IC 插座内，按图 3-5-7 接线。其中 1、2、3、4、15、14、13、12 脚作为数据输入端，接数据开关或逻辑开关，5、6 脚作为原码输出端和反码输出端，接 LED 显示器，7 脚作为低电平选通输入端，接数据开关或逻辑开关，8 脚接地，9~11 脚作为 3 位地址码，接逻辑开关 K_1 ~ K_3，16 脚接 +5V 电源。

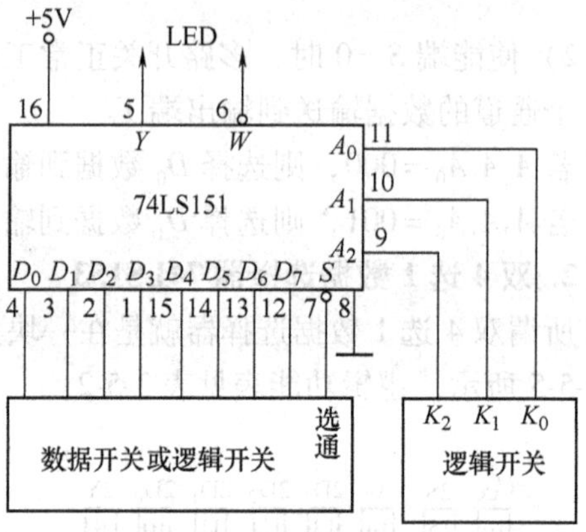

2）按表 3-5-3 的要求，利用数据开关或

图 3-5-7 8 选 1 数据选择器 74LS151 的实验电路

逻辑开关，控制数据输入端、低电平选通输入端和 3 位地址码的状态，观察 LED 输出端的对应状态，记入表 3-5-3，证明 74LS151 的逻辑功能。

表 3-5-3

输入													输出	
选通	地 址			数 据 输 入										
S	A_2	A_1	A_0	D_0	D_1	D_2	D_3	D_4	D_5	D_6	D_7		Y	W
1	×	×	×	×	×	×	×	×	×	×	×			
0	0	0	0	1	0	0	0	0	0	0	0			
0	0	0	1	0	1	0	0	0	0	0	0			
0	0	1	0	0	0	1	0	0	0	0	0			
0	0	1	1	0	0	0	1	0	0	0	0			
0	1	0	0	0	0	0	0	1	0	0	0			
0	1	0	1	0	0	0	0	0	1	0	0			
0	1	1	0	0	0	0	0	0	0	1	0			
0	1	1	1	0	0	0	0	0	0	0	1			

3）置选通端 S 为 0 电平，数据选择器被选中，拨动逻辑开关 K_1 ~ K_3 分别为 000、001、…、直到 111，置数据输入端 D_0 ~ D_7 分别为 10101010 或 11110000，观察输出端 Y 和 W 的输

出结果,并自拟表格记录。实验结果表明,本次实验实现了并行码变串行码的转换。

2. 验证双 4 选 1 数据选择器 74LS153 的逻辑功能

1)将实验用双 4 选 1 数据选择器 74LS153 插入实验箱中的 IC 插座内,按图 3-5-8 接线。其中 1 脚作为低电平选通输入端即控制端,接数据开关或逻辑开关,2、14 脚作为地址选择信号,接逻辑开关 K_1、K_2,3~6 脚作为第一个数据选择器的数据输入端,接数据开关或逻辑开关,7 脚输出端接 LED 显示器,8 脚接地,16 脚接 +5V 电源。

2)按表 3-5-4 的要求,利用数据开关或逻辑开关,控制数据输入端、低电平选通输入端和地址选择信号的状态,观察 LED 输出端的对应状态,记入表 3-5-4,证明 74LS153 的逻辑功能。

3. 数据选择器的应用

1)用 8 选 1 数据选择器 74LS151 设计三输入多数表决电路。

①写出设计过程;

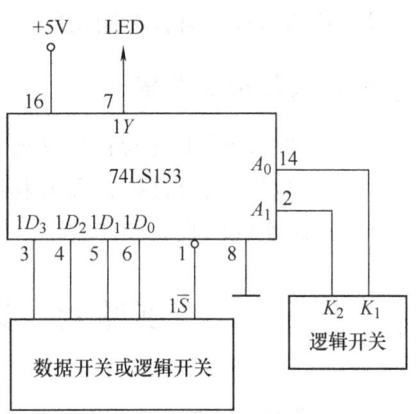

图 3-5-8　双 4 选 1 数据选择器 74LS153 的实验电路

表　3-5-4

选择输入		数 据 输 入				选 通	输 出
A_1	A_0	$1D_0$	$1D_1$	$1D_2$	$1D_3$	$\overline{S_1}$	Y_1
×	×	×	×	×	×	1	
0	0	1	0	0	0	0	
0	1	0	1	0	0	0	
1	0	0	0	1	0	0	
1	1	0	0	0	1	0	

②画出电路图;

③进行逻辑功能测试。

2)用双 4 选 1 数据选择器 74LS153 和与非门实现 1 位全减器。

①写出设计过程;

②画出电路图;

③进行逻辑功能测试。

方案 2(设计性实验):

1)试用 8 选 1 数据选择器 74LS151 实现逻辑函数

$$F = \overline{A}BC + \overline{B}C + A\overline{C} + A$$

2)试用两个带附加控制端的 4 选 1 数据选择器 74LS153 组成一个 8 选 1 数据选择器。

3)试用数据选择器实现并行数据比较器,要求用译码器和数据选择器组成判别两个 3 位二进制数值是否相等的电路。

4)试用 4 选 1 数据选择器产生逻辑函数

$$F = ABC + AC + BC$$

5)用数据选择器 74LS153 和门电路设计一个报警电路,要求用译码、显示电路来显示,共有三个报警信号,当第 1 路有报警信号时,数码管显示 1;当第 2 路有报警信号时,数码管显示 2;当第 3 路有报警信号时,数码管显示 3;当无报警信号时,数码管显示 0。

六、思考题

1）数据选择器如何将多位数据并行输入转换成串行输出。
2）数据选择器有什么用途？

七、实验报告要求

1）整理实验结果（含自行设计电路）。
2）写出设计的全过程，画出电路图，写出逻辑功能测试结果。
3）总结实验的收获和体会。

实验六 集成触发器及其应用设计

一、实验目的

1）掌握各种触发器的功能及其测试方法。
2）熟悉各种触发器之间的相互转换。
3）学会并掌握触发器的其他应用。

二、实验设备与器件

1）双踪示波器 1 台。
2）数字电路实验箱 1 台。
3）JK 触发器 74LS112，D 触发器 74LS74，与非门 74LS00 若干。

三、实验预习要求

1）利用 Multisim 软件仿真，熟悉基本 RS 触发器、JK 触发器、D 触发器的逻辑功能。仿真电路如图 3-6-1～图 3-6-3 所示。

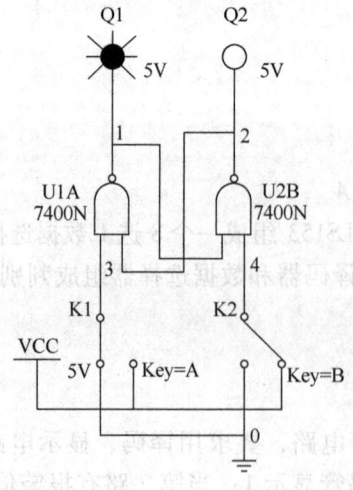

图 3-6-1 基本 RS 触发器仿真电路

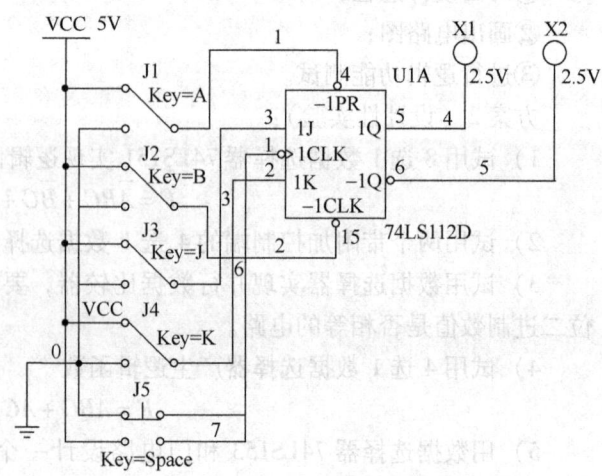

图 3-6-2 JK 触发器异步置位及逻辑功能测试仿真电路

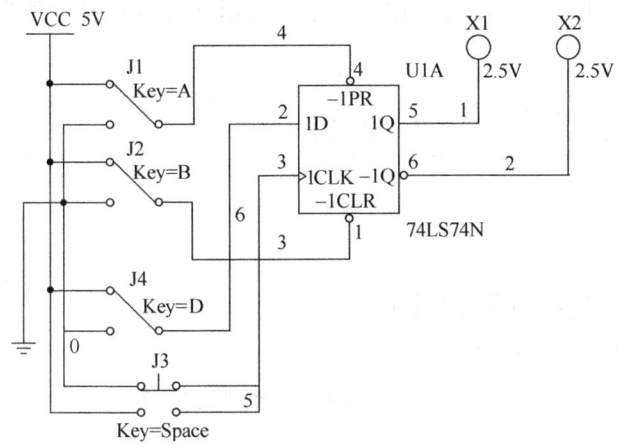

图 3-6-3　D 触发器异步置位及逻辑功能测试仿真电路

2）了解集成触发器的相互转换方法，利用 Multisim 软件仿真，并写出预习报告。

四、实验原理

集成触发器是逻辑集成电路中的一种重要的单元电路，其逻辑功能具有保持（记忆）的特性。它不仅可作为独立的集成电路器件使用，而且还是时序逻辑电路中的基本组成单元。从逻辑功能来说，集成触发器可分为 RS、JK、D 和 T 触发器等，其逻辑功能通过一些连线和附加一些控制门，可以互相转换。时钟脉冲的触发方式可以是上升沿（前沿）触发，也可以是下降沿（后沿）触发，视触发器的结构而定。

1. 基本 RS 触发器

图 3-6-4 所示为由两个与非门交叉耦合构成的基本 RS 触发器，它是无时钟控制低电平直接触发的触发器。基本 RS 触发器具有置"0"、置"1"和"保持"三种功能。通常称 $\overline{S}$ 为置"1"端，因为 $\overline{S}=0$（$\overline{R}=1$）时触发器被置"1"；$\overline{R}$ 为置"0"端，因为 $\overline{R}=0$（$\overline{S}=1$）时触发器被置"0"，当 $\overline{S}=\overline{R}=1$ 时状态保持；$\overline{S}=\overline{R}=0$ 时，触发器状态不定，应避免此种情况发生。表 3-6-1 为基本 RS 触发器的功能表。

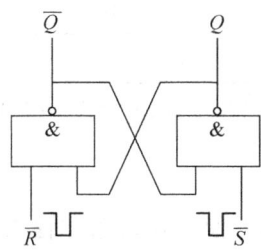

图 3-6-4　基本 RS 触发器

表 3-6-1

输 入		输 出	
$\overline{S}$	$\overline{R}$	Q^{n+1}	$\overline{Q}^{n+1}$
0	1	1	0
1	0	0	1
1	1	Q^n	$\overline{Q}^n$
0	0	ϕ	ϕ

注：ϕ 表示不定态，下同。

2. JK 触发器

在输入信号为双端的情况下，JK 触发器是功能完善、使用灵活和通用性较强的一种触发器。本实验采用双 JK 触发器 74LS112，是下降边沿触发的边沿触发器。引脚排列及逻辑符号如图 3-6-5 所示。

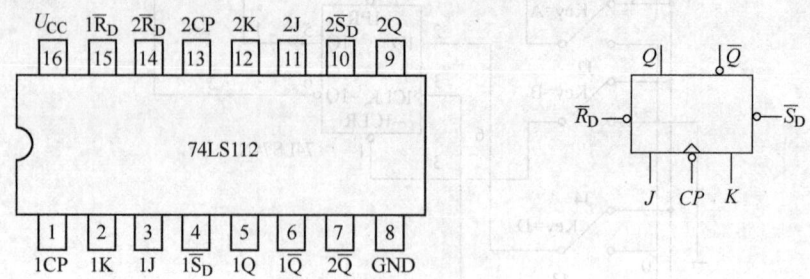

图 3-6-5　JK 触发器引脚排列及逻辑符号

JK 触发器的状态方程为

$$Q^{n+1} = J\overline{Q}^n + \overline{K}Q^n$$

J 和 K 是数据输入端，是触发器状态更新的依据，若 J、K 有两个或两个以上输入端时，组成"与"的关系。Q 与 $\overline{Q}$ 为两个互补输出端。通常把 $Q=0$、$\overline{Q}=1$ 的状态定为触发器"0"状态；把 $Q=1$、$\overline{Q}=0$ 定为"1"状态。JK 触发器常被用作缓冲存储器、移位寄存器和计数器。下降沿触发 JK 触发器的功能见表 3-6-2。

表 3-6-2

输入					输出	
$\overline{S}_D$	$\overline{R}_D$	CP	J	K	Q^{n+1}	$\overline{Q}^{n+1}$
0	1	×	×	×	1	0
1	0	×	×	×	0	1
0	0	×	×	×	φ	φ
1	1	↓	0	0	Q^n	$\overline{Q}^n$
1	1	↓	1	0	1	0
1	1	↓	0	1	0	1
1	1	↓	1	1	$\overline{Q}^n$	Q^n
1	1	↑	×	×	Q^n	$\overline{Q}^n$

注：×—任意态；↓—由高到低电平跳变；↑—由低到高电平跳变；Q^n（$\overline{Q}^n$）—现态；Q^{n+1}（$\overline{Q}^{n+1}$）—次态；φ—不定态。

3. D 触发器

在输入信号为单端的情况下，D 触发器使用起来最为方便，其状态方程为 $Q^{n+1} = D^n$，其输出状态的更新发生在 CP 脉冲的上升沿，故又称为上升沿触发的边沿触发器，触发器的状态只取决于时钟到来前 D 端的状态。D 触发器的应用很广，可用作数字信号的寄存、移位寄存、分频和波形发生等。D 触发器有很多种型号可供各种用途的需要而选用，如双 D 触发器 74LS74、四 D 触发器 74LS175、六 D 触发器 74LS174 等。图 3-6-6 所示为双 D 触发器 74LS74 的引脚排列及逻辑符号，功能表见表 3-6-3。

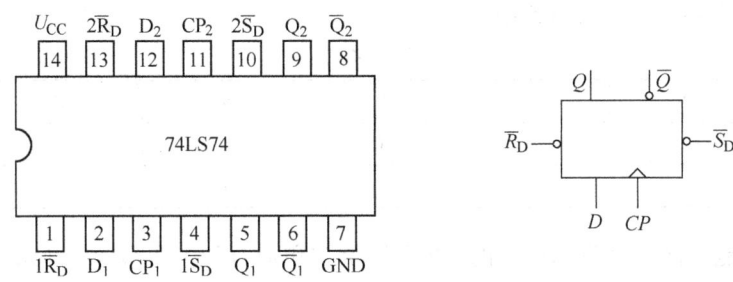

图 3-6-6　74LS74 双 D 触发器引脚排列及逻辑符号

表 3-6-3

$\overline{S}_D$	$\overline{R}_D$	CP	D	Q^{n+1}	$\overline{Q}^{n+1}$
0	1	×	×	1	0
1	0	×	×	0	1
0	0	×	×	φ	φ
1	1	↑	1	1	0
1	1	↑	0	0	1
1	1	↓	×	Q^n	$\overline{Q}^n$

五、实验内容

方案 1（常用集成触发器的功能测试）：

1. 基本 RS 触发器的测试

按图 3-6-4 所示电路，用两个与非门组成基本 RS 触发器，输入端 $\overline{R}$、$\overline{S}$ 接逻辑开关的输出插口，输出端 Q、$\overline{Q}$ 接逻辑电平显示，按表 3-6-4 要求测试并记录。

表 3-6-4

$\overline{R}$	0		0		1	
$\overline{S}$	0		1		0	
Q^n	0	1	0	1	0	1
Q^{n+1}						
功能						

2. JK 触发器的测试

采用 74LS112 作为测试器件，其逻辑符号和引脚排列如图 3-6-5 所示。

1) 异步置位和复位功能测试。$\overline{R}_D$、$\overline{S}_D$ 分别接逻辑开关，按表 3-6-5 所示，设置 $\overline{R}_D$、$\overline{S}_D$ 电平状态，CP、J、K 端均为任意状态，输出 Q、$\overline{Q}$ 分别接 LED "电平显示"，测量输出端

的逻辑状态，将结果记入表 3-6-5 中。

表 3-6-5

CP	J	K	$\overline{R}_D$	$\overline{S}_D$	Q	$\overline{Q}$
×	×	×	0	1		
×	×	×	1	0		

2）逻辑功能测试。将 74LS112 的 CP 端接至"单脉冲"，在 CP = 0（未加入 CP）状态时，按表 3-6-6 设置 J、K 端的四种状态，输出 Q 端的初始状态"0"或"1"由复位端 $\overline{R}_D$ 或置位端 $\overline{S}_D$ 预置实现。在测试逻辑功能时，将 $\overline{R}_D$、$\overline{S}_D$ 都接"1"电平，由"电平显示"测量输出 Q 端的逻辑电平，记入表 3-6-6 中。

表 3-6-6

J		0				0				1				1			
K		0				1				0				1			
CP		0	↑	↓	↑	↓	0	↑	↓	↑	↓	0	↑	↓	↑	↓	0	↑	↓	↑	↓
Q	0				0					0					0				
	1					1					1					1				

注：表中 Q 的状态，是要求预置的状态。↑表示 CP 的上升沿，↓表示 CP 的下降沿。

3）JK 触发器的分频波形。将 JK 触发器接成二进制计数状态（即 J = K = 1），在 CP 端输入 1kHz 连续脉冲，用示波器观察 CP 端和 Q 端的波形，并绘出波形图（注意相位关系）。

3. D 触发器的测试

用 74LS74 作测试器件，其逻辑符号和引脚排列如图 3-6-6 所示。

1）异步置位和复位功能测试。D 触发器的异步置位和复位功能的使用意义与 JK 触发器相同。

2）逻辑功能测试。将 74LS74 的 CP 端接至"单次脉冲"，在 CP = 0（没加入 CP）状态时，按表 3-6-7 设置 D 端的状态，输出 Q 端的初始状态"0"或"1"由复位端 $\overline{R}_D$ 或置位端 $\overline{S}_D$ 预置实现。在测试逻辑功能时，将 $\overline{R}_D$、$\overline{S}_D$ 都接"1"电平，由"电平显示"测量输出 Q 端逻辑电平，记入表 3-6-7 中。

表 3-6-7

D		0					1				
CP		0	↑	↓	↑	↓	0	↑	↓	↑	↓
Q	0				0						
	1						1				

注：表中 Q 的状态，是要求预置的状态。↑表示 CP 的上升沿，↓表示 CP 的下降沿。

方案 2（设计性实验）：

1. 触发器之间的相互转换

在集成触发器的产品中，每一种触发器都有自己固定的逻辑功能，同时，又可以利用转换的方法获得具有其他功能的触发器。

1）将 JK 触发器转换为 D 触发器。画出转换的电路图，并按照表 3-6-7 测试 D 触发器的逻辑功能。

2) 将 JK 触发器转换为 T 触发器。画出转换的电路图，并验证其逻辑功能，写出其特征方程。

3) 将 D 触发器转换为 T 触发器。画出转换的电路图，并验证其逻辑功能，写出其特征方程。

2. 用 JK 触发器设计一个四进制计数器

用 JK 触发器设计一个四进制计数器，测试其状态并填入自制的表格中。若在 CP_1 端输入 1kHz 连续脉冲，用示波器分别观察并画出 CP_1 和 Q_1、Q_2 的波形，注意它们的相位关系并分别测出 CP_1 和 Q_1、Q_2 的周期、频率和幅度。

六、思考题

1) 由 TTL 与非门组成的基本 RS 触发器有什么特点？
2) D 触发器和 JK 触发器的 $\overline{S}_D$ 和 $\overline{R}_D$ 的作用是什么？使用时应置于何种状态？
3) 结合 JK 触发器的状态方程说明 JK 触发器的功能。
4) 如何用 JK 触发器构成一个四进制计数器？试画出其电路图及波形图。

七、实验报告要求

1) 列表整理各类触发器的逻辑功能。
2) 总结观察到的波形，说明触发器的触发方式。

实验七　移位寄存器及应用电路的设计

一、实验目的

1) 掌握中规模 4 位双向移位寄存器逻辑功能及使用方法。
2) 熟悉移位寄存器的应用，实现数据的串行、并行转换和构成环形计数器。

二、实验设备与器件

1) 数字电路实验箱 1 台。
2) 74LS194 双向移位寄存器、74LS74、74LS20 若干。

三、实验预习要求

1) 根据实验任务要求，预习移位寄存器的工作原理。
2) 预习 74LS194 集成电路各引脚功能。
3) 对方案 2，根据实验任务要求设计组合电路，并写出实验步骤及测试方法。
4) 寄存器的 Multisim 仿真。用 Multisim 仿真软件中 74LS74（D 触发器）做出 4 位左移移位寄存器仿真电路，如图 3-7-1 所示。开关 D 为移位寄存器低位输入端；开关 P 为四个 D 触发器的 CP 同步信号；开关 Space 为四个 D 触发器的清零信号。左移输入一组 4 位数 1010，掌握左移移位寄存器数据输入方法，观察左移移位寄存器工作状态的变化过程，分清 D 触发器的 CP 脉冲和清零端 CLR 的控制电平。

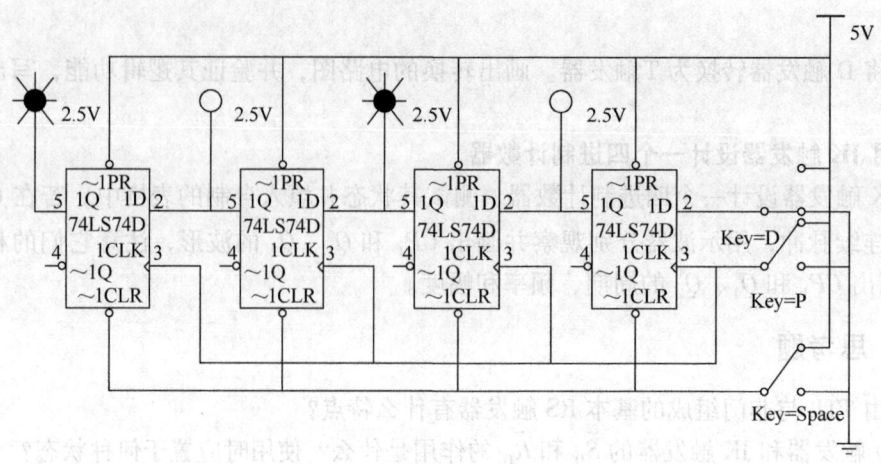

图 3-7-1　4 位左移移位寄存器仿真电路

四、实验原理

寄存器是计算机和其他数字系统中用来存储代码或数据的逻辑部件。它的主要组成部分是触发器。因为一个触发器只能存储 1 位二进制代码，所以要存储 n 位二进制代码的寄存器就需要用 n 个触发器组成。

移位寄存器是一个具有移位功能的寄存器，是指寄存器中所存的代码能够在移位脉冲的作用下依次左移或右移。既能左移又能右移的称为双向移位寄存器，只需要改变左、右移的控制信号便可实现双向移位要求。移位寄存器根据存取信息的方式不同可分为串入串出、串入并出、并入串出和并入并出四种形式。

移位寄存器应用很广，可构成移位寄存器型计数器、顺序脉冲发生器和串行累加器等，可用作数据转换，即把串行数据转换为并行数据，或把并行数据转换为串行数据等。

本实验选用的 4 位双向移位寄存器，型号为 74LS194，其引脚排列如图 3-7-2 所示。

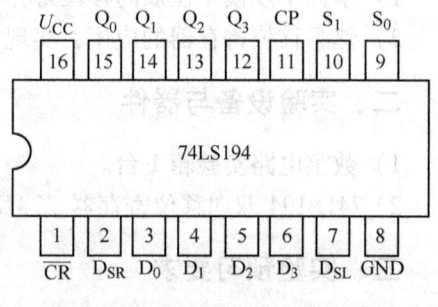

图 3-7-2　74LS194 引脚排列

74LS194 由四个 RS 触发器及它们的输入控制电路组成。D_0、D_1、D_2、D_3 为并行输入端；Q_0、Q_1、Q_2、Q_3 为并行输出端；D_{SR} 为右移串行输入端；D_{SL} 为左移串行输入端；S_0、S_1 为操作模式控制端；CR 为直接无条件清零端；CP 为时钟脉冲输入端。

74LS194 有五种不同操作模式：

并行送数寄存；

右移（$Q_0 \longrightarrow Q_3$）；

左移（$Q_3 \longrightarrow Q_0$）；

保持；

清零。

S_0、S_1 端的控制作用见表 3-7-1。

表 3-7-1

控制信号		完成的功能	控制信号		完成的功能
S_1	S_0		S_1	S_0	
0	0	保　持	1	0	左　移
0	1	右　移	1	1	并行输入

74LS194 的功能表见表 3-7-2。

表 3-7-2

功能	输　入									输　出			
	CP	$\overline{CR}$	S_1	S_0	D_{SR}	D_{SL}	D_0	D_1	D_2	D_3	Q_0	Q_1	Q_2	Q_3
清除	×	0	×	×	×	×	×	×	×	×	0	0	0	0
送数	↑	1	1	1	×	×	a	b	c	d	a	b	c	d
右移	↑	1	0	1	D_{SR}	×	×	×	×	×	D_{SR}	Q_0	Q_1	Q_2
左移	↑	1	1	0	×	D_{SL}	×	×	×	×	Q_1	Q_2	Q_3	D_{SL}
保持	↑	1	0	0	×	×	×	×	×	×	Q_0^n	Q_1^n	Q_2^n	Q_3^n
保持	↓	1	×	×	×	×	×	×	×	×	Q_0^n	Q_1^n	Q_2^n	Q_3^n

环形计数器有时要求在移位过程中数据不丢失，仍然保持在寄存器中。此时，只要将移位寄存器的最高位的输出接至最低位的输入端，即将移位寄存器的首尾相连就可实现上述功能。这种寄存器称为循环移位寄存器。把输出 Q_3 和右移串行输入端 D_{SR} 相连接，74LS194 也可以作为计数器用，称为环形计数器，如图 3-7-3 所示。

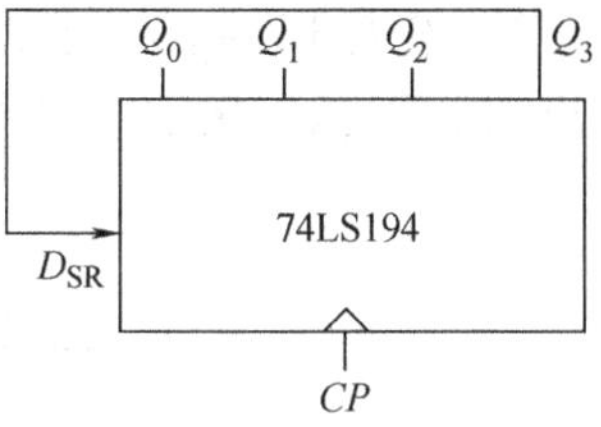

设初始状态 $Q_0Q_1Q_2Q_3 = 1000$，则在时钟脉冲作用下 $Q_0Q_1Q_2Q_3$ 将依次变为 0100→0010→0001→1000→…。

图 3-7-3 环形计数器

图 3-7-3 所示电路可以由各个输出端输出在时间上有先后顺序的脉冲，因此也可作为顺序脉冲发生器。如果将输出 Q_0 与左移串行输入端 D_{SL} 相连接，则可实现左移循环移位。

五、实验内容

方案 1：

1. 数据寄存器的逻辑功能测试

同步数据寄存器如图 3-7-4 所示。按图连接电路，输入端 $D_0 \sim D_3$ 接逻辑开关，控制脉冲 CP 端接"单次脉冲"开关，各级输出端接逻辑电平显示器输入插口。按表 3-7-3 的要求，记录 $Q_0 \sim Q_3$ 的输出状态并加以理解。

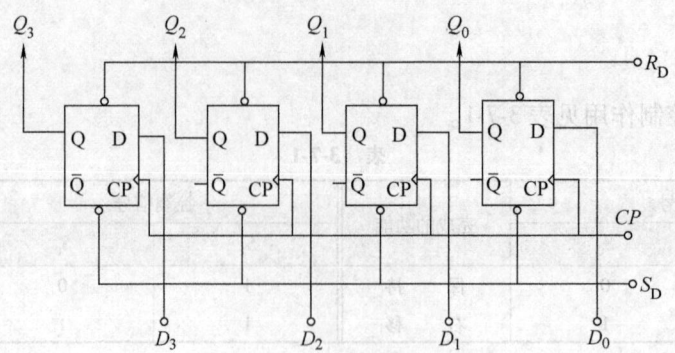

图 3-7-4 同步数据寄存器

表 3-7-3

输入端				CP 脉冲	输出端			
D_3	D_2	D_1	D_0		Q_3	Q_2	Q_1	Q_0
1	0	1	1	作用前				
				作用后				
0	1	0	1	作用前				
				作用后				

2. 用双 D 触发器 74LS74 构成的左移位寄存器的逻辑功能测试

1) 左移位寄存器如图 3-7-5 所示。按图接好电路,将置"0"端 R_D、置"1"端 S_D 及数据输入端 D 接逻辑开关,控制脉冲 CP 端接"单次脉冲"开关,各级输出端接逻辑电平显示器输入插口。

2) 按表 3-7-4 的要求,记录 $Q_0 \sim Q_3$ 的输出状态并加以理解。分析 CP 脉冲作用前、后输出端电平 $Q_0 \sim Q_3$ 的变化情况。

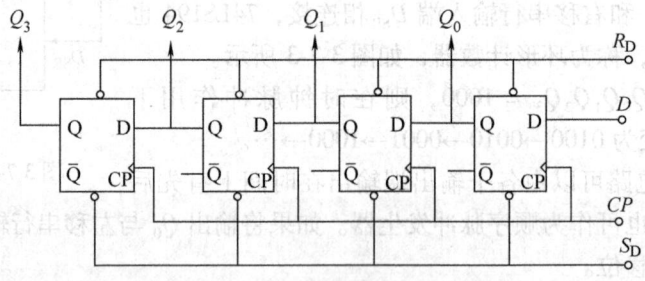

图 3-7-5 左移位寄存器

表 3-7-4

输入端 D 电平	CP 脉冲	输出端电平			
		Q_3	Q_2	Q_1	Q_0
1	作用前				
	作用后				

(续)

输入端 D 电平	CP 脉冲	输出端电平			
		Q_3	Q_2	Q_1	Q_0
0	作用前				
	作用后				
1	作用前				
	作用后				
1	作用前				
	作用后				

3. 双向移位寄存器 74LS194 的逻辑功能测试

按图 3-7-6 接线测试 74LS194 的逻辑功能，$\overline{CR}$、S_1、S_0、S_L、S_R、D_0、D_1、D_2、D_3 分别接至逻辑开关的输出插口；Q_0、Q_1、Q_2、Q_3 接至逻辑电平显示器输入插口。CP 端接单次脉冲源。按表 3-7-5 所规定的输入状态，逐项进行测试。

分别测试每输入一个变量时 CP 脉冲作用前和作用后的输出端电平状态，并记入表 3-7-5 中。

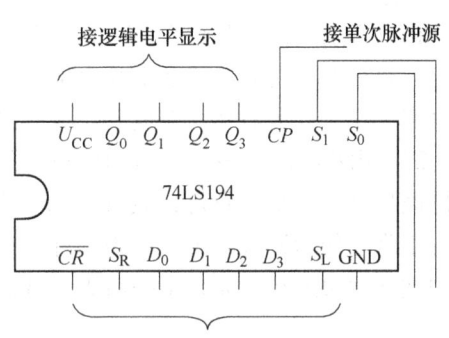

图 3-7-6 74LS194 逻辑功能测试电路

表 3-7-5

功能	输入										输出			
	$\overline{CR}$	S_1	S_0	CP	S_L	S_R	D_0	D_1	D_2	D_3	Q_0	Q_1	Q_2	Q_3
清除	0	×	×	×	×	×	×	×	×	×				
送数	1	1	1	↑	×	×	a	b	c	d				
右移	1	0	1	↑	×	0	×	×	×	×				
				↑	×	1	×	×	×	×				
				↑	×	0	×	×	×	×				
				↑	×	1	×	×	×	×				
左移	1	1	0	↑	0	×	×	×	×	×				
				↑	1	×	×	×	×	×				
				↑	1	×	×	×	×	×				
				↑	0	×	×	×	×	×				
保持	1	0	0	↑	×	×	×	×	×	×				

1）清除。令 $\overline{CR}=0$，其他输入均为任意态，这时寄存器输出 $Q_0 \sim Q_3$ 应均为 0。清除后置 $\overline{CR}=1$。

2）送数。令 $\overline{CR}=S_1=S_0=1$，送入任意 4 位二进制数，如 $D_0D_1D_2D_3=0110$，加 CP 脉冲，观察 $CP=0$、CP 由 $0\rightarrow 1$、CP 由 $1\rightarrow 0$ 三种情况下寄存器输出状态的变化，观察寄存器输出状态变化是否发生在 CP 脉冲的上升沿。

3）右移。清零后，令 $\overline{CR}=1$，$S_1=0$，$S_0=1$，由右移输入端 S_R 送入二进制数码如 0101，由 CP 端连续加四个脉冲，观察输出情况，记录之。

4）左移。先清零或预置，再令 $\overline{CR}=1$，$S_1=1$，$S_0=0$，由左移输入端 S_L 送入二进制数码如 0110，由 CP 端连续加四个 CP 脉冲，观察并记录输出端情况。

5）保持。寄存器预置任意 4 位二进制数码 abcd（如 0110），令 $\overline{CR}=1$，$S_1=S_0=0$，加 CP 脉冲，观察并记录寄存器输出状态。

4. 双向移位寄存器 74LS194 的右（左）移位循环功能测试（环形计数器）

先将寄存器送数 0110，进行移位测试，右移时，将 Q_3 接到 S_R 端，进行四次单脉冲则一次位移循环结束；左移时，将 Q_3 与 S_R 断开，而把 Q_0 端与 S_L 端相接，其余同右移相似。

方案 2（设计性实验）：

1）7 位并/串行转换器。并/串行转换器是指并行输入的数码经转换电路之后换成串行输出。要求自拟实验电路及实验表格，利用两片 74LS194 及与非门构成 7 位并/串行转换器。该电路工作方式为右移。完成后，再改接电路，用左移方式实现串行输出。

2）用两只 74LS194、一只 JK 触发器 74LS78 和一只与非门 74LS20 构成一个八路输出的彩灯循环显示系统。彩灯由发光二极管代替，74LS194 的控制脉冲接频率为 1Hz 的连续脉冲。正常工作后彩灯演示花形为两种，一种为从两边到中间顺次渐亮，全亮后灭；另一种是由中间向两边顺次渐亮，全亮后灭。观察彩灯的循环显示。如不正确，排除故障直至正确为止。

六、思考题

如何利用双向移位寄存器 74LS194 来构成环形计数器？

七、实验报告要求

1）分析表 3-7-1 的实验结果，说明右移寄存器存数据的过程。
2）总结移位寄存器 74LS194 的逻辑功能并写出功能总结。
3）分析并/串行转换器所得结果的正确性。

实验八 计数器及其应用设计

一、实验目的

1）掌握集成计数器的功能。
2）熟悉中规模集成计数器的使用方法。
3）熟悉利用反馈复位法设计任意进制计数器的方法。

二、实验设备与器件

1）数字电路实验箱 1 台。
2）DTS—1002 或 210 双踪示波器 1 台。
3）74LS00（CT4000），74LS192（CT1192），CC4511，BOS202 数码显示器若干。

三、实验预习要求

1) 查阅 74LS192、CC4511、BOS202 的各引脚功能。
2) 预习加法计数器的构成原理。
3) 根据指定的任务要求设计电路,并且画出逻辑电路图。
4) 在进行理论设计前可以先用 Multisim 软件进行功能的验证,了解计数器的功能及使用方法。利用 Multisim 软件设计任意进制的计数器,通过按键开关可以清晰地看到计数器的计数状态的变化,实现在 Multisim 仿真软件上进行计数器计数的静态仿真;把虚拟函数信号发生器接入计数器的 CP 端,计数器的输出接虚拟示波器,还可以看到计数器的输出波形,实现在 Multisim 软件上进行计数器的动态仿真,如图 3-8-1 所示。把设计的方案进行仿真,通过后再到实验室进行实际的安装调试。

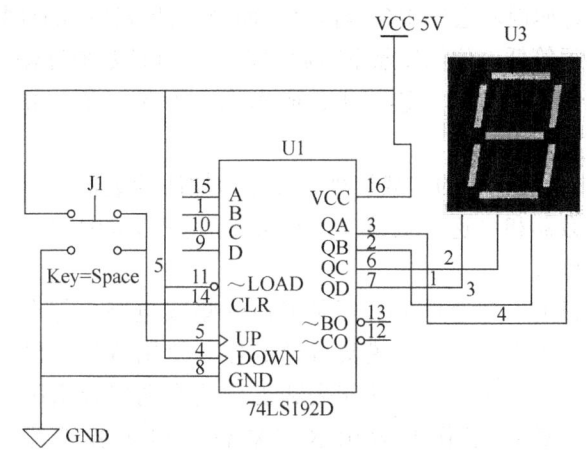

图 3-8-1 计数器的静态测试仿真电路

利用 Multisim 软件创建电路:在元器件库单击 TTL,再单击 74LS 系列,选中计数器 74LS192D。在元器件库中单击显示器件,选中带译码的七段 LED 数码管。在元器件库中单击 Basic(基本元器件),然后单击 SWITCH,再单击 SPDT,选取一个开关 J_1。在元器件库中单击 Sources(信号源),取一个电源 U_{CC} 和 GND,电源 U_{CC} 为 5V。按要求把上述所选器件连接起来如计数器静态测试仿真图所示。单击电路工作区右上角的 O – I 开关或按 F5 键使

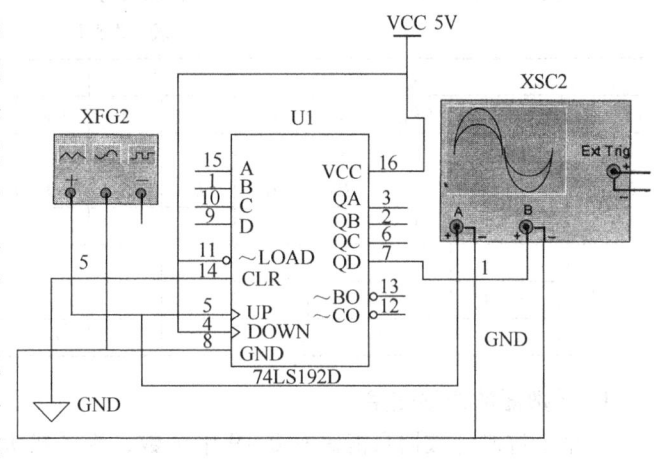

图 3-8-2 计数器动态测试仿真电路

电路开始仿真运行。按 J_1 按键,可以看见 74LS192D 计数器的计数情况。

在元(器)件库中单击 TTL,再单击 74LS 系列,选取计数器 74LS192D,在右侧设备库中单击 XFG2,然后单击 XSC2。按要求把它们连接起来,进行计数器的动态测试,仿真电路如图 3-8-2 所示。

四、实验原理

计数器是一个用以实现计数功能的时序器件。计数器不仅可用来计数脉冲个数,还常用作数字系统的定时、分频和执行数字运算以及其他特定的逻辑功能,它在各种类型的数字仪

表、检测设备及其他数字系统中都是不可缺少的组成部分。

不同型号的计数器，其功能也不尽相同，其不同点表现在计数方式、计数规律、预置方式、复位方式、编码方式等几个方面。计数器种类很多，其分类方式大致有以下三种：

1）按计数的循环长度，可以分为二进制计数器，十进制计数器和十六进制计器数。

2）按计数脉冲输入方式不同，可分为同步计数器和异步计数器。同步计数器是指内部的各触发器在同一脉冲信号作用下同时翻转，并产生进位信号。其计数速度快，工作频率高，译码时不会产生尖峰信号。而异步计数器中的计数脉冲是逐级传送的，高位触发器的翻转必须等低一位触发器翻转后才发生。其计数速度慢，在译码时输出端会出现尖峰信号，但其内部结构简单，连线少，成本低，因此，在一般低速场合中应用。

3）按计数的增减趋势，可分为加法计数器、减法计数器和可逆计数器。还有可预置数和可编程序功能计数器等。

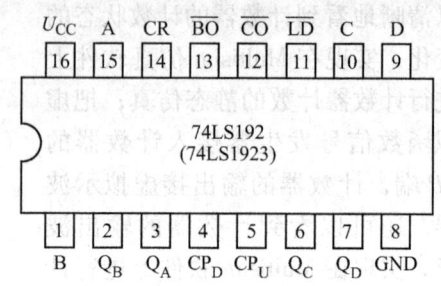

图 3-8-3　74LS192 引脚排列

目前，无论是 TTL 还是 CMOS 集成电路，都有品种较为齐全的中规模集成计数器。使用者只要借助于器件手册提供的功能表和工作波形图以及引脚排列，就能正确地运用这些器件。本实验选用 74LS192 是一个同步十进制可逆计数器，它具有双时钟输入，并具有清零和置数功能。74LS192 的引脚排列如图 3-8-3 所示，功能表见表 3-8-1。

表 3-8-1

输 入								输 出				
CR	$\overline{LD}$	CP_U	CP_D	D	C	B	A	Q_D	Q_C	Q_B	Q_A	$\overline{CO}$	$\overline{BO}$
1	×	×	×	×	×	×	×	0	0	0	0		
0	0	×	×	D	C	B	A	D	C	B	A		
0	1	↑	1					加法计数					
0	1	1	↑					减法计数					
0	1	↑	1					1	0	0	1	0	1
0	1	1	↑					0	0	0	0	1	0

1. 计数器的级联使用

一个十进制计数器只能表示 0~9 十个数，为了扩大计数范围，常用多个十进制计数器级联使用。

同步计数器往往设有进位（或借位）输出端，故可选用其进位（或借位）端的进位信号来驱动下一级计数器的时钟 CP，以实现计数器之间的级联；异步计数器一般用本级计数器的高位输出端与下一级计数器的时钟 CP 相连，即可实现计数器的级联。但是要注意时钟脉冲是上升沿触发还是下降沿触发。如果是下降沿触发，可用计数器的高位输出直接与下一级计数器的时钟 CP 相连。如果是上升沿触发，就要考虑把计数器的高位输出在第 10 个脉冲变成上升沿即可。

2. 实现任意进制计数的设计方法

1）用反馈复位法获得任意进制计数器。假定已有 N 进制计数器，而需要得到一个 M 进制计数器时，如果 $M<N$，用反馈复位法使计数器计数到 M 时置 "0"，即获得 M 进制计数器。如果 $M>N$，就要用两片 N 进制计数器级联起来，再用反馈复位法使计数器计数到 M 时置 0。

2）用反馈置数法获得任意进制计数器。即由计数器的输出端外加与非门构成锁存器反馈作用于计数器的置数端 $\overline{LD}$ 上，使计数器并行数据输入端 D、C、B、A 的数据置入到计数器的输出端 Q_D、Q_C、Q_B、Q_A 上，在计数脉冲的作用下，使计数从置入的数开始计数，当计数到模 M 后，又开始新一轮的循环计数。只不过反馈置数可以置入任意数。

五、实验内容

方案1：

1. 74LS192 逻辑功能的测试

测试 74LS192 的清 0、预置任意数、加法、减法的逻辑功能并将其结果记入表 3-8-2 中。

表 3-8-2

				输		入			输	出	
C_r	L_D	CP_U	CP_D	D	C	B	A	Q_D	Q_C	Q_B	Q_A
1	φ	φ	φ	φ	φ	φ	φ				
0	0	φ	φ	D	C	B	A	D	C	B	A
0	0	φ	φ	0	0	0	1				
0	0	φ	φ	0	1	0	1				
0	0	φ	φ	1	0	0	1				
0	1	↑	1	φ	φ	φ	φ	加法计数			
0	1	1	↑	φ	φ	φ	φ	减法计数			

1）清零功能检查。

2）并行置数功能检查。预置 1、5、9 三个数。

3）计数功能检查。加法计数、减法计数的功能测试，并画出加法计数和减法计数的状态转换图。

4）自启动功能检查。加法预置 1010 状态；减法预置 1111 状态，检查加法计数和减法计数各经过多少个脉冲能进入有效循环，并画出它们的状态转换图，进入主循环即可。

2. 用 74LS192 构成一个三进制同步加法计数器并测试逻辑功能

1）将设计好的实验电路在数字电路实验箱上安装，并检查连线正确无误后，CP_U 用手动单脉冲，测试其功能正确与否。若不正确，自行检查电路，排除故障。

2）画出该三进制的状态转换图。

3）将时序脉冲调至 $f_{cp}=1kHz$、观察并记录三进制计数器的 CP、Q_A、Q_B 波形，分别测量 CP、Q_A、Q_B 的周期 T、频率 f 和正脉宽 t_{p+}，记入表 3-8-3 中。

表 3-8-3

	f	T	t_{p+}
CP			
Q_A			
Q_B			

3. 模二十四计数、译码显示电路的安装与功能测试

1）用 74LS192，设计一个具有复位功能的模二十四的加法计数器。按设计的电路图在数字电路实验箱上安装电路。

2）测试其总清零、计数及译码显示功能，时钟可用手动单脉冲或 $f_{cp}=1Hz$ 的脉冲，记录其计数状态转换图。

3）时钟改为 $f_{cp}=20kHz$ 的连续脉冲，观察并画出 CP、Q_B（最高位）波形（要求相位对齐），并且测出 CP、Q_B 的频率 f 和周期 T 和 U_{P-P}（见表3-8-2）。

4）在此电路的基础上，按照教师的要求，改任意进制的计数器。画出安装电路图，测试并记录其状态转换图及波形图。

方案2（设计性实验）：

1）用 74LS192 设计以 8×3 和 4×6 两种计数方式显示的模二十四计数器。画出实验电路图，并将测试结果记入自拟的表格中（2学分必做）。

2）设计利用一个开关控制的可加可减的计数器。画出实验电路图，测试其开关的功能及计数器的状态变化，并将测试结果记入自拟的表格中。

3）设计一个以时钟表面数字 1~12 表示形式的计数器。画出实验电路图，并将测试结果记入自拟的表格中。

六、思考题

1）试用反馈复位法原理，设计模三十五的计数器，并画出电路图。
2）比较反馈复位法和反馈置数法两种设计方法的优缺点。

七、实验报告要求

1）画出整体实验电路图。
2）整理实验数据并且记入表格中。
3）在实验报告上描绘出所观察的输入、输出波形（注意相位对齐），并将所测参数记入表格中。
4）在实验中有何心得体会及改进意见？

实验九 脉冲波形的产生与整形电路

一、实验目的

1）掌握脉冲信号的产生与整形方法。
2）熟悉输出波形与定时元件 RC 的关系。
3）熟悉改善波形上升沿的方法。

二、实验设备与器件

1）双踪示波器 1 台。
2）数字电路实验箱 1 台。

3) DT—830（DT9901）型数字式万用表 1 台。

4) 74LS00、74LS390、2MHz 石英晶体、电阻、电容若干。

三、实验预习要求

预习课本中有关多谐振荡器的相关知识。利用 Multisim 软件构建环形多谐振荡电路及微分型单稳态触发器，并观察波形，如图 3-9-1 所示。

1) 测量环形多谐振荡器仿真电路（见图 3-9-1）的输出信号的频率，并与理论计算值相比较。

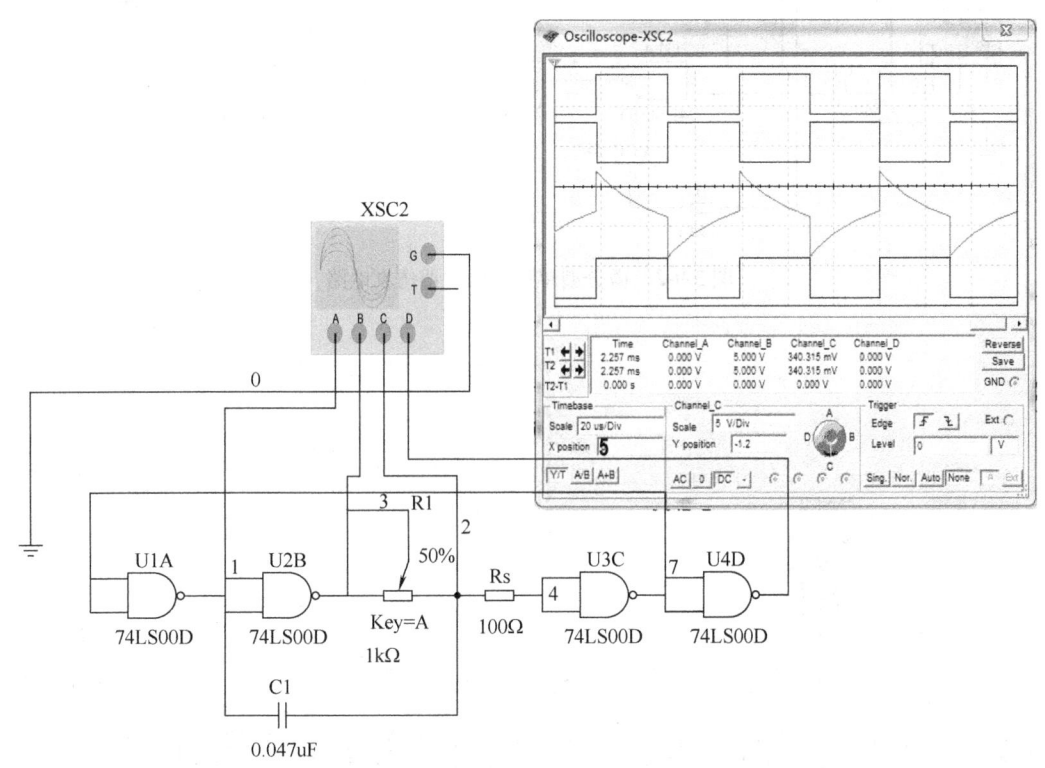

图 3-9-1　环形多谐振荡器仿真电路

2) 创建仿真电路，如图 3-9-2 所示，信号发生器设置为 10kHz，幅度为 2.5V，直流偏置为 2.5V，用示波器观察微分型单稳态触发器中各节点的波形。

3) 创建仿真电路，如图 3-9-3 所示，用示波器观察微分型单稳态触发器中各节点的波形。

四、实验原理

在数字系统中，作为时钟信号的矩形波，控制和协调着整个系统的工作，因此时钟脉冲的特性直接关系到系统能否正常工作。此外，有些电路还需要用尖脉冲作为触发信号。为了定量地描述脉冲波形的特性，通常使用以下几个参数：脉冲周期 T、脉宽 t_p、上升时间 t_r、

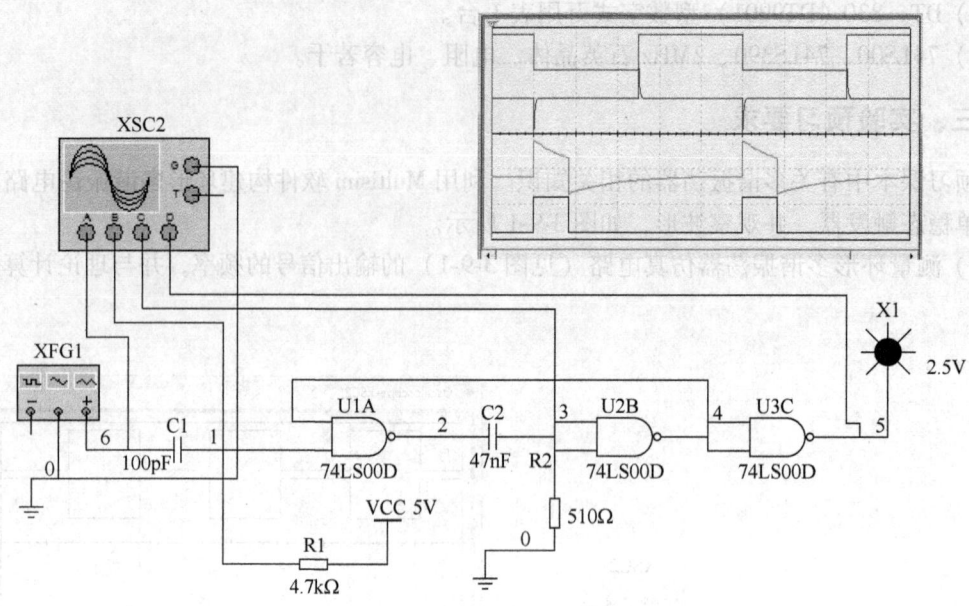

图 3-9-2 微分型单稳态触发器仿真电路

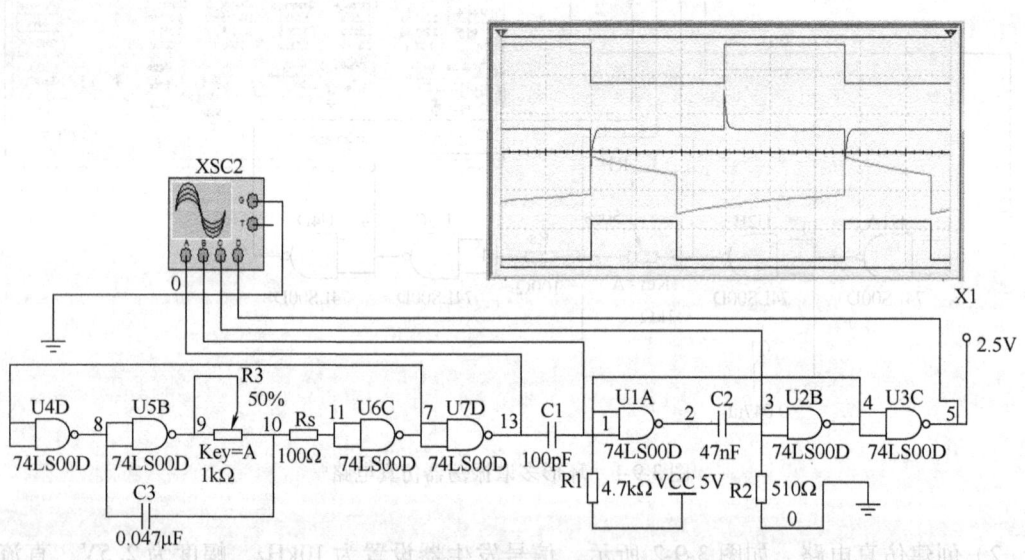

图 3-9-3 微分型单稳态触发器仿真电路

下降时间 t_f、脉冲幅度 U_m 等,如图 3-9-4 所示。

周期 T:指一个周期性重复的脉冲信号中,两个相邻脉冲同相位点之间的时间间隔。

脉冲宽度 t_p:对矩形波而言,通常指一个脉冲的上升沿 $0.5U_m$ 处至该脉冲的下降沿 $0.5U_m$ 处之间的时间间隔。对尖脉冲则是 $0.1U_m$ 处的时间间隔。

脉冲间隙 t_d:指相邻两脉冲 $0.5U_m$ 处之间的时间间隔。

占空因数(或称占空比):指脉宽在一个周期中占有的时限大小;或者用脉冲信号荷周比来表示。

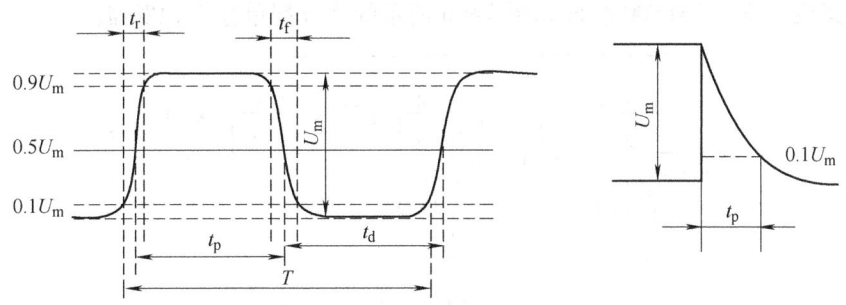

图 3-9-4 描述脉冲波形指标的参数

荷周比：指在一个周期中有脉冲负荷期和脉冲间隙的比值

$$占空因数\ Q = \frac{脉冲宽度\ t_p}{脉冲周期\ T} \times 100\%$$

产生脉冲波形的振荡电路很多，常见的大多数由晶体管或集成器件构成。

五、实验内容

方案 1：

1. 数字集成器件构成的脉冲电路性能测试

利用集成与非门构成脉冲波形产生电路及整形电路，具有电阻、电容元件少，线路简单等优点。目前用得较多的是 RC 环形多谐振荡器，它有两个暂稳态。其输出脉冲波形的周期 $T \approx 2.2RC$。

1）实验电路如图 3-9-5 所示，在数字电路实验箱上安装带 RC 电路的环形多谐振荡器电路。

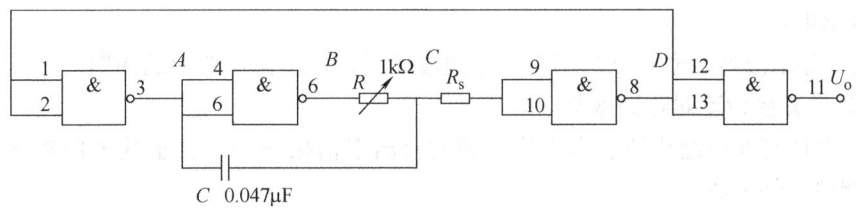

图 3-9-5 环形多谐振荡实验电路

2）用示波器观察并记录 A、B、C、D 和 U_o 波形。

3）将电位器从大到小和从小到大旋动。观察 U_o 的脉宽 t_p 和周期 T 随电阻的变化情况，做出定性的结论分析。

4）当电位器旋到最大时，用示波器测出 U_o 的周期 T 并与理论估算 T 值进行比较。

2. 微分型单稳态触发器测试

利用与非门作开关，用 RC 作定时元件，可构成微分型和积分型两类单稳态触发器。两者电阻、电容的数值和连接方式与普通的微分和积分电路类似，在此只讨论微分型单稳态触发器。当输入 U_i 脉宽较大时，输入端需另加 C_1R_1 微分电路。当输入 U_i 脉宽较小时，则输入端就不必加 C_1R_1 微分电路了。

1）用集成与非门 74LS00 组成如图 3-9-6 所示的微分型单稳态触发器。

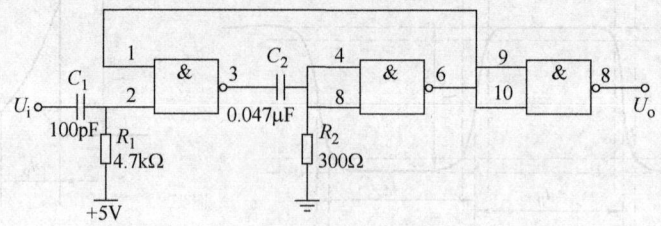

图 3-9-6　微分型单稳态触发器

2）用环形振荡器的输出 U_o，作为单稳态触发器的输入信号 U_i。选电阻 $R=300\Omega$，$C=0.047\mu F$。

3）用双踪示波器观察并画出 U_i、2 脚、3 脚、4 脚、6 脚和 8 脚的波形。

4）按表 3-9-1 选取定时元件参数，试用示波器分别测出脉宽 t_p，并与理论计算值相比较。

表　3-9-1

R/Ω		300		510	
$C/\mu F$		0.02	0.047	0.01	0.02
$t_p/\mu s$	计算值				
	示波器读数				

方案 2（设计性实验）：

1. 设计晶体多谐振荡器

1）用集成与非门、电阻若干、2MHz 石英晶体构成多谐振荡电路，并用 74LS390 设计 100 分频输出电路。

2）用双踪示波器观察并画出两级十分频波形图，标出振荡波形的周期。

2. 设计自激多谐不对称振荡器

设计一个用与非门组成的、占空比可调的自激多谐振荡器，要求其工作频率为 10kHz，通过实验调整元件参数。

六、思考题

1）微分型单稳态触发器，其输入端如果没有微分电路，当输入信号脉宽大于按元件参数计算的输出脉宽时，电路能否正常工作？为什么？

2）欲使集成与非门构成的环形多谐振荡器和微分型单稳态触发器获得更大的频率范围，应采用什么措施？

七、实验报告要求

1）将实验结果写成报告，总结各电路的工作特点。

2）描绘波形时，要标注是哪一点的波形并进行分析。

3）具体分析元件参数选择的不同对脉冲波形的影响。

实验十 555 时基电路及其应用设计

一、实验目的

1）掌握多谐振荡器、单稳态触发器和施密特触发器的电路工作原理、特点及实验方法。
2）熟悉 555 时基电路结构、工作原理及其特点。
3）掌握 555 时基电路的基本应用。

二、实验设备与器件

1）数字电路实验箱，双踪示波器各 1 台。
2）DT 830（DT9901）型数字式万用表 1 台。
3）NE555、电阻、电容若干。

三、实验预习要求

预习课本中有关 555 时基电路（又称定时器）的知识，利用 Multisim 软件创建多谐振荡器（见图 3-10-1）、单稳态触发器（见图 3-10-2）、施密特触发器（见图 3-10-3），通过仿真观察波形。

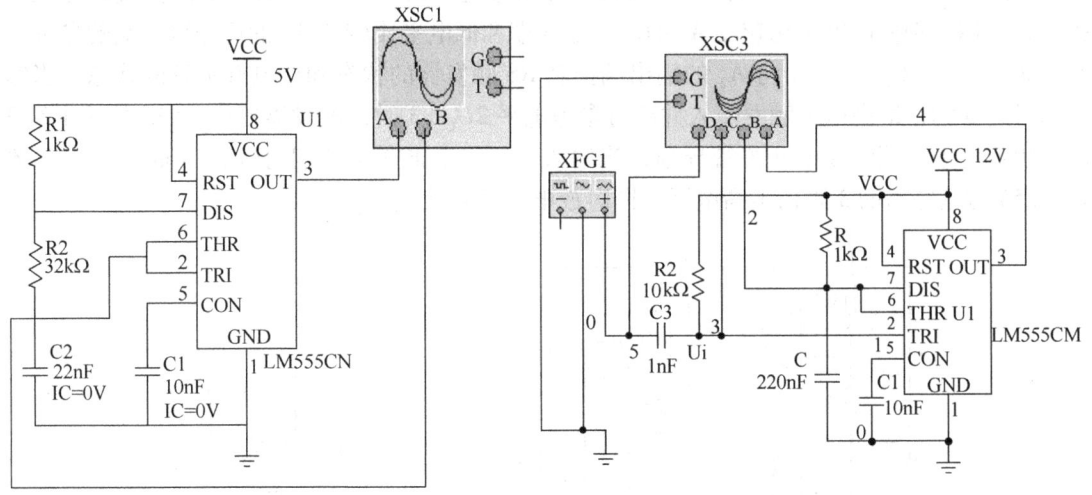

图 3-10-1 多谐振荡器仿真电路　　　　图 3-10-2 单稳态触发器仿真电路

四、实验原理

1. 555 时基电路

555 时基电路又称为集成定时器或 555 定时器，是一种数字、模拟混合型的中规模集成电路。555 时基电路在工控、定时、仿声、电子乐器、防盗报警等方面应用十分广泛。它是一种产生时间延迟和多种脉冲信号的电路，由于内部电压标准使用了三个 5kΩ 电阻，故取名 555 电路。其电路类型有双极型和 CMOS 型两大类，二者的结构与工作原理类似。几乎所有的双极型产品型号最后的三位数码都是 555 或 556，所有的 CMOS 产品型号最后四位数码都是 7555 或 7556，二者的逻辑功能和引脚排列完全相同，易于互换。555 和 7555 是单定时器，556 和 7556 是双定时器。双极型的电源电压为 +5～+15V，输出的最大电流可达 200mA，CMOS 型的电源电压为 +3～+18V。

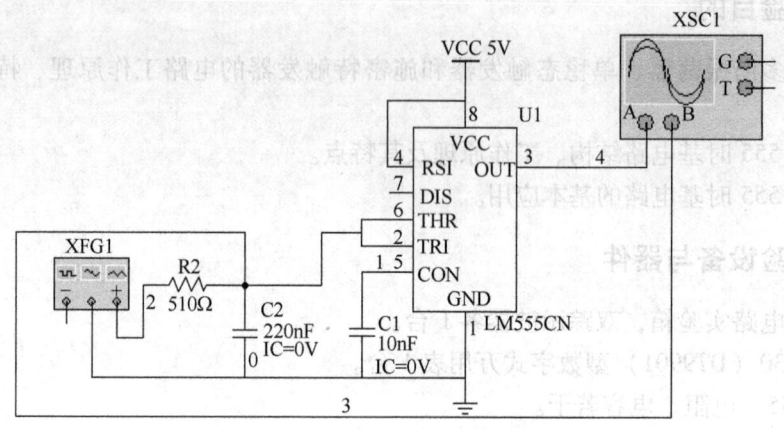

图 3-10-3　施密特触发器仿真电路

2. 555 时基电路的工作原理

555 时基电路的内部框图及引脚排列如图 3-10-4 所示。它含有两个电压比较器，一个基本 RS 触发器，一个放电开关管 VT。比较器的参考电压由三只 5kΩ 的电阻器构成的分压器提供，它们分别使高电平比较器 A_1 的同相输入端和低电平比较器 A_2 的反相输入端的参考电平为 $2U_{CC}/3$ 和 $U_{CC}/3$。A_1 与 A_2 的输出端控制 RS 触发器的状态和放电开关管的状态。当输入信号自 6 脚，即高电平触发输入并超过参考电平 $2U_{CC}/3$ 时，触发器复位，555 的输出端 3 脚输出低电平，同时放电开关管导通；当输入信号自 2 脚输入并低于 $U_{CC}/3$ 时，触发器置位，555 时基电路的 3 脚输出高电平，同时放电开关管截止。

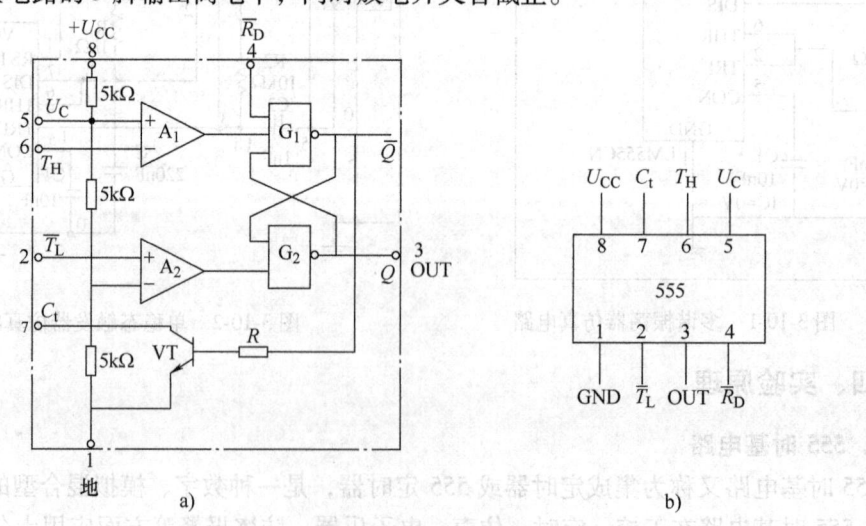

图 3-10-4　555 时基电路内部框图及引脚排列
a) 内部框图　b) 引脚排列

$\overline{R}_D$ 是复位端（4 脚），当 $\overline{R}_D = 0$ 时，555 时基电路输出低电平。平时 $\overline{R}_D$ 端接 U_{CC}。

U_C 是控制电压端（5 脚），平时输出 $2U_{CC}/3$ 作为比较器 A_1 的参考电平，当 5 脚外接一个输入电压时，即改变比较器的参考电平，从而实现对输出的另一种控制；在不接外加电压时，通常接一个 $0.01\mu F$ 的电容器到地，起滤波作用，以消除外来的干扰，确保参考电平的稳定。

VT 为放电开关管，当 VT 导通时，将给接于 7 脚的电容提供低阻放电通路。

555 时基电路主要是与电阻、电容构成充放电电路，并由两个比较器来检测电容上的电压，以确定输出电平的高低和放电开关管的通断，这就很方便地构成了从微秒到数十分钟的延时电路，并且可方便地构成单稳态触发器、多谐振荡器、施密特触发器等脉冲产生或波形变换电路。555 时基电路的功能表见表 3-10-1。

表 3-10-1

U_{TH}	U_{TR}	R	U_o	T
×	×	0	U_{oL}	导通
$>2U_{CC}/3$	$>U_{CC}/3$	1	U_{oL}	导通
$<2U_{CC}/3$	$>U_{CC}/3$	1	不变	不变
$<2U_{CC}/3$	$<U_{CC}/3$	1	U_{oH}	截止

五、实验内容

方案 1：

1. 多谐振荡器

用 555 时基电路组成图 3-10-5 所示的多谐振荡器，外接 R_1、R_2、C 且 2 脚和 6 脚直接相连，电路仅存两个暂稳态，无需外加触发信号，利用电源通过 R_1、R_2 向 C 充电，以及 C 通过 R_2 及放电端 7 脚放电，使电路产生振荡。电容 C 在 $U_{CC}/3$ 和 $2U_{CC}/3$ 之间充电和放电。

输出信号的时间参数如下：

$$T = t_{w1} + t_{w2} = 0.7(R_1 + 2R_2)C \quad (t_{w1} \text{表示正脉宽}, t_{w2} \text{表示负脉宽})$$

$$t_{w1} = 0.7(R_1 + R_2)C, t_{w2} = 0.7R_2C$$

占空比
$$q = \frac{t_{w1}}{t_{w1} + t_{w2}} = \frac{R_1 + R_2}{R_1 + 2R_2} \approx \frac{R_2}{R_1 + 2R_2} \times 100\%$$

若取 $R_2 \gg R_1$，则占空比为 50%，输出为对称的方波信号。

1) 在数字电路实验箱上，按图 3-10-5 安装电路。

2) 用双踪示波器观测，记录 A、B 点的波形，要求时间上对齐。

3) 测量输出电压 U_o 的幅度 U_{max}，正脉宽 t_{w1}，负脉宽 t_{w2}，周期 T，振荡频率 f。

2. 单稳态触发器

由 555 时基电路组成图 3-10-6 所示的单稳态触发器，外

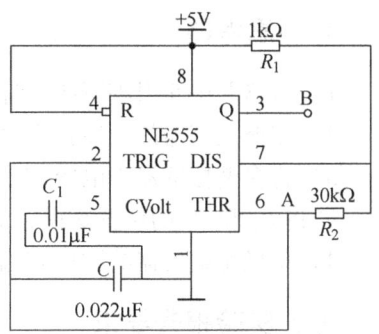

图 3-10-5 多谐振荡器

接 R、C 构成，需外加触发负脉冲作用下才能工作。其特点是有一个稳定状态和一个暂稳定状态。

1) 在数字电路实验箱上按图 3-10-6 安装电路。在 U_i 处加脉冲信号 $f=1\text{kHz}$，在 2 脚处外加一微分电路（$R=10\text{k}\Omega$，$C=1000\text{pF}$），作单稳态触发器触发信号端。

2) 用示波器观测，并记录脉冲信号 U_i、微分电路 U_i'、输出 U_o 波形，要求时间上对齐。

3) 测量输出电压 U_o 的幅度 U_{max}、正脉宽 t_{w1}（$t_{w1}=1.1RC$）、周期 T、振荡频率 $f(f=1/T)$。

3. 施密特触发器

施密特触发器在脉冲的产生和整形电路中应用很广。

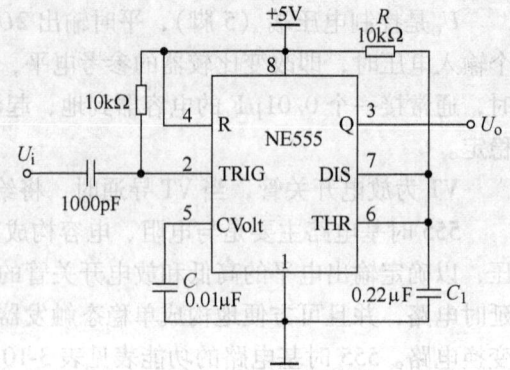

图 3-10-6 单稳态触发器

用 555 时基电路组成图 3-10-7 所示的施密特触发器，图中点划线框内为便于实验增设的积分电路。

1) 在数字电路实验箱上，按图 3-10-7 安装电路。在 U_i 处加脉冲信号 $f=1\text{kHz}$。

2) 用示波器观测，并记录脉冲信号 U_i、U_i' 及 U_o 的波形，要求时间上对齐。

3) 测量 U_o 的幅度 U_{max}、正脉宽 t_{w1}、负脉宽 t_{w2}、周期 T 及回差电压 ΔU。回差电压 $\Delta U = U_{T+} - U_{T-} = 2U_{CC}/3 - U_{CC}/3 = U_{CC}/3$。

方案 2（设计性实验）：

1) 用 555 时基电路设计救护车或警车声光报警电路（用低频 f_1 调制高频 f_2）。

2) 可采用多谐振荡器，设多谐波振荡器 $f_1=1\text{kHz}$ 其中的 $R_1=1\text{k}\Omega$，求 $R_2=?$ $C=0.022\mu\text{F}$，电源为 +5V；$f_2=2\text{Hz}$ 作控制 $[T=0.7(R_1+R_2)C]$。

3) 声光报警：用蜂鸣器或扬声器表示声报警，用发光二极管闪烁表示光报警。听声音效果。

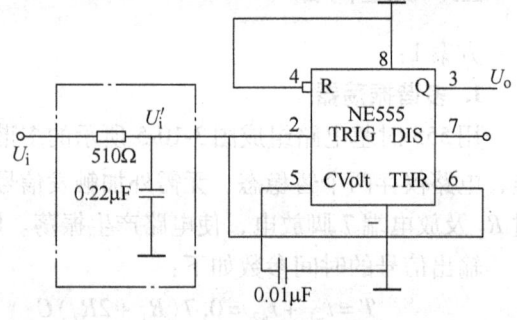

图 3-10-7 施密特触发器

4) 画出报警电路图并安装电路，改变 f_2 实现控制。

六、思考题

1) 电路图中 5 引脚所接电容起什么作用？

2) 多谐振荡器的振荡频率主要由哪些元件决定？

3) 将多谐振荡器中电容 C 的容量改为 $0.22\mu\text{F}$，振荡频率有何变化，从理论上加以解释。若将 R_1 和 R_2 的位置交换，对正负脉宽有何影响，从理论上加以解释。

4) 单稳态触发器的频率和输出脉冲宽度主要由哪些元件决定？

七、实验报告要求

1) 画出各实验电路图及波形图。

2) 将实验结果加以整理，写出实验报告，分析各电路的特点。
3) 举例说明 555 时基电路的应用。

实验十一　A-D、D-A 转换器的应用

一、实验目的

1) 了解 D-A 和 A-D 转换器的基本工作原理和基本结构。
2) 掌握大规模集成 D-A 和 A-D 转换器的功能及其典型应用。

二、实验设备与器件

1) 双踪示波器 1 台。
2) 直流数字电压表 1 台。
3) 数字电路实验箱 1 台。
4) DAC0832、ADC0809、μA741、电位器、电阻、电容若干。

三、实验预习要求

1) 复习 A-D、D-A 转换器的工作原理。
2) 熟悉 ADC0809、DAC0832 各引脚功能和使用方法。
3) 绘好完整的实验电路和所需的实验记录表格。
4) 拟定各个实验内容的具体方案。

四、实验原理

在现代电子设备中，单纯的模拟系统和数字系统是越来越少了，取而代之的是模-数混合电子系统，其性能更好、功能更强大且使用也更方便，故很多应用场合往往需要把模拟量转换为数字量，称为模-数转换（A-D 转换，或 ADC）；或把数字量转换成模拟量，称为数-模转换（D-A 转换，或 DAC）。完成这种转换的电路有多种，特别是单片大规模集成 A-D、D-A 转换器问世，为实现上述的转换提供了极大的方便，使用者只需借助手册提供的性能指标及典型应用电路，即可正确使用这些器件。

本实验将采用大规模集成电路 DAC0832 实现 D-A 转换、ADC0809 实现 A-D 转换。

1. D-A 转换器 DAC0832

DAC0832 是采用 CMOS 工艺制成的单片电流输出型 8 位 D-A 转换器。图 3-11-1 所示是 DAC0832 逻辑框图及引脚排列。

器件的核心部分采用倒 T 形电阻网络的 8 位 D-A 转换器，如图 3-11-2 所示。它是由倒 T 形 R-2R 电阻网络、模拟开关、运算放大器和参考电压 U_{REF} 四部分组成。

运算放大器的输出为

$$U_o = \frac{U_{REF} R_f}{2^n R} (D_{n-1} 2^{n-1} + D_{n-2} 2^{n-2} + \cdots + D_0 2^0)$$

由上式可见，输出电压 U_o 与输入的数字量成正比，这就实现了从数字量到模拟量的转换。

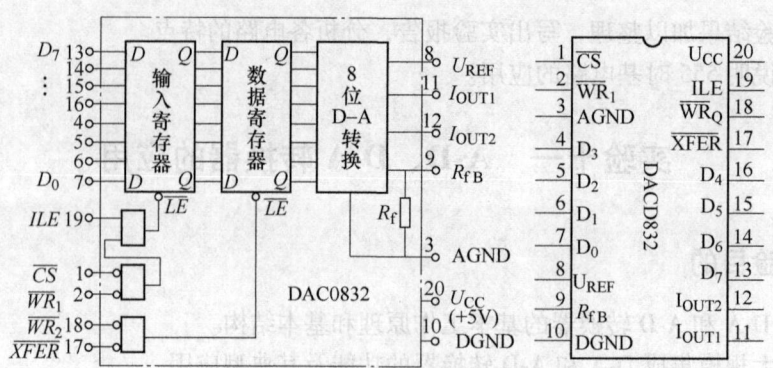

图 3-11-1　DAC0832 单片 D-A 转换器逻辑框图和引脚排列

一个 8 位的 D-A 转换器，它有 8 个输入端，每个输入端是 8 位二进制数的一位，有一个模拟输出端，输入可有 $2^8 = 256$ 个不同的二进制组态，输出为 256 个电压之一，即输出电压不是整个电压范围内任意值，而只能是 256 个可能值。

DAC0832 的引脚功能说明如下：

$D_0 \sim D_7$：数字信号输入端；

ILE：输入寄存器允许，高电平有效；

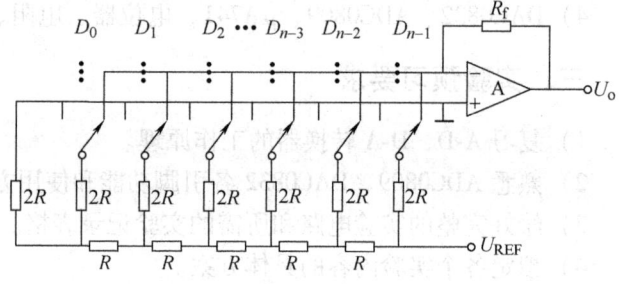

图 3-11-2　倒 T 形电阻网络 D-A 转换电路

$\overline{CS}$：片选信号，低电平有效；

$\overline{WR_1}$：写信号 1，低电平有效；

XFER：传送控制信号，低电平有效；

$\overline{WR_2}$：写信号 2，低电平有效；

I_{OUT1}，I_{OUT2}：D-A 转换器电流输出端；

R_{fB}：反馈电阻，是集成在片内的外接运算放大器的反馈电阻；

U_{REF}：基准电压，$-10 \sim +10V$；

U_{CC}：电源电压，$+5 \sim +15V$；

AGND：模拟地

NGND：数字地　在实验时可接在一起。

DAC0832 输出的是电流，若需要转换为电压，可以经过一个外接的运算放大器来实现转换，其实验电路如图 3-11-3 所示。

2. A-D 转换器 ADC0809

ADC0809 是采用 CMOS 工艺制成的单片 8 位 8 通道逐次逼近型 A-D 转换器，它可以接收多达 8 个通道采集的模拟信号分别进行 A-D 转换。其逻辑框图及引脚排列如图 3-11-4 所示。

器件的核心部分是 8 位 A-D 转换器，它由比较器、逐次逼进寄存器、D-A 转换器及控制器和定时器五部分组成。

ADC0809 的引脚功能说明如下：

$IN_0 \sim IN_7$：8 路模拟信号输入端；

A_2、A_1、A_0：地址输入端；

ALE：地址锁存允许输入信号，在此脚施加正脉冲，上升沿有效，此时锁存地址码，从而选通相应的模拟信号通道，以便进行 A-D 转换；

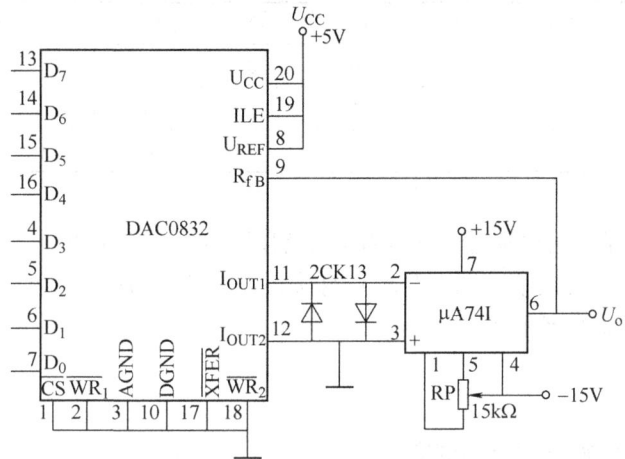

图 3-11-3　D-A 转换器实验电路

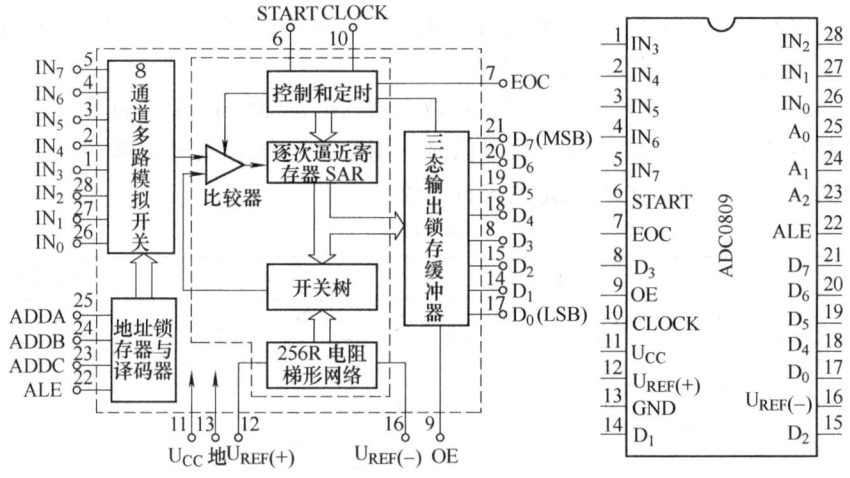

图 3-11-4　ADC0809 的逻辑框图及引脚排列

START：启动信号输入端，应在此脚施加正脉冲，当上升沿到达时，内部逐次逼近寄存器复位，在下降沿到达后，开始 A-D 转换过程；

EOC：转换结束输出信号（转换结束标志），高电平有效；

OE：输入允许信号，高电平有效；

CLOCK(*CP*)：时钟信号输入端，外接时钟频率一般为 640kHz；

U_{CC}：+5V 单电源供电；

$U_{REF}(+)$、$U_{REF}(-)$：基准电压的正极、负极。一般 $U_{REF}(+)$ 接 +5V 电源，$U_{REF}(-)$ 接地；

$D_7 \sim D_0$：数字信号输出端。

1）模拟量输入通道选择。8 路模拟开关由 A_2、A_1、A_0 三个地址输入端决定选通状态，每次可选通 8 路模拟信号中的任何一路进行 A-D 转换，地址译码与模拟输入通道的选通关系见表 3-11-1。

表 3-11-1

被选模拟通道		IN_0	IN_1	IN_2	IN_3	IN_4	IN_5	IN_6	IN_7
地址	A_2	0	0	0	0	1	1	1	1
	A_1	0	0	1	1	0	0	1	1
	A_0	0	1	0	1	0	1	0	1

2）A-D 转换过程。在启动端（START）加启动脉冲（正脉冲），A-D 转换即开始。如将启动端（START）与转换结束端（EOC）直接相连，转换将是连续的，当用这种转换方式时，开始时应在外部加启动脉冲。

五、实验内容

1. D-A 转换器实验——DAC0832

1）按图 3-11-3 接线，电路接成直通方式，即 $\overline{CS}$、$\overline{WR_1}$、$\overline{WR_2}$、$\overline{XFER}$ 四个端子均接地；ALE、U_{CC}、VREF 三个端子均接 +5V 电源；运算放大器电源接 ±15V；$D_0 \sim D_7$ 接逻辑开关的输出插口，输出端 U_o 接直流数字电压表。

2）调零，令 $D_0 \sim D_7$ 全置零，调节运算放大器的电位器使 μA741 输出为零。

3）按表 3-11-2 所列的状态输入数字信号，用数字电压表测量运算放大器的输出电压 U_o，将测量结果记入表中，并与理论值进行比较。

表 3-11-2

输入数字量								输出模拟量 U_o/V
D_7	D_6	D_5	D_4	D_3	D_2	D_1	D_0	U_{CC} = +5V
0	0	0	0	0	0	0	0	
0	0	0	0	0	0	0	1	
0	0	0	0	0	0	1	0	
0	0	0	0	0	1	0	0	
0	0	0	0	1	0	0	0	
0	0	0	1	0	0	0	0	
0	0	1	0	0	0	0	0	
0	1	0	0	0	0	0	0	
1	0	0	0	0	0	0	0	
1	1	1	1	1	1	1	1	

2. A-D 转换器实验——ADC0809

1）按图 3-11-5 所示实验电路接线。

2）8 路输入模拟信号 1～4.5V，由 +5V 电源经电阻 R 分压组成。

3）变换结果 $D_0 \sim D_7$ 接逻辑电平显示器（LED）输入插口。

4）CP 时钟脉冲由计数脉冲源提供，取 $f = 100\text{kHz}$。

5）$A_0 \sim A_2$ 地址端接逻辑电平（指拨开关）输出插口。

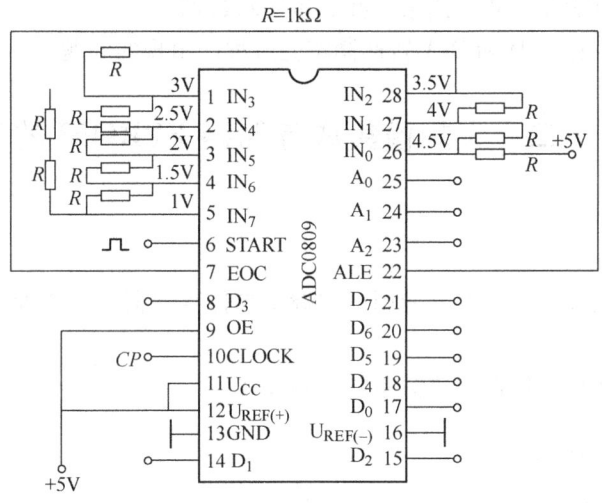

图 3-11-5 A-D 转换器实验电路

6）接通电源后，在启动端（START）加一正单次脉冲（按钮式），下降沿一到即开始 A-D 转换。

7）按表 3-11-3 的要求观察，记录 $IN_0 \sim IN_7$ 这 8 路模拟信号的转换结果，将转换结果换算成十进制数字表示的电压值，并与数字电压表实测的各路输入电压值进行比较，分析误差原因。

表 3-11-3

被选模拟通道	输入模拟量/V		地址			输出数字量								十进制
	理论	实测	A_2	A_1	A_0	D_7	D_6	D_5	D_4	D_3	D_2	D_1	D_0	
IN_0	4.5		0	0	0									
IN_1	4.0		0	0	1									
IN_2	3.5		0	1	0									
IN_3	3.0		0	1	1									
IN_4	2.5		1	0	0									
IN_5	2.0		1	0	1									
IN_6	1.5		1	1	0									
IN_7	1.0		1	1	1									

六、思考题

1）根据实验的体会，比较一下模拟量与数字量各有何优缺点？为何需要进行两者的互相转换？

2）A-D 和 D-A 转换器中都有寄存器，寄存器与锁存器是一种器件吗？在转换器中采用的目的是什么？

七、实验报告要求

1）按实验表格列表整理测量结果，并分析实验数据。
2）分别分析和讨论 A-D 和 D-A 转换器实验过程中出现的问题。

实验十二　大规模集成存储器 EPROM 的应用

一、实验目的

1）通过对大规模集成存储器的使用，掌握半导体存储器的工作原理、特性及其使用方法。
2）应用大规模集成存储器完成简单的应用设计。

二、实验设备与器件

1）TDS—1002（2002）型双踪示波器 1 台。
2）THD—2 型数字电路实验箱 1 台。
3）Dais 单片机开发系统 1 台。
4）紫外光擦除器、万用表各 1 台。
5）EPROM 2764、74LS390、74LS00、NE7555、74LS192、74LS74、CC4013、CD4518、电阻、电容若干。

三、实验预习要求

1）阅读 RAM 和 ROM 的工作原理以及大规模集成存储器 EPROM 各引脚功能。
2）熟悉用单片机写入程序的方法。
3）自行设计并确定实验电路，选择所需器件。

四、实验原理

半导体存储器是一种记忆器件，主要用于存储程序、常数、原始数据、中间结果和最终结果。半导体存储器按功能分类，可分为随机存取存储器（Random Access Memory，RAM）和只读存储器（Read Only Memory，ROM）两大类。

1. 存储器分类

（1）随机存取存储器　随机存取存储器（RAM）又称为读/写存储器，它有一定量的存储单元，每个存储单元有确定的存储容量，因此它能接收一定位长的信息。在工作时，信息既可以读出又可以写入，数据读出后，原数据不变，新数据写入后，原数据自然消失。所以 RAM 存储器可以用来存储实时数据、中间结果、最终结果和作为程序的堆栈使用。

RAM 存储器因制造工艺不同可分为双极型、MOS 型两类。
1）双极型 RAM。双极型 RAM 采用晶体管-晶体管逻辑制成。可分为 ECL、肖特基 TTL 和 I^2L 等。其优点是存储速度快（ECL 可达 10ns），但集成度较低、功耗大、成本高，所以应用不太普遍。

2）MOS 型 RAM。MOS 型 RAM 的基本存储电路采用 MOS 管制成，可分为 NMOS、PMOS、CMOS、HMOS 和 SOS 等类型。它通常按信息存取方式分为静态 RAM（SRAM）和动态 RAM（DRAM）。

（2）只读存储器　只读存储器（ROM）主要用来存储程序、常数和表格等，ROM 中的信息不会因掉电而丢失。此类存储器按工艺可分为掩膜 ROM、PROM（Program Enable ROM）和 EPROM（Enable PROM）。

1）掩膜 ROM。掩膜 ROM 中的信息是在制造时固化进去的，信息一旦固化便不能再修改，因此掩膜 ROM 适合于大批量生产的定型产品。其优点是可靠、成本低。

2）PROM。PROM 是一种可编程的只读存储器，可由用户通过计算机执行程序来完成写入程序，即编程。但它只能编程一次，写进去的信息不能修改。

3）EPROM。EPROM 是一种可擦写的 PROM，可进行多次编程，在编程前将原数据擦除。所以按照擦除的不同方法分类，又可分为 UVEPROM 和 EEPROM（Electrically EPROM）两类。UVEPROM 是紫外线可擦除的 PROM，如 EPROM2764；EEPROM 是电可擦 PROM，如 EEPROM2817。

2. 半导体存储器技术指标

半导体存储器的技术指标包括存储容量、存储时间、功耗和可靠性等。

1）存储容量。存储容量是存储器的一个重要指标，它是指存储器所能存取二进制信息的位数，一般以字节为单位，一个字节（Byte）可存放 8 位二进制数。

2）最大存取时间。最大存取时间是指存取一个数据所需的时间，即读、写周期。该时间的上限值称为存储器的最大存取时间。存储器的最大存取时间越大，速度越慢。半导体存储器的最大存取时间通常为几十到几百纳秒。

3）存储器功耗。存储器功耗是指正常工作时间所耗的电功率，它是由"维持功耗"和"操作功耗"两部分组成。"维持功耗"是指存储器芯片未被选中工作时所消耗的功率；"操作功耗"是指存储器芯片被选中工作时所消耗的功率。一般来说，存储器的存取速度越快，功耗越大。

4）可靠性和使用寿命。可靠性是指存储器对周围电磁场、温度和湿度等变化的抗干扰能力。半导体存储器采用超大规模集成电路（VISI）技术制成，所以它的可靠性较高，寿命较长，平均无故障时间可达几千小时以上。

5）集成度。集成度是指一块数平方毫米芯片上集成的晶体管数目，有时也以每块芯片上集成的"基本存储电路"的数目来表示。

3. EPROM2764 的特性及使用

本实验所用器件为 EPROM2764 型紫外可擦除的可编程只读存储器，其容量为 8192 字×8 位，+5V 电压供电，工作电流为 75mA，维持电流为 35mA，读出时间最大为 250ns。28 脚双列直插式封装，其引脚排列如图 3-12-1 所示。EPROM2764 是由二重多晶硅 NMOS 管组成的。顶栅是选择栅，底栅完全被 SiO$_2$ 绝缘层隔离而处于悬浮状态，故称浮栅，它是不带电的，NMOS 也无导电沟道。

EPROM2764 各引脚功能如下：

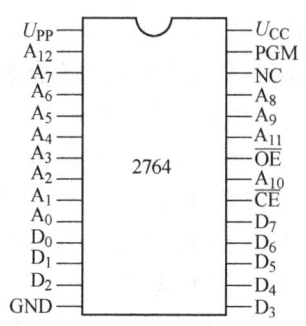

图 3-12-1　EPROM2764 引脚排列

$A_0 \sim A_{12}$：地址输入线；

$D_0 \sim D_7$：数据输出线；

$\overline{CE}$：选片线；

$\overline{OE}$：数据输出选通线；

PGM：编程脉冲输入端；

U_{PP}：编程电源；

U_{CC}：主电源。

EPROM2764 引脚的方式选择见表 3-12-1。

表 3-12-1

方式	$\overline{CE}$	$\overline{OE}$	$\overline{PGM}$	U_{PP}	U_{CC}	输出 $D_0 \sim D_7$
读出	U_{IL}	U_{IL}	U_{IH}	U_{CC}	+5V	数据输出
维持	U_{IH}	×	×	U_{CC}	+5V	高阻抗
编程	U_{IL}	U_{IH}	U_{IL}	U_{PP}	+5V	数据输入
编程检查	U_{IL}	U_{IL}	U_{IH}	U_{PP}	+5V	数据输出
编程禁止	U_{IH}	×	×	U_{PP}	+5V	高阻抗

注：编程期间，$\overline{CE}$一直保持 TTL 低电平 U_{IL}，而 U_{PP} 则保持 21V，当地址和数据稳定（低电平有效）50ms 后，TTL 编程脉冲加到 $\overline{PGM}$ 端。编程脉冲的最大脉宽为 55ms。

4. 采用 Dais 单片机开发系统对 EPROM 进行读写操作

Dais 开发机上，有一 EPROM 写入区，利用开发机上可编程 I/O 接口芯片 8255，可对 2764、27128、27256 实现编程写入的操作步骤如下：

1）把需要固化的 EPROM 器件插在对应的 EPROM 插座上，注意型号与插座一致，不能插反。

2）检查插座上 EPROM 芯片是否为空（EPROM 中的内容全是 FFH）。在待命状态 0。按查空键 EC，单片机显示器上显示 "P" 字符，说明 EPROM 已空，可以对 EPROM 芯片进行编程（固化程序）。若不出现 "P" 字符，显示器会显示出错地址及数据，表示该 EPROM 不空，不能进行编程，要继续擦除；或更换一片，用上述方法再进行检查，直至检查通过为止。

3）输固化内容（需要写入 EPROM 存储器的内容），建首地址 0000H，按（单片机上）TV 键，输入第一单元的内容，按 F2 键自动指向下一个地址单元，输入第二单元的内容，依次将所要写入 N 单元的内容输完，按下红色复位键，回到显示 "P" 字符的状态。

4）写入（固化程序）过程：

①在键盘上输入源首地址 0000H；

②按 F1 标志键，显示 "厂" 符号；

③输入源末地址（写入程序长度）；

④按 F2 标志键，显示 "⌐" 符号；

⑤输入目标首地址 0000H；

⑥按 EG 键，则自动进行高速写入，6 位数码管从右到左瞬间的闪烁，回到显示 "P"

字符的状态，写入成功。

五、实验内容

方案1：

用 EPROM 2764 设计一个 8 路或 16 路彩灯控制电路。任务要求如下：

1) 自行设计彩灯的输出花形，如彩灯右移、彩灯左移、彩灯间隔点亮、彩灯从两边往中间逐个点亮再从中间往两边逐个点亮等，列出彩灯花形真值表。

2) 根据选定的花形列出输出状态编码表。

3) 彩灯的闪烁时间可在 0.1~1s 之间可调。

4) 画出总体电路图。

5) 将设计好的实验电路在数字电路实验箱上安装，检查连线正确无误后方可开启电源。

6) 观察并记录彩灯的花形与设计的花形是否相同。

方案2：

1) 用 EPROM 2764 设计一个字符发生器，自己编写字符的编程数据表，再将数据写入 EPROM 2764 中，并证明设计的正确性。

2) 用 EPROM 2764 设计一个输出序列 011000111 的序列信号发生器。

3) 用 EPROM 2764、DAC0832 和其他电路设计一个音乐发生器。

六、思考题

1) RAM 和 EPROM 各有何特点？

2) EPROM 在设计电路时有何方便之处？

3) 查阅资料总结大规模集成存储器还有哪些方面的应用？

实验十三　数字秒表的综合设计

测定运动项目的速度需要使用秒表。秒表与普通的钟表（包括手表）不同，它是对从某一时刻到另一时刻的时间间隔进行计时的仪器。秒表具有广泛的实用性，本实验要求设计一个数字秒表。该实验是一个系统性的综合实验。

一、设计任务及要求

1) 设计一个能显示 00″00~59″99 的数字秒表。

2) 该秒表还具有停振、计数、保持及复位的功能。

二、原理框图及简要说明

实验原理框图如图 3-13-1 所示。

原理框图说明：

1) 振荡电路的设计：采用石英晶体或 555 定时器构成多谐振荡电路。

2) 分频电路的设计：采用计数器构成分频电路。

3）计数电路的设计：采用计数器构成 00″00～59″99 的计数电路。
4）译码电路：将 BCD 码转换为十进制数。
5）显示器：采用七段显示数码管显示十进制数字。

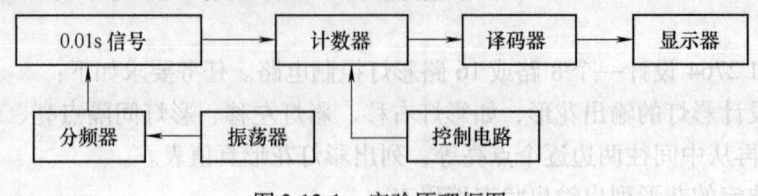

图 3-13-1　实验原理框图

三、实验设备与器件

1）数字电路实验箱 1 台。
2）双踪示波器 1 台。
3）DT—9901 型数字式万用表 1 台。
4）CD4518 或 74LS192、74LS00、74LS48 或 CC4511、BOS202、NE555、电阻、电容若干（本实验限使用 CD4518 进行设计）。

四、实验的安装调试及功能测试

根据原理框图及提供的电路功能选择集成芯片和设计方案，并且进行设计方案论证。选择最佳的而且能实现其功能的设计方案，画出逻辑电路图，并且在计算机上用 Max + PllussII 进行仿真，要求该系统电路能完成停振、计数、保持、复位的功能。

1）按设计要求，画出完整的电路图（经老师审定后，方可实验）。
2）在数字电路实验箱上安装电路，检查各集成电路电源、接地是否安全、准确。若是，方可开启数字电路实验箱电源。
3）实验调试及功能测试。
①振荡器功能测试：用数字示波器观察并画出振荡波形，测试其振荡频率。
②计数译码显示电路调试：观察计数译码显示电路工作是否正常，画出正确的工作状态转换图。
③观察并画出 CP 与 $2Q_C$ 波形，注意相位要对齐。再分别测量 CP 与 $2Q_C$ 的频率 f、周期 T 和正频宽 t_{p+}。表格自拟。
④把上述两部分连接起来进行系统调试，实现数字秒表的综合控制，见表 3-13-1。

表 3-13-1

功　能	K_1	K_2	K_3
复位			
计数			
保持			
停摆			

⑤在安装的实验电路上，根据老师的要求改任意进制的秒表。

4) 实验内容扩展,设计一个数字显示从 00″00～99″99 的秒表,并实现其控制(1 学分选作,2 学分必作)。

五、实验结果分析及总结

1) 画出振荡电路图,叙述振荡电路原理。
2) 画出完整的实验逻辑电路图。
3) 分析实验数据结果,检查实验结果与理论值是否相符。
4) 总结调试要点,画出状态转换图及填写控制功能表。
5) 对控制电路、计数电路有何改进,请用文字说明。

实验十四 光控防盗报警器的设计

一、设计任务及要求

根据原理框图提供的电路功能选择设计方案和元器件,设计出电路图。根据设计要求,该电路应具备如下功能:

1) 无光照情况下,报警装置不启动。
2) 有光照情况下,报警装置启动,发出声光报警信号(适用抽屉、箱柜的防盗报警)。

二、原理框图及简要说明

本设计实验融知识性,寓趣味性,具有较强的应用性。要求学生将所学知识用于具体实际应用。通过独立设计、组装电路及调试电路等训练,一方面强化学生的独立思考能力和解决问题能力,另一方面能扩展学生的知识面,加强智力的开发,为走向社会奠定坚实的基础。光控防盗报警器,是一种实用性较广的报警装置,原理框图如图 3-14-1 所示。

原理框图说明:

1) 光传感器:可选用光敏二极管或光敏电阻作为光控元件。
2) 取样电路:采用什么电路获得光传感器发出的信号。
3) 控制电路:控制报警器在无光时不发出报警控制信号,有光时发出报警控制信号。

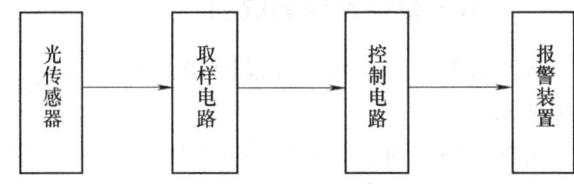

图 3-14-1 光控防盗报警器原理框图

4) 报警装置:可以采用蜂鸣器发声报警。也可采用发光二极管显示报警。

三、实验设备与器件

1) 数字电路实验箱 1 台。
2) 双踪示波器 1 台。
3) 数字式万用表 1 台。
4) CD40106、74LS112、光敏二极管、光敏电阻、二极管 1N4118、发光二极管、蜂鸣器、电阻、电容若干。

四、实验的安装调试及功能测试

1) 按设计要求画出总体电路图，并标明各集成电路引脚，交教师审定后，方可实验。
2) 在实验平台上安装电路，检查电源、接地安装准确后，方可开启电源。
3) 进行实验调试及功能测试。

五、实验结果分析及总结

1) 叙述各部分电路的工作原理及作用。
2) 画出完整的原理框图和总体电路图。
3) 总结各部分电路的调试要点。

实验十五　数字石英钟的设计

数字石英钟是一种用数字显示秒、分、时、日的计时装置，与传统的机械钟相比，它具有走时准确、显示直观、无机械传动装置等优点，因而得到了广泛的应用，小到人们日常生活中的电子手表，大到车站、码头、机场等公共场所的大型数显电子钟。

一、设计任务及要求

用中、小规模集成电路设计一台能显示时、分、秒的数字石英钟，要求如下：
1) 由晶体振荡器电路产生 1Hz 标准秒信号。
2) 秒、分为 00~59 六十进制计数器。
3) 时为 00~23 二十四进制计数器。
4) 手动校正：能分别进行秒、分、时的校正。

二、原理框图及简要说明

数字石英钟的电路组成框图如图 3-15-1 所示。

由图 3-15-1 可见，数字石英钟由以下几部分组成：石英晶体振荡器、分频器组成的秒脉冲发生器、校时电路、六十进制秒、分计数器、二十四进制（或十二进制）计时计数器以及秒、分、时的译码显示部分等。

秒信号脉冲产生器是整个系统的时基信号，它直接决定计时系统的精度，一般用石英晶体振荡器加分频器来实现。将标准秒信号送入"秒计数器"，"秒计数器"采用六十进制计数器，每累计 60 秒发出一个"分脉冲"信号，该信号将

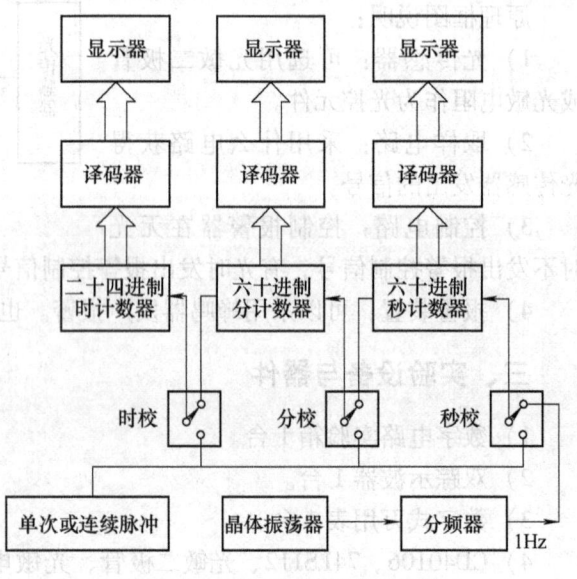

图 3-15-1　数字石英钟组成框图

作为"分计数器"的时钟脉冲。"分计数器"也采用六十进制计数器,每累计 60 分钟,发出一个"时脉冲"信号,该信号将被送到"时计数器"。"时计数器"采用二十四进制计时器,可实现对一天 24 小时的累计。译码显示电路将"时"、"分"、"秒"计数器的输出状态经七段显示译码器译码,通过六位 LED 七段显示器显示出来。数字石英钟实际上是一个对标准频率(1Hz)进行计数的计数显示电路,由于计数的起始时间不可能与标准时间(如北京时间)一致,故需要在电路上加一个校时电路。校时电路是用来对"时"、"分"、"秒"显示数字进行校对调整的。

三、实验设备与器件

石英晶体振荡器、门电路、十进制计数器、译码显示器、逻辑开关、电阻、电容若干。

四、实验的安装调试及功能测试

1. 设计方案提示

根据设计任务和要求,对照数字电子钟的框图,可以分以下几部分进行模块化设计:

1)秒脉冲发生器。秒脉冲发生器是数字钟的核心部分,它的精度和稳定度决定了数字钟的质量,通常用晶体振荡器发出的脉冲经过整形、分频后获得 1Hz 的秒脉冲。晶体振荡器电路给数字石英钟提供一个稳定准确频率的方波信号,可保证数字石英钟的走时准确及稳定。例如,晶体振荡器的频率为 32768Hz,通过 15 次二分频后可获得 1Hz 的脉冲输出。

2)时间计数器电路。秒、分、时分别为六十、六十和二十四进制状态表计数器。秒、分均为六十进制,即显示 00~59,它们的个位为十进制,十位为六进制。时为二十四进制计数器,显示为 00~23,个位仍为十进制,但十位为三进制,当十进位计到 2、而个位计到 4 时清零,就为二十四进制了。

3)译码驱动显示电路。将计数器输出的 8421BCD 码转换为数码管需要的逻辑状态,并且为保证数码管正常工作提供足够的工作电流。数码管通常有发光二极管(LED)数码管和液晶(LCD)数码管。

4)校正电路。在刚刚开机接通电源时,由于秒、分、时为任意值,因此需进行调整。置开关在手动位置,分别对时、分、秒进行单独计数,计数脉冲由单次脉冲或连续脉冲输入。

2. 实验的安装调试

按设计要求,在数字电路实验箱上实现该电路。实际电路一般步骤为由数字石英钟的原理框图按照信号的流向分级安装,逐级级联,这里的每一级是指组成数字石英钟的各功能电路。经过联调并纠正设计方案中的错误和不足之处后,再测试电路的逻辑功能是否满足设计要求。

1)秒信号部分的功能测试。

①用双踪示波器测量振荡、分频是否符合要求,并测出整形的输入、输出波形的 U_{om}、t_p 及 T;

②用频率计测试产生的秒信号。

2)计时部分的功能测试。

①秒、分、时是否正常计时;

② 数字秒表性能测试；
③ 电路调试及性能测试。

五、实验结果分析及总结

1) 叙述各单元电路的工作原理和作用，并画出各单元电路图。
2) 画出完整的原理框图和总体电路图。
3) 总结系统调试要点。
4) 设计过程中遇到的问题及其解决方法。
5) 总结该装置的优、缺点，提出改进方案。
6) 你所设计的电路计时误差是多少？
7) 若增加音乐报时，电路如何改进？请画出原理框图并用文字加以说明。

实验十六 数字频率计的设计

数字频率计是一种用十进制数字显示被测信号频率的数字测量仪器，它可以把 RC 振荡器或石英振荡器的振荡频率用数字显示出来，可以测量正弦波、方波、三角波和尖脉冲信号以及其他各种单位时间内变化的物理量，因此，用途十分广泛。

一、设计任务及要求

设计一个简易低频数字频率计，其主要性能指标是：
1) 测量频率范围为 1Hz～10kHz。
2) 频率测量准确度 $\dfrac{\Delta f_x}{f_x} \leqslant \pm 2 \times 10^{-3}$ Hz，闸门时间为 0.1s 和 1s。
3) 被测信号可以是正弦波、三角波和方波，被测信号幅度 $U_{zm} = 3$V。
4) 显示方式为 4 位十进制数显示。

二、原理框图及简要说明

数字频率计的基本工作就是对单位时间（1s）内有多少个被测定信号的脉冲进行计数，也就是说，将 1s 内进入 1 个脉冲信号的频率设定为 1Hz，那么，10kHz 的信号就是在 1s 之内计数到 10000 个脉冲。所以，若在一定时间间隔 T 内测得周期信号的重复变化次数为 N，则其频率可表示为

$$f = N/T$$

因此，数字频率计的原理框图如图 3-16-1a 所示。其工作原理是，被测信号 u_x 首先经整形电路变成计数器所要求的脉冲信号，如图 3-16-1b 中①，其周期 T_x 与被测信号的周期相同。时基信号发生器提供标准的时间基准信号②，控制计数与保持状态。当其高电平时，计数器计数；低电平时，计数器处于保持状态，数据送入锁存器进行锁存显示。然后对计数器清零，准备下一次计数。若其高电平持续时间为 1s，计数器计得的脉冲数 N（如③所示）就是被测信号的频率，其 $f_x = N$Hz。逻辑控制电路的作用有两个：其一，产生清"0"脉冲④，使计数器每次从零开始计数；其二，产生锁存信号，如图 3-16-1b 中⑤，使显示器上的

数字稳定不变。各点的波形如图 3-16-1b 所示。

各单元电路的设计如下：

1）整形电路。整形电路是将待测信号如正弦波、三角波或者其他呈周期性变化的波形整形变成计数器所要求的脉冲信号，其周期不变。

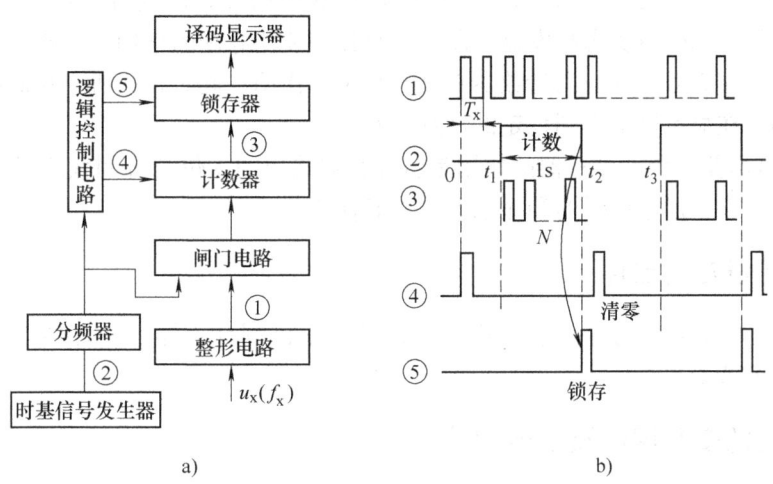

图 3-16-1 数字频率计原理框图
a）原理框图 b）波形

将其他波形变换成脉冲波的电路有多种，如施密特触发器、单稳态触发器、比较器等。其中，施密特触发器的应用较多。构成施密特触发器的器件有运算放大器、集成逻辑门、集成触发器、555 定时器等。本实验采用由 555 定时器构成的施密特触发器，设待测信号为正弦波，输入整形电路后输出为脉冲波形，二者的频率相同。电路自行设计。

2）闸门电路。闸门电路的作用是控制计数器的输入脉冲，可以由一个与非门来构成。该电路有两个输入端和一个输出端，一个输入端接门控信号，另一个输入端接整形后的被测脉冲信号。闸门是否开通受门控信号的控制，当门控信号为高电平"1"时，闸门开通，被测信号的脉冲通过闸门进入计数器计数；而门控信号为低电平"0"时，闸门关闭，计数器无时钟脉冲输出。计数器计数时间就是闸门的开启时间。可见，门控信号的宽度一定时，闸门的输出值正比于被测信号的频率，通过计数显示系统把闸门的输出结果显示出来，就可以得到被测信号的频率。

3）时基信号发生器（时钟产生电路）。时钟信号是控制计数器计数的标准时间信号，其精度很大程度上决定了频率计的频率测量精度。当要求频率测量精度较高时，时钟信号应使用晶体振荡器通过分频获得。

4）分频器。采用计数器构成分频器，对 1kHz 的时钟脉冲进行分频，取得不同量程所需要的时间基准信号，实现量程控制。

5）逻辑控制电路。逻辑控制电路是给计数器提供一个清"0"的脉冲信号，给锁存器提供一个锁存脉冲信号，如图 3-16-1b 中的时序波形④和⑤，它们的脉冲宽度由本身电路的时间常数所决定。因此这两个脉冲信号可以由两个单稳态触发器产生。

6）计数器。计数器按十进制计数，采用四个十进制计数器级联，构成 $N = 1000$ 计数器。本实验采用 74LS160 十进制计数器实现。计数器输出结果送入锁存器，如果在系统中不接锁存器，则显示器上显示的数字就会随计数器的状态不停地变化。只有在计数器停止工作时，显示器上的显示数字才能够稳定，所以，在计数器后边必须接入锁存器。

7）锁存器。锁存器的作用是将计数器在 1s 结束时的计数值进行锁存，使计数值稳定、准确。它的工作状态受单稳态触发器控制。锁存器在使能脉冲的作用下，将门控信号周期 T 内的计数结果存储起来，并隔离计数器对译码显示的作用；同时，把所有存储的状态送入译码器进行译码，在显示器上得到稳定的计数显示。

8）译码显示器。译码显示器的作用是将计数器输出的 4 位二进制代码翻译成相应的十进制数并显示出来，通常译码器和显示器是一起使用的。

三、实验设备与器件

NE555、石英晶体、门电路、单稳态触发器、十进制计数器、锁存器、译码器、数码管、电阻、电容若干。

四、实验的安装调试及功能测试

1）首先按要求设计各单元电路，然后用 Multisim 软件进行仿真验证。
2）分级安装电路并调试，待每个单元调试正确后再级联。
3）测试主体电路的性能指标及各点的波形。

五、实验结果分析及总结

1）在频率计电路中，如果不接锁存器，显示器上的数字将如何变化？能否用其他器件代替锁存器的功能。
2）若要提高标准秒脉冲的精度，如何改进电路？
3）逻辑控制单元有何作用？可否用其他器件或电路代替？
4）根据所选电路参数，计算该频率计能测量的信号频率范围，并说明如何提高频率的范围。
5）测量频率有几种方法？试分析其优劣。
6）对于本设计实验有何收获和体会。

实验十七　声控循环彩灯的综合设计

电子电路中传感器种类繁多，应用十分广泛，其主要作用一般是将各种非电量，按一定规律转换成便于处理和传输的电量。驻极体传声器是一种声音传感器，可以用声音去控制不同的电路来完成不同的功能，如电动机的转动、音响的开关、彩灯的循环等。声控循环彩灯设计制作是一个集知识性、实用性和趣味性的综合实验。

一、设计任务及要求

循环彩灯的电路很多，循环方式更是五花八门，而且有专门的可编程循环彩灯集成电路。但大多数的彩灯控制电路都是应用数字电路来实现的，例如用中规模集成电路实现彩灯的控制。本实验的设计要求是，该电路应通过声音控制改变彩灯的左移、右移循环方向，并具有保持→左移→保持→右移功能；依据原理框图及提供的元器件，选择设计方案，分别设计出各单元电路及总体电路图。

二、原理框图及简要说明

声控循环彩灯的原理框图如图 3-17-1 所示。

原理框图说明：

1）声音传感器。本实验选用驻极体传声器，它是一种声电能转换器件，可将声音信号转换为电信号。传感器随声音变化而改变其电荷量，使回路中的电流发生变化，并使负载端电压发生变化。

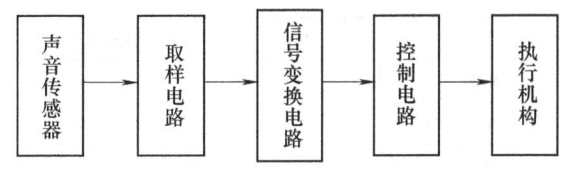

图 3-17-1 声控循环彩灯的原理框图

2）取样电路。电路选用声音传感器及外接电阻，实现分压式取样。

3）信号变换电路。由比较电路、放大电路和延时电路组成。比较电路将取样电压转换为逻辑电平输出，并兼有放大电路的作用。延时电路由二极管及 RC 电路组成，为控制电路提供可靠逻辑电平。

4）控制电路。应满足设计功能要求，由含有记忆功能的器件完成，并提供对后级执行机构的时序关系和控制逻辑。

5）执行机构。即控制对象，包括三个部分，计数器、译码器和显示。本实验选用计数器为 74LS191，译码器为 74LS138，显示器为发光二极管。

三、实验设备与器件

1）数字电路实验箱 1 台。
2）双踪示波器 1 台。
3）数字式万用表 1 台。
4）40106 或 4004、74LS191、74LS138、74LS74 或 74LS112、二极管 1N4118、驻极体传声器（或电容传声器）、电阻、电容若干。

四、实验的安装调试及功能测试

1）按设计要求，完成总体电路，交教师审定后，方可实验。
2）在数字电路实验箱上安装电路，检查电源、接地安装准确后，方可开启电源。
3）实验调试及功能测试：

①取样电路的调试，保证初态 U_i = "1"。可用示波器观察或数字式万用表测量，按表 3-17-1 测试各点的电压参数。

②控制电路的调试，将触发器输出 Q 接逻辑电平指示，用数字式万用表按表 3-17-2 测量有声音或无声音时电压的参数。

③计数、译码和显示系统调试：断开控制电路，将 74LS191 的控制端 C/U 接控制彩灯的电平开关 K，按表 3-17-3 调试，记录彩灯循环顺序。

表 3-17-1

初态	U_i	U_A	U_B	U_C
电压值				
加入声音信号	U_i	U_A	U_B	U_C
电压值				

表 3-17-2

	Q 值	Q（电压值）
初态		
加入声音信号		
测量值		

表 3-17-3

	循 环 顺 序
$K=1$	
$K=0$	

④ 系统电路的控制调试，将各分部电路连接起来，加入声音信号，看系统能否按照设计要求工作。

五、实验结果分析及总结

1）叙述各部分电路的工作原理及作用。
2）画出完整的原理框图和总体电路图。
3）总结各部分电路的调试要点。
4）总结该装置的优、缺点，提出改进方案。

实验十八　声光显示智力抢答器的设计

抢答器是判断哪一个预定状态优先发生的电路。设计该电路，可以综合运用数字电路中组合逻辑电路和时序逻辑电路的基本知识，进一步掌握各类触发器、门电路的工作原理及使用要点，学会分析和解决数字电路调试过程中出现的各种问题。

一、设计任务及要求

1）设计一个四路声光显示智力抢答器，可同时供四名选手参加比赛。该抢答器具有数码锁存和显示的功能，抢答开始后，优先抢答者的编号立即锁存，并在 LED 数码管上显示其编号，扬声器给出声响提示，此时，输入电路被封锁，其他三位选手的输入信号无效，优先抢答者的编号一直保持到主持人将系统清零为止。

2）主持人可以预置抢答的时间，抢答开始后，参赛选手在设定的时间内抢答有效。

3）主持人有一个控制按钮，用来控制系统清零（编号显示数码管灭灯）和抢答的开始。

二、原理框图及简要说明

声光显示智力抢答器原理框图如图 3-18-1 所示。

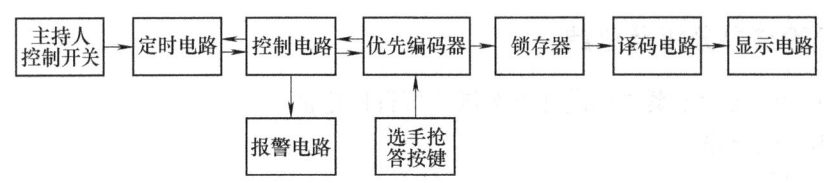

图 3-18-1 声光显示智力抢答器原理框图

声光显示智力抢答器主要由以下部分组成：
1) 控制开关：供主持人使用，控制系统清零及抢答的开始。
2) 定时电路：对抢答者回答问题的时间进行倒计时控制。
3) 控制电路：控制抢答开始、抢答时间调节、限时开始及限时时间调节，用以实现复位、开始抢答等控制功能的电路。
4) 报警电路：当第一位选手按下抢答按键，数码管显示该选手编号的同时，扬声器发出声响提示。若抢答时间已到，却没有选手抢答时，本次抢答无效，扬声器给予报警指示。
5) 优先编码器：在同时输入的数个选手编码信号中，只对其中优先级最高的信号进行编码。
6) 锁存器：当按下某一组按键时，锁存器被触发，在对应的输出端产生开关电平，为防止其他按键随后触发而造成输出紊乱，将最先产生的输出电平反馈到使能端封锁触发电路。
7) 译码电路：将输入的 8421BCD 码转换成对应的输出信号。
8) 显示电路：将译码后的选手编号通过数码管显示出来。

主持人设定时间，当启动控制开关时，定时器开始工作，同时打开控制电路及报警电路，优先编码器和锁存器可接收输入，在定时时间内，被优先按下抢答器键的编号经锁存器锁存并由显示电路显示，同时控制电路封锁优先编码器，优先抢答的选手在设定的时间内抢答有效。若定时时间到而无抢答者，定时电路立即关闭控制电路，报警电路中发光二极管发光且扬声器发出声响，此时，输出无效。如果再次抢答，必须由主持人再次操作"清零"和"开始"状态开关。

三、实验设备与器件

优先编码器 74LS148、译码器 74LS247、RS 锁存器 74LS249、与非门 74LS00、NE555、LED 数码管、电阻、电容若干。

四、实验的安装调试及功能测试

在数字电路实验箱上组装、调试抢答器并完成以下测试：
1) 抢答显示功能测试。
2) 清零功能测试。
3) 倒计时功能测试。
4) 声响电路测试。

五、实验结果分析及总结

1）阐述初始设计方案并对设计方案进行可行性论证。
2）画出实验电路图。
3）列表记录实验数据。
4）对测试结果进行分析。
5）总结电路设计及设计实验的心得体会。

实验十九　数字交通灯控制电路的综合设计

目前，交通信号灯已广泛应用于各城市的交通要道、十字路口，成为城市交通建设必不可少的重要组成部分。交通信号灯的使用，大大减轻了道路路口的交通压力，对于指挥车辆和行人有序的通行、疏缓城市交通、保障车辆和行人的安全，起到了十分重要的作用。

一、实验目的

1）进一步掌握各类触发器、门电路、计数器的工作原理及使用。
2）综合运用数字电路中组合逻辑电路、时序逻辑电路的基本知识。
3）分析和解决数字电路的调试过程中出现的各种问题。

二、实验设备与器件

1）THD—2型数字电路实验箱1台。
2）计数器、移位寄存器、数据选择器、译码显示器、触发器、振荡器、门电路、继电器及遥控器、电阻、电容若干。

三、实验预习要求

1）复习时序逻辑电路的工作原理及其设计方法。
2）按设计题目要求设计电路，画出逻辑电路图，并确定采用的器件。
3）拟定测试电路逻辑功能的步骤。

四、实验内容

1. 设计要求

设计制作一个带数字显示功能的自动转换交通灯控制器，如图3-19-1所示。该装置能完成定时、倒计时、数字显示以及控制红、黄、绿灯亮灭转换等功能。同时满足以下要求：

1）十字路口的交通灯控制，要求甲车道和乙车道两条交叉道路上的车辆交替运行，每次通行时间都为30s。
2）要求黄灯先亮5s，才能变换运行车道。
3）黄灯亮时，要求其每秒钟闪亮一次。

2. 系统原理框图及简要说明

交通灯控制系统的原理框图如图3-19-2所示。它主要由控制器、定时器、译码器和秒脉冲信号发生器等部分组成。秒脉冲信号发生器是该系统中定时器和控制器的标准时钟信号源。译码器输出两组信号灯的控制信号，经驱动电路驱动信号灯工作。控制器是系统的主要部分，由它控制定时器和译码器的工作。图 3-19-2 中：

TG：表示甲车道或乙车道绿灯亮的时间间隔为 30s，即车辆正常通行的时间间隔。

TY：表示黄灯亮的时间间隔为 5s。

TD：表示定时器到了规定的时间后，由控制器发出状态转换信号，由它控制定时器开始下一个工作状态的定时。

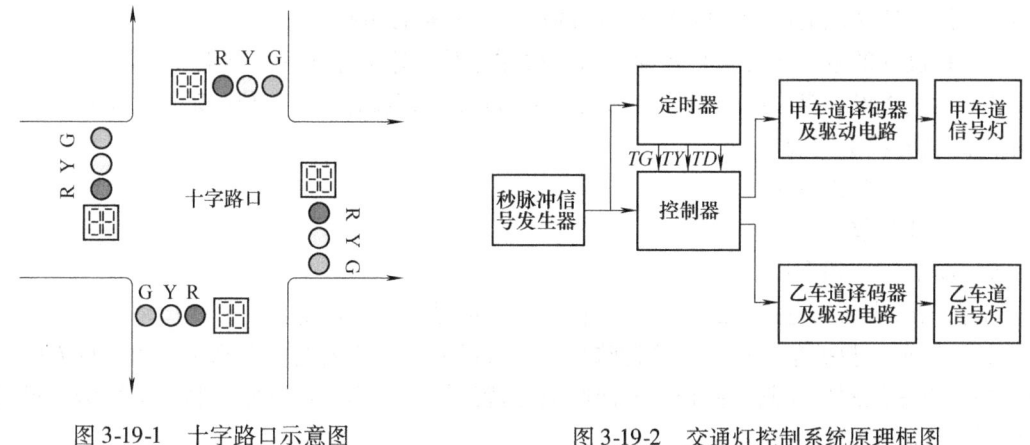

图 3-19-1 十字路口示意图　　　图 3-19-2 交通灯控制系统原理框图

1) 甲车道绿灯亮，乙车道红灯亮。表示甲车道上的车辆允许通行，乙车道禁止通行。绿灯亮足规定的时间间隔 TG 时，控制器发出状态信号 TD，转换到下一工作状态。

2) 甲车道黄灯亮，乙车道红灯亮。表示甲车道上未过停车线的车辆停止通行，已过停车线的车辆继续通行，乙车道禁止通行。黄灯亮足规定时间间隔 TY 时，控制器发出状态转换信号 TD，转到下一工作状态。

3) 甲车道红灯亮，乙车道绿灯亮。表示甲车道禁止通行，乙车道上的车辆允许通行，绿灯亮足规定的时间间隔 TG 时，控制器发出状态转换信号 TD，转换到下一工作状态。

4) 甲车道红灯亮，乙车道黄灯亮。表示甲车道禁止通行，乙车道上未过停车线的车辆停止通行，已过停车线的车辆继续通行。黄灯亮足规定的时间间隔 TY 时，控制器发出状态转换信号 TD，系统又转换到第 1) 种工作状态。

五、Multisim 软件仿真步骤

1) 选择开始→程序→Multisim 7→Multisim 7 启动 Electric Workbench Multisim 软件仿真系统。

2) 用鼠标左键单击工作区左方元器件箱中的基本元件库图标 和 ，然后在弹出的元器件箱中单击所需元件符号，在弹出的 Component Browser 窗口中的 Component Name List 选框中进行相应的编辑，单击"OK"按钮，然后将元件移至工作窗口内，单击鼠标左键在工作区内放置元件，并双击元件，在 Label 栏输入元件标号。

3) 按照设计的电路图，连接各元件。

4）将万用表、信号发生器和示波器依次拖入工作区。并双击仪器，观察并熟悉仪器面板。

5）单击电路工作区右上角的 O-I 开关或按 F5 键使电路开始仿真运行。

6）单击电路工作区右上角的 O-I 开关或按 F5 键使电路停止运行。

六、实验的安装调试及功能测试

1）对设计方案进行论证，制定出切实可行的设计方案，并画出逻辑电路图。用 Max-plusII 软件在计算机上仿真，以验证自己的设计方案是否可行。

2）将设计的电路图交实验教师审阅，教师针对设计中存在的问题点评。

3）学生将设计存在的问题加以修正，画出正确的电路图。经教师审定无误后，方可在数字电路实验箱上安装。

4）安装并测试电路。

5）教师验收。

6）功能扩展如下：

①在调试成功的电路中加入左、右转弯车道信号灯的控制电路。

②若警车、救护车、抢险车等特殊车辆执行任务时，需要这类车辆所在的通行方向保持绿灯亮，不受控制器控制；而相反方向则应保持红灯亮，不受控制器控制。待特殊车辆通行结束后，恢复交通灯的正常状态。

③若十字路口的车流量较大，为了车流的顺利畅通，可使交通灯的控制变换频率加快一倍，即由原来的 64s 变为 32s。

七、实验结果分析及总结

1）叙述设计过程，并画出各部分单元电路及整体电路图。

2）总结调试方法及要点。

3）用所学的知识，提出智能交通灯方案，画出原理框图并用文字加以说明。

4）根据实验原理，举例说明其他用途。

实验二十　EDA 基础实验

随着电子设计自动化技术的发展和可编程逻辑器件（PLD）的广泛应用，许多中小规模集成电路都能在可编程逻辑器件上实现。对于电专业的学生，在学习硬件电路设计、调试和测量的基础上，掌握这些软件设计方法非常重要。

一、实验目的

学习用 EDA 开发软件 Max + PlussII 设计、仿真和下载简单数字电路的基本方法。

二、实验预习要求

预习《Max + PlussII 应用入门》以循序渐进的方式学习，掌握这种软件的基本使用方法。

三、实验设备与器件

1）装有 Max+PlussII 软件的计算机 1 台。
2）可编程逻辑器件实验板 1 台。
3）EPM7128SLC84-15 一只。

四、实验要求

利用 Max+PlussII 软件平台，掌握原理图编辑、ABEL 文本编辑、VHDL 文本编辑、波形编辑四种输入方式，分别实现与、或、非门及十进制计数器电路，完成一个小项目，模拟仿真。下载简单与、或、非门电路到可编程逻辑芯片，用数字电路实验箱上指示灯正确显示实验结果。

五、实验内容

方案1：

1）首先打开 Max+PlussII 工作界面，在 F 驱动盘符下，建立以自己学号为名的文件夹，然后输入工程项目名称，一般项目名称应与电路功能相对应（不允许中英文混用）。建立一个名为 inv 的项目操作，如 F:\123456\inv。

2）打开文件 file 的下拉菜单，选择 New，出现以 *.gdf 为扩展名的原理图编辑法、以 *.tdf 为扩展名的 ABEL 文本编辑法、以 *.vhd 为扩展名的 VHDL 文本编辑法（注意建立 VHDL 新文件时一定要将 *.tdf 更改为 *.vhd，否则编译出错，因为 VHDL 文本编辑法的正确扩展名应为 *.vhd），最后是以 *.wdf 为扩展名的波形编辑法，仿真文件的扩展名应为 *.scf。根据需要选择不同的输入方法。

3）参照《Max+PlussII 应用入门》完成如下内容：
①用原理图编辑法实现反相器电路；
②用 ABLE 文本编辑法实现与门电路；
③用 VHDL 文本编辑法实现或门电路；
④用波形编辑法实现计数器电路；
⑤建立名为 FIRST 的工程项目；
⑥模拟仿真。

方案2：

设计 1 位全加器组合逻辑电路。熟悉 Max+PlussII 的 VHDL 文本编辑法设计流程，学习简单组合逻辑电路的设计、多层次电路设计、仿真和硬件测试。

1. 编程说明

1）使用 VHDL 语言的算法运算表达式设计全加器是很方便的。请注意：在 VHDL 描述中，要用并位运算解决求进位值 c_1，否则对高进位 c_1 的描述就要采用其他较复杂的方法。

2）在程序中，用并位运算是为了满足代入符"<="左右两侧运算对象的位数相等。

3）一般来说，组合逻辑电路可以使用行为描述、数据流描述和结构描述中的一种或几种描述模式进行描述。设计时，只要描述方便、易于理解、便于记忆，程序经编译、仿真、测试，效果好的描述就是好的描述模式。

有时,程序代码虽然简单,但是占用器件资源却很多;相反,有时程序代码虽然复杂,但是占用器件资源却很少。因此,不能简单地用程序代码是简单还是复杂来判断程序代码的优劣,而是要对程序代码进行综合评价,才能得出比较科学的结论。

2. VHDL 源程序

1) 文件名:full_adder.vhd。
2) 源程序如下:

```
library ieee;
use ieee.std-logic_1164.all;
use ieee.std_logic_unsigned.all;   ——为了进行加法运算必须调用该库
entity full_adder is
port(a,b,c0:in std_logic;
     sum,c1:out std_logic);
end;
architecture a of full_adder is
signal sum1:std_logic_vector(1 downto 0);
signal a1,b1,c01:std_logic_vector(1 downto 0);
begin
a1 < = '0' & a;
b1 < = '0'&b;
c1 < = '0'&c0;    ——必须先进行并位运算才能进行下式的运算
Sum1 < = a1 + b1 + c01;
sum < = sum1(0);    —— 求和
c1 < = sum1(1);     —— 求高进位
end;
```

实验报告要求分别仿真测试底层硬件或门和半加器,最后完成顶层文件全加器的设计和测试,给出设计源程序、程序分析报告,以及仿真波形图及分析报告。

六、思考题

1) 用文本编辑法完成七段显示译码器,写出详细的实验步骤。
2) 用原理图编辑法完成计数器(CNT60)的实验步骤。

附　　录

附录一　示波器的原理及使用

示波器是一种综合性的电信号测试仪器，它能把眼睛看不见的电信号转换成能直接观察的波形，并显示于荧光屏上。示波器实际上是一种时域测量仪器，用于观察信号随时间的变化关系，可用来测量电信号波形的形状、幅度、频率和相位等。示波器根据信号的处理和显示方式的不同，可分为模拟示波器和数字示波器，而数字示波器还具有对被测信号波形进行处理和存储的功能。因此，示波器在电工电子测量技术中得到了广泛的应用。

一、示波器的基本结构

示波器由下列几个基本部分组成，框图如附图1-1所示。

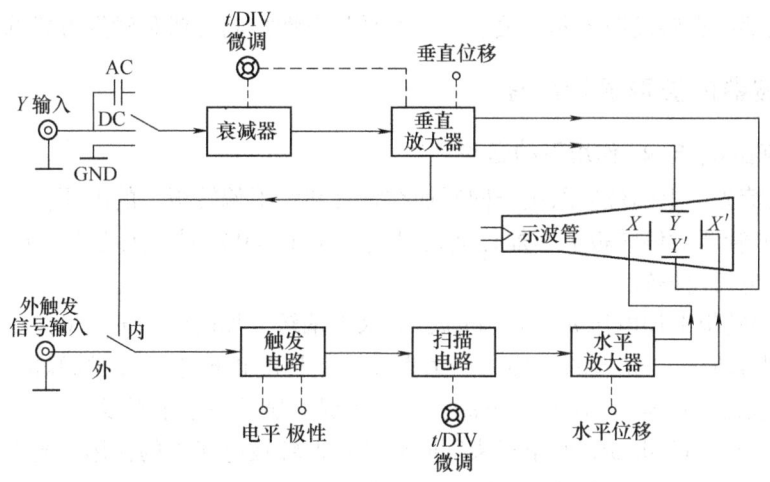

附图1-1　示波器的基本组成框图

1. 主机

主机包括示波管及其所需的各种直流供电电路。

2. 垂直通道

垂直通道主要用来控制电子束按被测信号的幅值大小在垂直方向上的偏移。它包括 Y 轴输入耦合衰减器、Y 轴放大器和配用的高频探头。通常示波管的偏转灵敏度比较低，因此在一般情况下，被测信号往往需要通过 Y 轴放大器放大后加到垂直偏转板上，才能在屏幕上显示出一定幅度的波形。Y 轴放大器的作用提高了示波管 Y 轴偏转灵敏度。为了保证 Y 轴放大不失真，加到 Y 轴放大器的信号不宜太大，但是实际的被测信号幅度往往在很大范围内变化，此 Y 轴放大器前还必须加一 Y 轴衰减器，以适应观察不同幅度的被测信号。示波器面板上设有"Y 轴衰减器"（通常称"Y 轴灵敏度选择"开关）和"Y 轴增益微调"旋钮，分别调节 Y 轴衰减器的衰减量和 Y 轴放大器的增益。

对 Y 轴放大器的要求是：增益大，频率响应好，输入阻抗高。

为了避免杂散信号的干扰，被测信号一般都通过同轴电缆或带有探头的同轴电缆加到示波器 Y 轴输入端。但必须注意，被测信号通过探头，幅值将被衰减（或不衰减），其衰减比为 10∶1（或 1∶1）。

3. 水平通道

水平通道主要是控制电子束按时间值在水平方向上的偏移，主要由扫描发生器、水平放大器、触发电路组成。

1）扫描发生器。又叫锯齿波发生器，用来产生频率调节范围宽的锯齿波，作为 X 轴偏转板的扫描电压。锯齿波的频率（或周期）调节是由"扫描速率选择"开关和"扫速微调"旋钮控制的。使用时，调节"扫描速率选择"开关和"扫速微调"旋钮，使其扫描周期为被测信号周期的整数倍，保证屏幕上显示稳定的波形。

2）水平放大器。其作用与垂直放大器一样，将扫描发生器产生的锯齿波放大到 X 轴偏转板所需的数值。

3）触发电路。用于产生触发信号以实现触发扫描的电路。为了扩展示波器应用范围，一般示波器上都设有触发源控制开关、触发电平与极性控制旋钮和触发方式选择开关等。

二、示波器的波形显示原理

1. 电子束在 u_X 与 u_Y 作用下的运动

电子束在荧光屏上的位置取决于同时加在垂直和水平偏转板上的电压。

1）当示波管两对偏转板上不加任何信号（$u_X = u_Y = 0$）时，则光点出现在荧光屏的中心位置，不产生任何偏转。

2）垂直偏转板上加电压 $u_Y = U_m \sin\omega t$，而水平偏转上加的电压 $u_X = 0$，则光点仅在垂直方向随 u_Y 变化而偏转。光点的轨迹为一垂直线，其长度正比于 u_Y 的峰峰值（$2U_m$），如附图 1-2 所示。反之，$u_Y = 0$，$u_X = U_m \sin\omega t$，则荧光屏上显示一条水平线。

3）若 $u_X = u_Y = U_m \sin\omega t$，则电子束同时受两对偏转板电场力的作用，光点沿 X 轴、Y 轴合成方向运动，其轨迹为一斜线，如附图 1-3 所示。

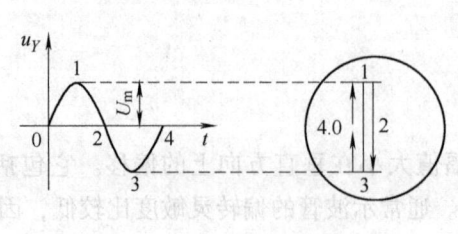

附图 1-2　$u_X = 0$，$u_Y = U_m \sin\omega t$ 时，
在荧光屏上电子的运动轨迹

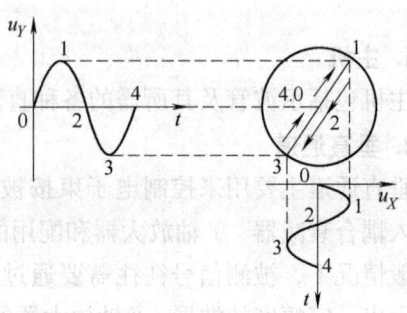

附图 1-3　$u_X = u_Y = U_m \sin\omega t$ 时，
在荧光屏上电子的运动轨迹

4) 若 $u_Y = U_m\sin\omega t$,而在 X 偏转板上加上一个与 u_Y 周期相同的理想锯齿波电压 u_X,$T_X = T_Y$。则在荧光屏上可真实地显示 u_Y 的波形,如附图 1-4 所示。

由附图 1-4 可见,若在 X 轴偏转板上加上理想的锯齿波电压 u_X,其正程(从 0 点到 4 点)则为零,这样就使荧光屏的 X 轴就转换成了时间轴。因此,当 $u_Y = 0$ 时,仅在 X 轴加上理想的锯齿波电压,将在荧光屏上显示一条水平线(这个过程称为扫描);而当 $u_Y = U_m\sin\omega t$ 时,荧光屏上亮点的轨迹正好是一条与 u_Y 相同的正弦曲线。

2. 同步概念

前面讨论的是 $T_X = T_Y$ 的情况。如果 $T_X = 2T_Y$,则可以在荧光屏上观察到两个周期的信号电压波形,如附图 1-5 所示。如果波形重复出现,而且完全重叠,就可以看到一个稳定的图像。

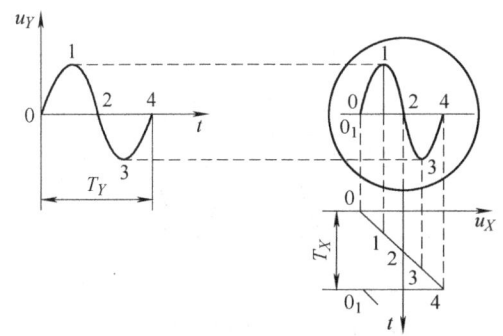

附图 1-4 $u_Y = U_m\sin\omega t$ 时,u_X 为理想锯齿波电压时,荧光屏上电子的运动轨迹

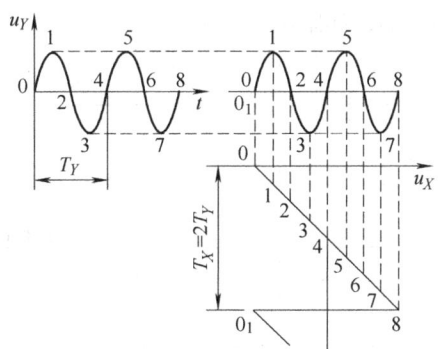

附图 1-5 $T_X = 2T_Y$ 时,荧光屏上显示的波形

如果 T_X 不为 T_Y 整数倍情况,荧光屏显示的波形如何呢?例如在 $T_X = 7T_Y/8$ 时,荧光屏上显示的波形好像向右跑动一样。同理,当 $T_X = 9T_Y/8$ 时,则波形向左跑动。显然,这种显示不利于观测。

由此可见,为了在荧光屏上获得稳定的图像,T_X(包括正程与回程)与 T_Y 必须成整数倍关系,即 $T_X = nT_Y$(n 为正整数),以保证每次扫描的起始点都对应信号电压 u_Y 的相同相位点上,这种过程称为"同步"。

示波器中,通常利用被测信号 u_Y(或用与 u_Y 相关的其他信号)去控制扫描电压发生器的振荡周期,以迫使 $T_X = nT_Y$。

三、示波器在电压、相位、时间与频率测量中的应用

利用示波器可以进行电压、相位、时间、频率以及其他物理量的测量。

1. 电压测量

1)直流电压的测量。要进行直流电压的测量,示波器 Y 通道必须处于直流耦合状态(Y 轴放大电路的下限截止频率为 0),同时示波器的灵敏度旋钮必须处于校准状态。测量步骤如下:

①首先将 Y 输入端对地短路,在屏幕上找出零电压所对应的位置,即扫描基线,并将该基线调至合适位置,作为零电压基准位置,如附图 1-6 所示。

②将被测电压通过探头（或直接）接至示波器的 Y 输入端，调节 Y 轴灵敏度（旋钮），使扫描线有合适的偏移量，如附图 1-6 所示。如果直流电压的坐标刻度（波形与基线之间的距离）为 H（DIV），Y 轴灵敏度旋钮的位置为 S_r，单位为 V/DIV，探头的倍增系数为 k，则所测的直流电压值 $U_X = S_Y H k$。

2）交流电压的测量。

①将 Y 轴输入耦合方式选择开关置于交流耦合（AC）位置。

②根据被测信号的幅度和频率，调整 Y 轴灵敏度选择旋钮和 X 轴的扫描时间选择旋钮于合适的位置。

③将被测信号通过探头（或直接）输入到示波器的 Y 轴输入端。

④选择合适的触发源和触发耦合方式，调整触发电平调节旋钮，使示波器屏幕显示出稳定的波形，如附图 1-7 所示。

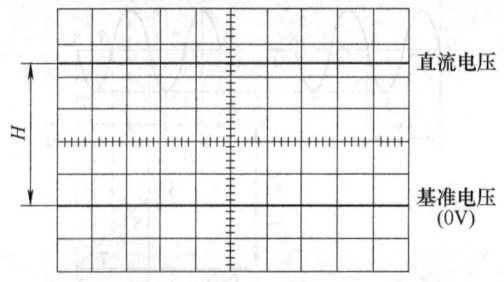

附图 1-6　直流电压的测量方法

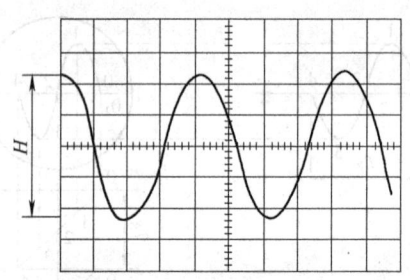

附图 1-7　交流电压的测量方法

设被测电压的峰峰值为 $U_{XP\text{-}P}$，则 $U_{XP\text{-}P} = S_Y H k$。有效值为 $U_X = U_{XP\text{-}P}/(2\sqrt{2})$。

仿照上述方法，可以测量波形中特定点的瞬时值。

上述被测信号是不含直流成分的正弦信号，一般选用交流耦合方式。即使被测信号是正弦信号，若频率很低，也应选用直流耦合方式。如果输入信号是含有直流分量的交流信号或脉冲信号，则通常选用直流耦合方式，以便观察输入信号的全部内容。

2. 相位测量

所谓相位测量，通常是指测量两个同频率信号之间的相位差，如测量 RC 电路的相移特性、放大电路的输出信号相对于输入信号的相移特性等。

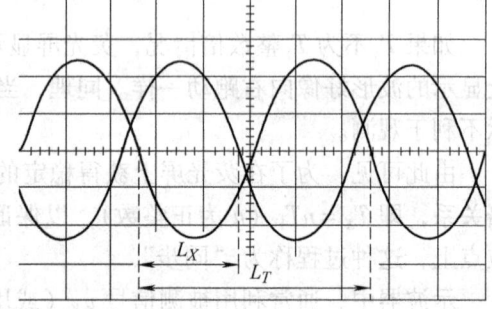

附图 1-8　两信号相位差的测量

用双踪示波器测量两个信号之间的相位差是很方便的。测量时，要选定其中一个输入通道的信号作为触发源，调整触发电平，以显示出两个稳定的波形，如附图 1-8 所示。在测量中应调整 Y 轴灵敏度和 X 轴扫描速度，使波形的高度和宽度合适。

由附图 1-8 可知，两波形的相位差为

$$\phi = \frac{L_X}{L_T} \times 360°$$

（附 1-1）

3. 时间测量

时间测量通常是测量信号的周期、脉冲宽度、上升时间、下降时间等。测量这些时间间隔的方法与上面测量相位差的方法类似。

需要说明的是，第一，若所测时间间隔对应的长度为 L_X（DIV），扫描速度为 W，单位为 ms/DIV，X 轴的扩展系数为 k，则所测时间间隔 $T_X = WL_Xk$；第二，在测量信号的周期时，可以测量信号的一个周期时间，也可以测量 n 个周期时间，再除以周期个数 n，如附图 1-9 所示。相对而言，后一种方法产生的误差会小一些。

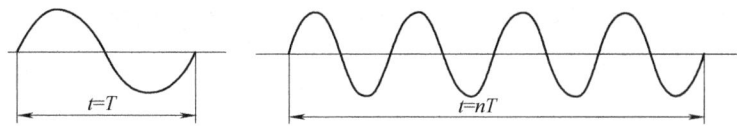

附图 1-9　信号周期的测量

测量脉冲信号的脉冲宽度 t_w、上升时间 t_r、下降时间 t_f 等参数，只要按其定义测量出相应的时间间隔即可，它们的测量方法是一样的。

4. 频率测量

由于频率是周期的倒数，所以要测量信号的频率一般是先测量信号的周期，再换算成频率，测量方法同上。

四、SS7804 型示波器简介

SS7804 型示波器是由日本岩崎公司生产的带有 CRT 读出功能的 40MHz 带宽模拟双踪示波器。由于该示波器带有 CRT 读出功能，所以能够方便、准确地进行电压幅度、频率、相位和时间间隔等的测量。示波器面板上的波段开关大多使用电子开关（不是机械开关），从而免除了由于操作不当造成的机械损坏。除了电源开关为自锁式机械开关外，面板上的其他开关均为触点开关，其所处状态均显示于示波器的屏幕上。

SS7804 型示波器的前面板如附图 1-10 所示，大体上分为屏幕显示调整、Y 轴偏转系统和 X 轴偏转系统三大部分。

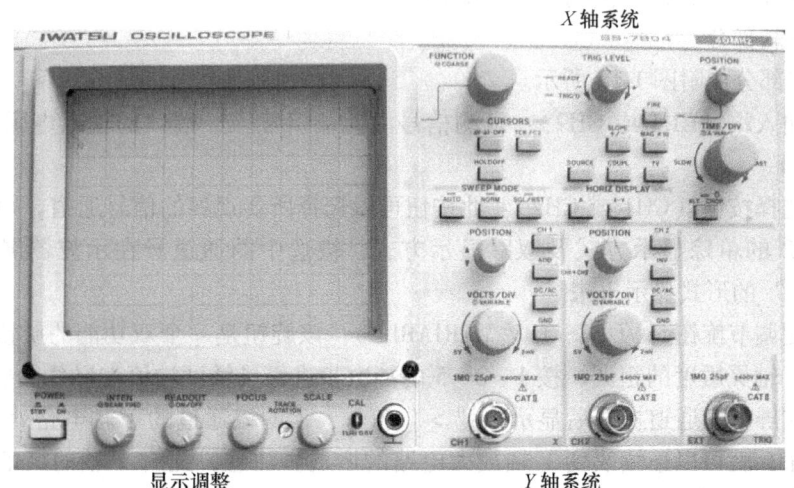

附图 1-10　SS7804 型示波器的前面板

1. 屏幕显示调整部分

屏幕显示调整部分如附图 1-11 所示。各开关与旋钮的名称、作用如下：

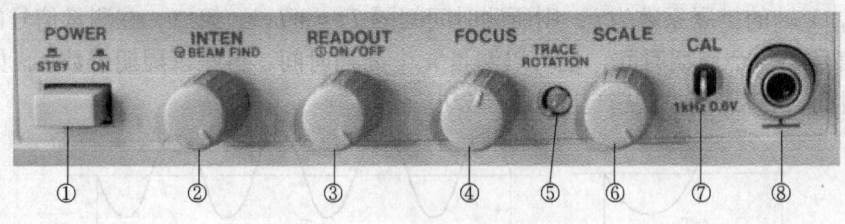

附图 1-11 屏幕显示调整部分

①电源开关（POWER）：此开关为自锁开关，按下此开关，接通仪器的总电源，再次按动，按钮弹起，总电源关断。

②亮度调节旋钮/寻迹开关（INTEN/BEAM）：此旋钮为一双功能旋钮。旋转此旋钮可调节屏幕上扫描线的亮度。亮度调节旋钮的第二个功能为"寻迹"，当扫描线偏离屏幕中心位置太远，超出了显示区域时，为判断扫描线偏移的方向，可将此旋钮按下，这时，扫描线便回到屏幕中心附近，之后再将扫描线调到显示区域内。

③屏幕读出亮度调节旋钮/开关（READOUT/ON/OFF）：此旋钮为一双功能旋钮。旋转此旋钮，可调节屏幕上显示的文字、游标线的亮度。另外，此旋钮还作为屏幕读出的开关，按动此旋钮可以切换屏幕读出功能（"开"或"关"）。

④聚焦旋钮（FOCUS）：用此旋钮调节示波管的聚焦状态，提高显示波形、文字和游标的清晰度。

⑤扫描线旋转调节（TRACE ROTATION）：调节扫描线的水平程度。

⑥"标尺"亮度（SCALE）：用于调节屏幕上坐标刻度线的亮度。

⑦校准信号输出（CAL）：此接线座输出幅度为 0.6V（峰峰值），频率为 1kHz 的标准方波信号，用以校验 Y 轴灵敏度和 X 轴的扫描速度。

⑧接地端子：本接线柱接到示波器机壳。

2. Y 轴偏转部分

Y 轴偏转部分如附图 1-12 所示。

①信号输入端（CH1 或 CH2）：被测信号由此端口输入，端口的输入电阻为 1MΩ，输入电容为 25pF。

②通道选择按钮（CH1 或 CH2）：此按钮可以选择所要观察的信号通道，可以设置为通道 1 或通道 2 的单踪显示方式及双踪显示方式，被选中的通道号在示波器屏幕的下端以"1:"或"2:"的形式显示出来。

③灵敏度调节旋钮（VOLTS/DIV VARIABLE）：该旋钮是一个双功能的旋钮，旋转此旋钮，可进行 Y 轴灵敏度的粗调，按 1—2—5 的挡次步进，灵敏度的值在屏幕上显示出来。按下此旋钮，在屏幕上通道标号后显示出"＞"符号，表明该通道的 Y 轴电路处于微调状态，再调节该旋钮，就可以连续改变 Y 轴放大电路的增益。注意，此时 Y 轴的灵敏度刻度已不准确，不能做定量测量。

④Y 轴位移旋钮（POSITION）：此按钮可改变扫描线在屏幕垂直方向上的位置，顺时针

旋转使扫描线向上移动，逆时针旋转使扫描线向下移动。

⑤输入耦合方式选择（DC/AC）：用于选择交流耦合或直流耦合方式。当选择直流耦合方式时，屏幕上的通道灵敏度指示的电压单位符号为"V"；当选择交流耦合方式时，屏幕上的通道灵敏度指示的电压单位符号为"$\tilde{v}$"。

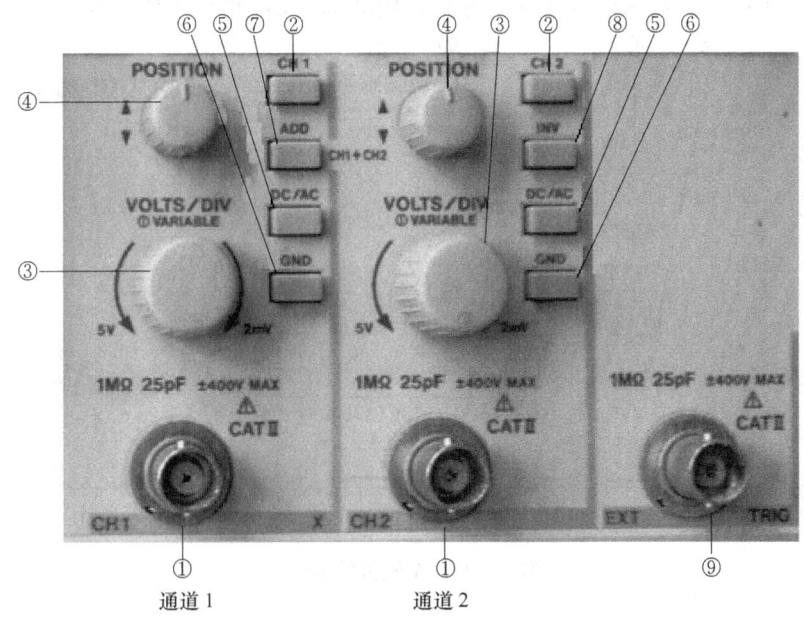

附图1-12　Y轴偏转部分

⑥通道接地按钮（GND）：将此按钮按下，即将相应通道的衰减器的输入端接地，观察该通道的水平扫描基线，可确定零电平的位置。输入端接地时，屏幕上电压符号 V 的后面出现"⏚"符号。再按一次此按钮，此符号消失。

⑦显示信号相加按钮（ADD）：按动此按钮后，屏幕上显示出"1：500mV + 2：200mV"的字样，这时屏幕上在通道1和通道2波形的基础上，又显示出"通道1 + 通道2"的波形。

⑧倒相按钮（INV）：按动此按钮后，屏幕上显示出"1：500mV 2：↓200mV"的字样，这时通道2的显示波形是输入信号波形的倒相。如果同时也按动"ADD"按钮，则看到的相加波形就是"通道1 - 通道2"的波形。

⑨外触发输入口（EXT TRIG）：外触发信号由此端口输入。

3. X 轴偏转系统

X 轴偏转系统如附图1-13所示。

①扫描时间选择旋钮（TIME/DIV VARIABLE）：该旋钮为一双功能旋钮。用该旋钮粗调扫描时间，按1—2—5的分挡步进，屏幕上每格所代表的扫描时间显示于屏幕的左上角，例如"A 10μs"。若按下此旋钮，则在字符 A 的后面显示">"符号，表示 X 轴电路处于微调状态，再调节该旋钮，就可以连续调节 X 轴的扫描时间。此时 X 扫描时间刻度已不准确，不能做定量测量，再次按下此旋钮，">"符号消失。

②X 轴位移旋钮（POSITION）：调节此旋钮可改变扫描线的左右位置，顺时针旋转可使

扫描线向右移动，逆时针旋转可使扫描线向左移动。

③扫描切换选择按钮（ALT CHOP）：此按钮用以选择两通道的显示方式，即是交替扫描还是断续扫描。当按钮上方的指示灯灭时，两通道处于交替（ALT）工作方式；当指示灯亮时，两通道处于断续（CHOP）工作方式。一般来说，当被观测信号的频率高时，用交替（ALT）工作方式；当被观测信号的频率低时，用断续（CHOP）工作方式。

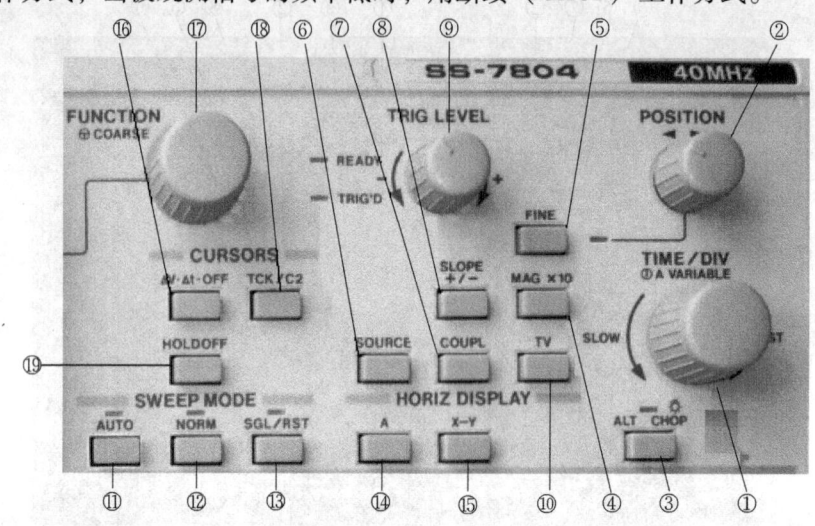

附图1-13 X轴偏转系统

④扫描扩展按钮（MAG×10）：当此按钮被按下时，在示波器屏幕的右下角出现MAG，此时光标在屏幕水平方向的扫描速度增大10倍，即每格代表的时间为原来的1/10。

⑤水平位置微调按钮（FINE）：按动此按钮后指示灯亮，可微调扫描线的水平位置。将位移旋钮调到头，扫描线就按一个方向缓慢移动，在扫描线移到合适位置后再将此旋钮往反方向微调一点，扫描线即停住不动。

⑥触发源选择按钮（SOURCE）：选择触发信号的来源。根据所观察信号的情况，可分别选择通道1（CH1）、通道2（CH2）、50Hz交流电网（LINE）、外触发（EXT）和垂直模式（VERT）作为触发信号的来源。触发源符号显示于屏幕上方。

⑦触发信号耦合方式选择按钮（COUPL）：选择触发的耦合方式，共有AC、DC、HF-R（高频抑制）、LF-R（低频抑制）四种耦合方式。其中后两种耦合方式是在触发信号形成电路之前插入一个滤波电路，以抑制高频或低频成分。例如，若被观察的信号是一个叠加有高频干扰信号的低频信号，则可选高频抑制（HF-R）耦合方式抑制掉高频干扰成分。

⑧触发沿选择按钮（SLOPE）：选择触发沿为"+"（上升沿）或"-"（下降沿）。

⑨触发电平调节旋钮（TRIG LEVEL）：用来调节触发信号形成电路的触发电平（即阈值电平），触发电平的变化决定电路是否能产生触发信号，以及改变触发信号的起始相位，只有选择合适的触发电平，才可以使波形稳定。

⑩全电视信号触发模式（TV）：触发信号取自包含有行同步信号和场同步信号的全电视信号，触发信号由被测信号中的同步信号产生；有不分奇偶场触发（BOTH）、奇数场触发（ODD）、偶数场触发（EVEN）、行同步触发（H）等方式，使用哪种方式根据被观察的信

⑪自动扫描方式按钮（AUTO）：按下该按钮，可进入自动扫描方式，即不管有无触发信号均会显示出扫描线。这种扫描方式适合于测量频率在 50Hz 以上的信号。

⑫常态扫描方式按钮（NORM）：按下该按钮，可进入常态扫描方式。这种扫描方式是没有触发信号时就没有扫描线，适合于观察频率低于 50Hz 的信号。

⑬单次扫描方式按钮（SGL/RST）：按下该按钮后示波器处于单次扫描等待状态，这时"等待"（READY）指示灯亮，触发信号来到后开始一次扫描，扫描过后"等待"（READY）指示灯灭。

⑭正常扫描显示按钮（A）：按下此按钮时，由示波器内部电路产生线性扫描信号。应该注意，当由"$X-Y$"显示方式返回到正常扫描方式时必须按此按钮。

⑮$X-Y$ 显示按钮（$X-Y$）：按下此按钮后，通道 1（CH1）的输入信号加到 X 轴，CH1、CH2 或 CH1+CH2 的输入信号加到 Y 轴。用此功能，可方便地观测电路的滞回特性、转移特性曲线等。

⑯游标切换按钮（ΔV-Δt-OFF）：在利用游标测量电压幅度、时间间隔、相位等参量时，使用此按钮来选择测量对象，按动此按钮可依次选定测量电压（ΔV）（水平线游标）、测量时间间隔（Δt）（垂直线游标）和关闭游标。

⑰功能/游标位移旋钮（FUNCTION COARSE）：用于移动游标的位置。此旋钮有两种调节方式：一种是旋转方式，较精细地调整游标的位置；另一种是按动方式，进行步进调节（快速移动游标）。

⑱游标线选择按钮（TCK/C2）：选择两条游标线中的 1 条或 2 条，依次为 V-C1、V-C2、V-TRACK 或 H-C1、H-C2、H-TRACK。其中，"V"表示测量垂直方向的物理量，"H"表示测量水平方向物理量。"C1"，"C2"分别为第 1 条游标、第 2 条游标，"TRACK"为跟踪状态，即两条游标一起移动。被选中的游标线端部有一段短亮线，作指示用。

⑲释抑调节按钮（HOLDOFF）：按动此按钮后，即可通过调节功能旋钮调节释抑比。其值在示波器屏幕的右上角显示出来。

4. SS7804 型示波器的屏幕字符显示

SS7804 型示波器具有较强的屏幕显示功能，各种测量数据和示波器的工作状态均可显示于屏幕上，清晰美观。常见的屏幕显示如附图 1-14 所示，各显示字符的意义如下：

①通道 1 的通道号。

②">"表示通道 1 的 Y 轴灵敏度处于微调状态。

③通道 1 的 Y 轴偏转灵敏度。

④通道 1 的 Y 轴灵敏度单位及耦合方式（V 为直流耦合单位，$\tilde{v}$ 为交流耦合单位）。

⑤通道 1 的输入接地符号。

⑥"+"号表示处于两通道信号相加的显示方式。

⑦通道 2 的通道号。

⑧">"表示通道 2 的 Y 轴灵敏度处于微调状态。

⑨"↓"符号表示通道 2 为倒相显示。

⑩通道 2 的 Y 轴偏转灵敏度。

⑪通道 2 的 Y 轴灵敏度单位及耦合方式。

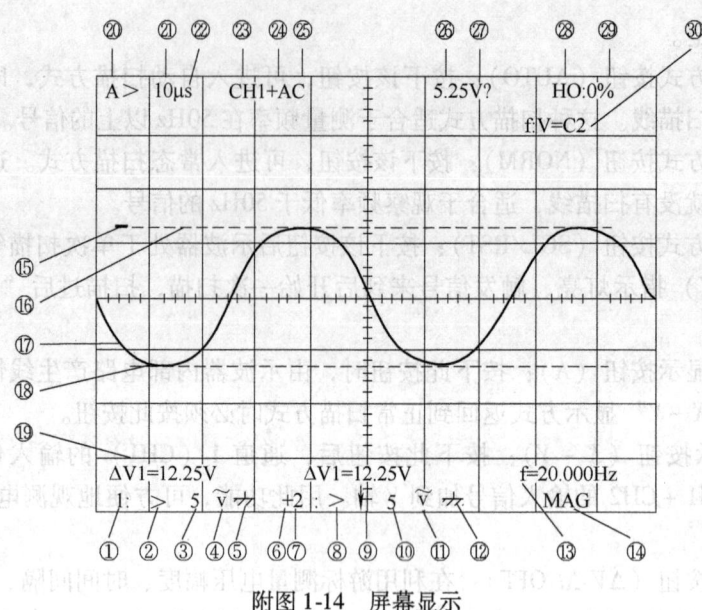

附图 1-14 屏幕显示

⑫通道 2 的输入接地符号。
⑬输入信号频率。
⑭扩展显示标记。
⑮被选中的游标标记。
⑯上游标线。
⑰被测信号波形。
⑱下游标线。
⑲电压或时间间隔显示。
⑳常态显示标记。
㉑X 轴扫描速度（每单位长度所代表的时间）。
㉒扫描时间的单位。
㉓触发源显示。
㉔触发沿显示。
㉕触发耦合方式显示。
㉖触发电平值。
㉗触发电平的单位。交流耦合或 Y 轴灵敏度处于微调状态时，V 后显示"?"号。
㉘释抑标记。
㉙释抑比。
㉚游标选择状态。

5. SS7804 型示波器的校准方法

由于示波器的设置是由示波器内部的 CPU 控制完成的，所以每次开机时，示波器的初始值不尽相同，可能会出现一些偏差。例如，按下示波器面板上的接地按钮时，扫描线所处的位置与输入探头的输入端对地短路时的位置不同，这就会给测量带来误差。为提高测量的准确性，要及时对示波器进行校准。校准方法如下：

1) 将输入探头的输入端对地短路，使输入信号为零。
2) 按动游标切换按钮（ΔV-Δt-OFF），使屏幕上的游标线消失。
3) 按动屏幕读出亮度调节旋钮/开关（READOUT/ON/OFF），关闭屏幕读出显示。
4) 按下功能/游标位移旋钮（FUNCTION COARSE）约 3s 后，屏幕上将显示系统菜单。
5) 按动自动扫描方式按钮（AUTO），执行自动校准，直至校准完毕。

五、TDS210 型数字式实时示波器

TDS210 型数字式实时示波器是一种小巧、轻型、便携式的可用来进行以接地电平为参考点测量的双通道数字示波器。

前面板结构如附图 1-15 所示。按功能可分为显示区、垂直控制区、水平控制区、触发区、功能区五个部分。另有五个菜单按钮，三个输入连接端口。下面分别介绍各部分的控制钮以及屏幕上显示的信息。

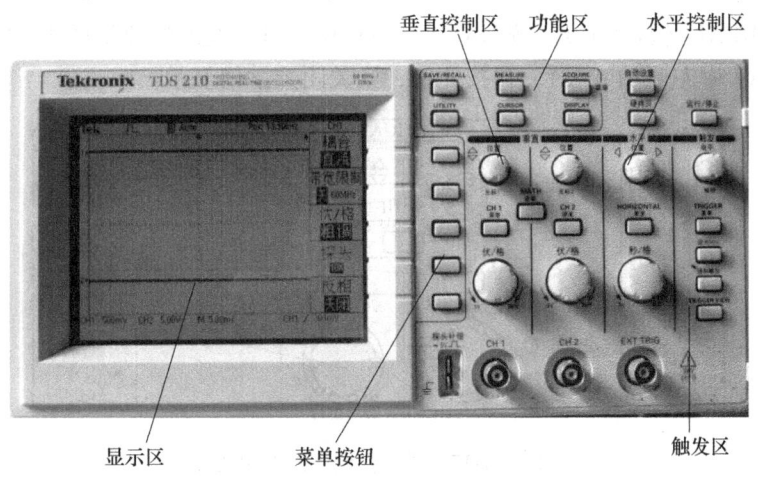

附图 1-15　前面板结构

1) 显示区。显示屏幕为液晶显示。显示图像中除了波形外，还显示出许多有关波形和仪器控制设定值的细节，如附图 1-16 所示。

①图标。不同的图标表示不同的获取状态：⎍⎍为平均值状态，∿∿为取样状态，∿⌇为峰值检测状态。

②触发状态。触发状态表示是否具有充足的触发信源或获取是否已停止。

③指针表示水平触发位置，也就是示波器水平位置。

④触发位置显示。表明中心方格图与触发位置之间的（时间）偏差，屏幕中心等于零。

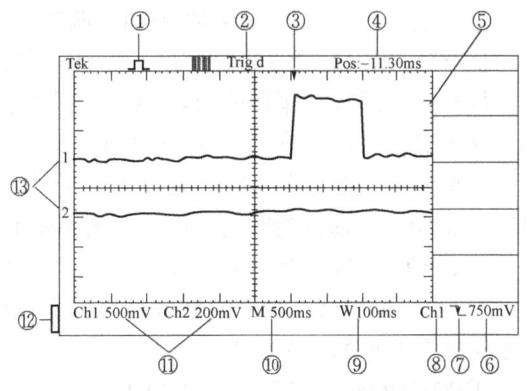

附图 1-16　显示屏幕的显示区

⑤指针表示触发位准（即触发点）。
⑥读数表示触发位准的电平值。
⑦触发斜率显示：⎍上升沿；⎍下降沿。
⑧触发信号源显示。
⑨读数表示视窗时基设定值。
⑩读数表示主时基设定值。
⑪读数表示通道1和通道2垂直标尺（V/DIV）。
⑫控制钮设定值的显示。
⑬屏幕上指针表示所显示的波形的接地基准点，如果没有指针，就说明没有显示通道。
2）垂直控制区。垂直控制区的控制钮如附图1-17所示。使用垂直控制钮，可以用来显示波形，调节垂直标尺和位置，以及设定输入参数。
①CURSOR1（或2）POSITION（光标位置）。调节光标或信号波形在垂直方向上的位置。
②MATH MENU（数学值）。按MATH MENU钮，显示波形的数学操作功能表（加减/反相，见附图1-17中左侧功能表）。再按此钮，则关闭数学值显示。

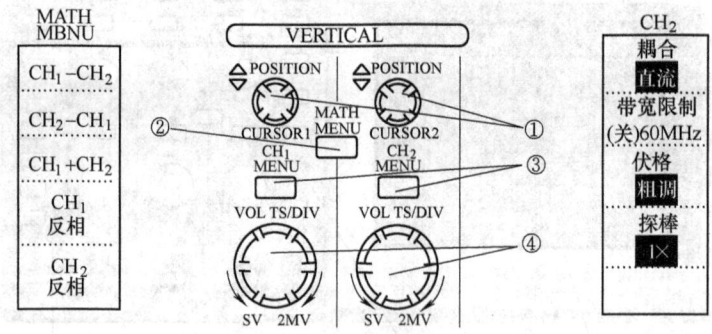

附图1-17　垂直控制区的控制钮

③CH1 MENU和CH2 MENU（通道1和通道2功能表）。按CH2（或CH1）MENU钮显示通道输入垂直控制的功能表（见附图1-17中右侧功能表）。功能表中包括的功能有：
耦合：即被测信号的输入耦合方式。耦合方式分直流、交流、接地三种。
带宽限制：分为20MHz和60MHz两挡。限制带宽可以减小显示的噪声。
伏/格：用以选择垂直分辨度。垂直分辨度分粗调与微调两种。
探棒：用以选择探棒的衰减系数。探棒衰减系数一共分 $1\times$、$10\times$、$100\times$、$1000\times$ 四档。测量时，可根据被测信号的幅值选取其中一个值，以保证垂直标尺读数准确。
波形显示的接通和关闭：要使显示的波形消失，可按CH1（或CH2）MENU钮，显示CH1（或CH2）垂直功能表。再按一次MENU钮，则关闭CH1（或CH2）通道，波形消失。
④VOLTS/DIV（伏/格）。垂直刻度的选择钮，调节范围自2mV/DIV～5V/DIV。
3）水平控制区。水平控制区的控制钮如附图1-18所示。水平控制钮可用来改变时基、水平位置及波形的水平放大。
①POSITION（位置）。水平位置调整。用以调整屏幕上所有信号波形在水平方向上的位置。

②HORIZONTAL MENU（水平功能表）。按此钮，显示水平功能表（见附图 1-18 中右侧功能表）。水平功能表包括的功能有：

主时基：设定水平主时基用以显示波形。

视窗设定：视窗指两个光标之间所确定的区域。

视窗扩展：放大视窗区域中的一段波形，以便观测此段波形的图像细节（放大至屏幕宽度）。

触发钮：用于调节两种控制值：触发电平（V）和释抑时间（s），并能显示释抑值。触发电平或释抑时间的调节可使用触发控制钮"LEVEL"来进行（见 LEVEL 钮说明）。

4）触发区。触发区控制钮如附图 1-19 所示。其中：

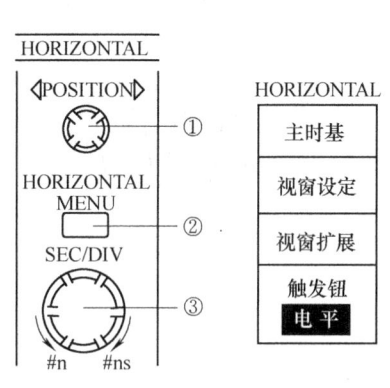

附图 1-18　水平控制区的控制钮

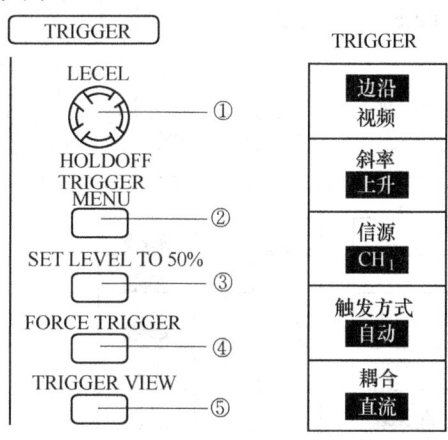

附图 1-19　触发控制区的控制钮

①LEVEL（位准）和 HOLDOFF（闭锁）。这个控制钮具有双重作用，一个是触发位准（LEVEL）控制，另一个是触发闭锁（HOLDOFF）控制。

②TRIGGER MENU（触发功能菜单）。按此钮，显示触发功能菜单（见附图 1-19 右侧功能表），可选择触发类型、触发极性、触发信号和触发方式等。

③SET LEVEL TO 50%（中点设定）。触发位准设定在信号位准的中点。

④FORCE TRIGGER（强行触发）。不管是否有足够的触发信号，都会自动启动获取。

⑤TRIGGER VIEW（触发视图）。按住触发视图钮后，显示触发波形，取代通道波形。

5）功能区。功能区的功能钮一共有九个。这九个功能钮的名称以及它们所显示的功能表的内容如附图 1-20 所示。下面分别介绍各个功能钮的操作要点。

①AUTOSET（自动设定）。自动设定仪器的各项控制值，以产生适宜观察的输入信号显示。

②ACQUIRE（获取）。"获取"功能用于设定获取参数。

③MEASURE（测定）。显示自动测量功能菜单，选择待测信号的通道，自动测定的参数有频率、周期、平均值、峰峰值、方均根值五项，但在同一时间内最多只能显示四项被测值。

④DISPLAY（显示）。用于选择波形的显示方式及改变波形的显示外观。

⑤CURSOR（光标）。显示光标功能菜单，所谓"光标"是用来测定两个波形之间的设

置（电压或时间）的两个标记，如附图 1-21 所示。

⑥SAVE/RECALL（储存/调出）。"SAVE/RECALL"的作用有两个，一个是储存/调出仪器的设置（指仪器面板控制钮的设定数值），另一个是储存/调出波形。

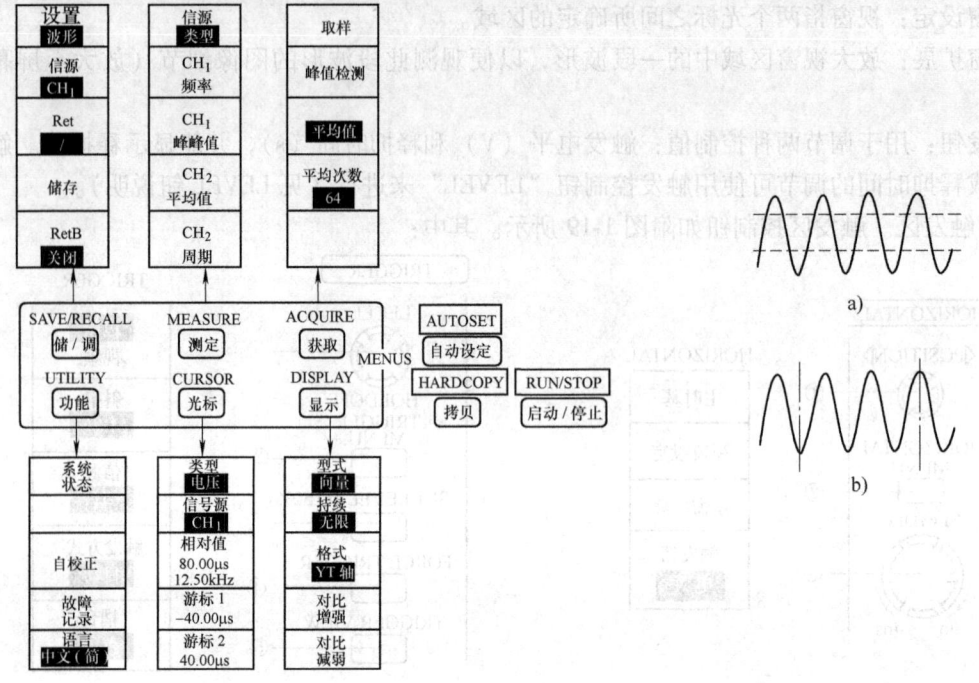

附图 1-20　功能区的功能钮及显示功能表

附图 1-21　光标
a) 电压光标　b) 时间光标

⑦UTILITY（辅助功能）。按"UTILITY"钮，显示辅助功能表。辅助功能表显示的内容随扩展模块的增加而改变（本仪器未安装任何扩展模块）。

⑧HARDCOPY（硬拷贝）。由于本仪器未安装扩展模块，不能启动打印操作。

⑨RUN/STOP（启动/停止）。当启动获取功能时，波形显示为活动状态；停止获取，则冻结波形显示。无论是启动或停止，波形显示都可用垂直控制和水平控制来计数或定位。

附录二　信号发生器的原理及使用

信号发生器是测量用的信号源，是电子电路实验中常用的测量仪器之一。

在电子电路测量中，需要各种各样的信号源，根据测量要求的不同，信号源大致可分为三大类：正弦信号发生器、函数（波形）信号发生器和脉冲信号发生器。正弦信号发生器具有波形不受线性电路或系统影响的独有特点，因此，它在线性系统中具有特殊的意义。

一、EE1642B1 型函数信号发生器的原理与应用

1. EE1642B1 型函数信号发生器的组成及工作原理

EE1642B1 型函数信号发生器是一种精密的测量仪器，能够输出连续信号、扫频信号、函数信号、脉冲信号等多种信号，并具有外部测频功能。在实验室中可用作信号源和频率

计。

EE1642B1 型函数信号发生器的原理框图如附图 2-1 所示。整个系统由两片单片机进行管理和控制，包括控制函数信号发生器产生信号的频率、控制输出信号的波形、测量输出信号或外部输入信号的频率并进行显示、测量输出信号的幅度并进行显示等。

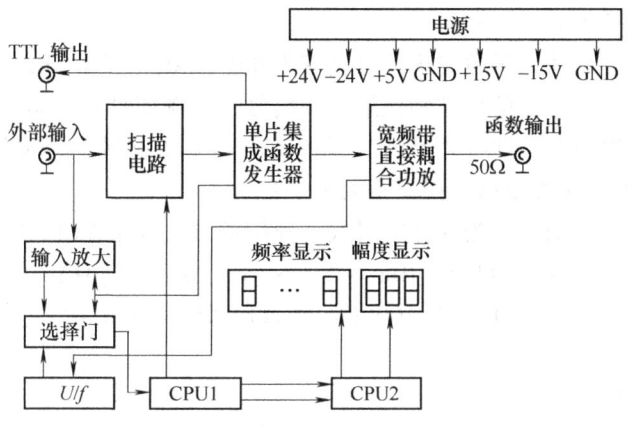

附图 2-1　EE1642B1 型函数信号发生器的原理框图

函数信号由专用集成电路 MAX038 产生，该电路具有微机接口，可由微机进行控制，因此整个系统具有较高的可靠性。

扫描电路由多片运算放大器组成，以满足扫描宽度、扫描速度的需要，输出级采用宽带直接耦合功率放大电路，保证了输出端具有很强的带负载能力以及对输出信号直流电平偏移的调整能力。

2. EE1642B1 型函数信号发生器的主要技术指标

1）输出频率。输出频率为 0.2Hz～2MHz（正弦波），按十进制共分 7 挡，见附表 2-1。

附表 2-1

刻　度	频率范围	刻　度	频率范围
×1	0.2～4Hz	×10k	4～40kHz
×10	4～40Hz	×100k	40～400kHz
×100	40～400Hz	×1M	400kHz～2MHz
×1k	400Hz～4kHz		

2）输出阻抗。函数输出为 50Ω，TTL 输出为 600Ω。

3）输出信号波形。函数输出（对称或非对称输出）为正弦波、三角波、方波；TTL 输出为矩形波。

4）输出信号幅度：

● 函数输出：不衰减，电压峰峰值为 (1～21V)×(1±10%) 连续可调。

衰减 20dB，电压峰峰值为 (0.1～2.1V)×(1±10%) 连续可调。

衰减 40dB，电压峰峰值为 (10～210mV)×(1±10%) 连续可调。

将 20dB 与 40dB 两个按钮同时按下时，其衰减为 60dB。

- TTL 输出："0"电平不大于 0.8V,"1"电平不小于 1.8V(负载电阻不小于 600Ω)。

5) 函数输出信号直流电平偏移(OFFSET)调节范围:
- 关断或调节范围为(-5~+5V)×(1±10%)(50Ω 负载)。
- 关断位置时输出信号的直流电平小于(0±0.1)V;负载电阻不小于 1MΩ 时,调节范围为(-10~+10V)×(1±10%)。

6) 函数输出信号衰减。函数输出信号衰减为 0dB、20dB 和 40dB。

7) 输出信号类别。输出信号类别包括单频信号、扫频信号和调频信号(受外控)。

8) 函数信号输出非对称性(占空比)调节范围。关断或调节范围为 20%~80%("关断"位置时输出波形为对称波形,误差不大于 2%)。

9) 扫描方式。内扫描方式为线性或对数;外扫描方式为由 VCF 输入信号决定。

10) 内扫描特性。扫描时间为(10ms~5s)×(1±10%),扫描宽度为大于 1 个频程。

11) 外扫描特性。输入阻抗约为 100kΩ,输入信号幅度为 0~2V,输入信号周期为 10ns~5s。

12) 输出信号特性:
- 正弦波失真度: <1%。
- 三角波线性度: >99%(输出幅度的 10%~90% 区域)。
- 脉冲波上升沿、下降沿时间(输出幅度的 10%~90%):≤30ns。
- 脉冲波的上升、下降沿过冲:≤5%U_o(50Ω 负载)。
- 测试条件:输出幅度为 5V(峰峰值),频率为 10kHz,直流电平调节为"关断"位置,对称性调节为"关"位置,整机预热时间为 10min。

13) 输出信号频率稳定度。输出信号频率稳定度为 ±0.1%/min,测试条件同上。

14) 幅度显示:
- 显示位数:3 位(小数字自动定位)。
- 显示单位:V(峰峰值)或 mV(峰峰值)。
- 显示误差:U_o×(1±20%),±1 个字(U_o 为输出信号的峰峰值,负载电阻为 50Ω,负载电阻不小于 1MΩ 时 U_o 读数需乘以 2)。
- 分辨率(50Ω 负载):0.1V(峰峰值,衰减 0dB)、10mV(峰峰值,衰减 20dB)、1mV(峰峰值,衰减 40dB)。

15) 频率显示:
- 显示范围:0.200Hz~20000kHz。
- 显示有效位数:5 位(10000~20000kHz);4 位(1000~9999kHz);3 位(5.00~9.99)×10^nHz)。
- 电源电压:电源电压为交流 220×(1±10%)V,频率 50×(1±5%)Hz,功耗不大于 30V·A。

3. EE1642B1 型函数信号发生器的使用说明

(1) 前面板各部分的名称和作用 EE1642B1 函数信号发生器的前面板图如附图 2-2 所示,现将各部分简要介绍如下:

① 频率显示窗口:显示输出信号的频率或外测频信号的频率。

② 幅度显示窗口:显示函数输出信号的幅度(50Ω 负载时的峰峰值)。

③扫描宽度调节旋钮：调节此旋钮可以改变内扫描的扫频范围。在外测频时，将旋钮逆时针旋到底（绿灯亮），外输入被测信号经过滤波器进入测量系统。

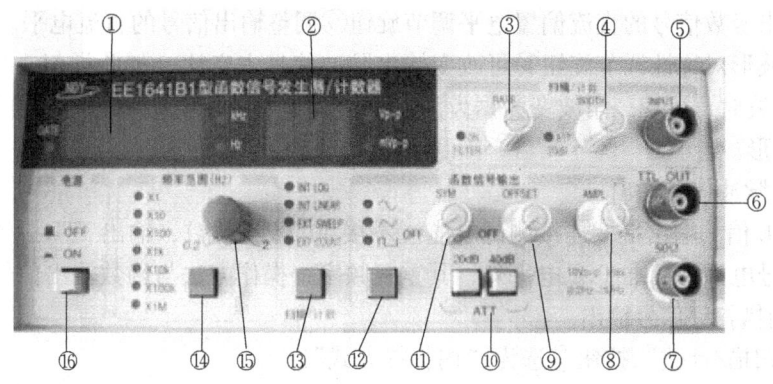

附图 2-2 EE1642B1 函数信号发生器的前面板图

④扫描速率调节旋钮：调节此旋钮可以改变内扫描的时间长短。在外测频时，将旋钮逆时针旋到底（绿灯亮），外输入被测信号衰减 20dB 后进入测量系统。

⑤外部输入插座：外扫描控制信号或外测频信号由此输入。

⑥TTL 脉冲信号输出端：输出标准的 TTL 幅度的脉冲信号，输出阻抗为 600Ω。

⑦函数信号输出端：输出多种波形受控的函数信号，最大输出幅度为 20V（峰峰值，1MΩ 负载）、10V（峰峰值，50Ω 负载）。

⑧函数信号输出幅度调节旋钮：调节范围为 1～21V（峰峰值，不衰减）。

⑨输出函数信号的直流偏置电平调节旋钮：调节范围为 -5～+5V（50Ω 负载）。当电位器处在"关"的位置时，直流电平为 0 电平。

⑩输出波形对称性调节旋钮：调节此旋钮可改变输出信号的对称性。当电位器处于"关"的位置时，输出对称信号。

⑪函数信号输出幅度衰减开关："20dB"、"40dB"两键均不按下，输出信号不衰减，直接输出到插座口。按下"20dB"或"40dB"键，可选择 20dB 或 40dB 衰减。若上述两键同时按下，则函数信号衰减 60dB。

⑫函数输出波形选择按钮：可选择输出正弦波、三角波或脉冲波。

⑬"扫描/计数"按钮：可选择多种扫描方式和外测频方式。

⑭频率范围选择按钮：选择输出信号频率的范围。

⑮频率调节旋钮：在选定的范围内调节输出信号频率。

⑯电源开关：将此按钮按下时，电源接通，整机工作。将此按钮释放后，整机电源关闭。

（2）50Ω 主函数信号输出

1）由前面板函数信号输出端插座⑦连接测试电缆（一般要接 50Ω 匹配器），输出函数信号。

2）由频率范围选择按钮⑭选定输出函数信号的频段，由频率调节旋钮调整输出信号频率，直到所需之值。

3）由函数输出波形选择按钮⑫选定输出波形的种类：正弦波、三角波或脉冲波。

4）由函数信号输出幅度衰减开关⑪和幅度调节旋钮⑧调节输出信号的幅度。

5）由输出函数信号的直流偏置电平调节旋钮⑨调整输出信号的直流电平。

6）输出波形对称性调节旋钮⑩可改变输出脉冲信号占空比，与此类似，当输出波形为三角波或正弦波时，可使三角波变为锯齿波，正弦波变为上升半周和下降半周分别为不同角频率的正弦波形。

（3）TTL 脉冲信号输出

1）由 TTL 信号输出端⑥连接测试电缆（不接 50Ω 匹配器），输出 TTL 脉冲信号。

2）除信号电平为标准 TTL 电平外，其重复频率、操作方法与函数输出信号相同。

（4）内扫描扫频信号输出

1）将"扫描/计数"按钮⑬选为"内扫描方式"。

2）分别调节扫描宽度调节旋钮③和扫描速率调节旋钮④，获得所需的扫描信号输出。

3）函数信号输出端⑦、TTL 脉冲信号输出端⑥均输出相应的内扫描扫频信号。

（5）外扫描调频信号输出

1）将"扫描/计数"按钮⑬选定为"外扫描方式"。

2）由外部输入插座⑤输入相应的控制信号，即可得到相应的受控扫描信号。

（6）外测频功能检查

1）将"扫描/计数"按钮⑬选为"外计数方式"，即外测频方式。

2）用本仪器提供的测试电缆，将函数信号引入外部输入插座⑤，观察显示频率应与观察显示函数信号发生器自身的信号频率时相同。

二、AFG310 型任意函数波形发生器简介

1. 概述

AFG310 型任意函数波形发生器是由泰克（Tektronix）公司生产的高档便携式信号发生器，它具有任意波形编辑功能和标准波形发生器功能，输出信号波形、频率、幅度等可通过面板的按键选定，并可在显示屏上直接显示出来。频率显示位数为 7 位，幅度显示位数为 4 位。其主要特性如下：

1）可产生正弦波（SINE）、方波（SQUA）、三角波（TRIA）、锯齿波（RAMP）、直流（DC）和随机噪声（NOIS）等七种标准函数波形。

2）输出信号的频率最高达 16MHz。

3）输出阻抗为 50Ω。

4）三种编辑模式：连续模式、触发模式和脉冲模式。

5）四种调制函数：扫频、调频、移频键控、调幅。

6）可通过编辑功能创建和编辑波形，具有四个用户波形存储器。

7）具有 20 个设置存储器，用来存储和调用对输出信号的设置。

函数波形及最小、最大频率见附表 2-2。

2. 前面板各部分的名称和作用

AFG310 型任意函数发生器的前面板图如附图 2-3 所示，各部分的名称和作用如下：

①电源开关（POWER）。

附表 2-2

函数波形	最小频率	最大频率	函数波形	最小频率	最大频率
正弦波（SINE）	10mHz	16MHz	脉冲波（PULS）	10mHz	100kHz
方波（SQUA）	10mHz	16MHz	用户波形（USER1～USER4）	10mHz	1.6MHz
三角波（TRIA）	10mHz	100kHz	编辑波形（DEIT）	10mHz	1.6MHz
锯齿波（RAMP）	10mHz	100kHz			

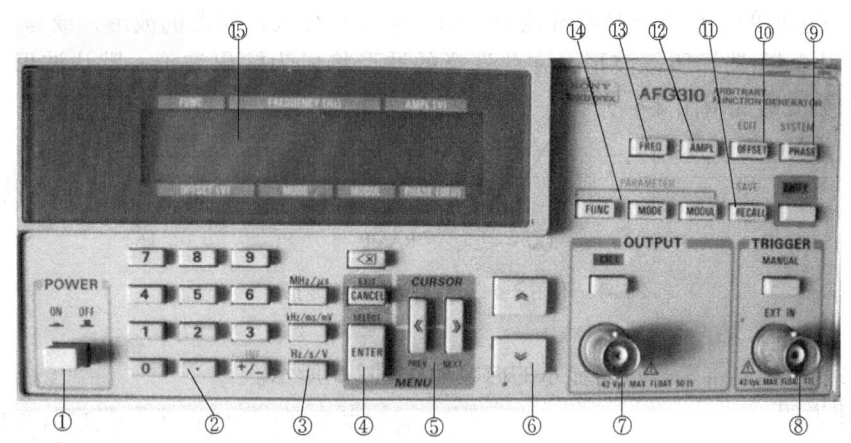

附图 2-3　AFG310 型任意函数波形发生器的前面板图

②数字键：包括数字、小数点、符号输入键等。

③单位键：输入数字后需键入单位，有频率单位（MHz、kHz、Hz 等）、时间单位（μs、ms 等）、电压单位（V、mV 等）三个键。

④确认键：包括回车（ENTER）、取消（CANCEL）、删除（⊗）三个键。按回车键是确认输入数据有效，按删除键是删除光标左侧的数字、小数点、符号等，按取消键是取消前面输入的值。

⑤光标左右移动键（《／》）：用以改变屏幕上光标的左右位置。

⑥光标上下移动及数值增减键（∧／∨）：用以改变屏幕上光标的上下位置及数值。

⑦信号输出端口：输出阻抗为 50Ω。其上方有一输出开关，开关按下时，输出端口可输出波形，CH1 指示灯亮。

⑧外触发输入端口：输入阻抗为 10kΩ。

⑨相位设置键（PHASE）：用数字键或控制键改变相位值，在最小步幅为 1°时，相位的设置范围为 ±360°，默认相位值为 0°。

⑩直流偏置设置键（OFFSET）：用数字键或控制键输入偏置值。偏置值可在 ±5V 范围内设置，最小步幅为 5mV。显示值为输出端的终端负载为 50Ω 时的偏置值，如果输出端开路，实际输出得偏置为显示值的 2 倍。默认的偏置设置为 0V。

⑪设置存储/调出键（RECALL）：对用 SAVE 键保存的设置或保存的默认状态设置进行调用。共用两种调用方式，即常规调用和分步调用。

⑫输出幅度设置键（AMPL）：幅度设置范围为 50mV～10.00V（峰峰值），当输出端接

50Ω 负载时，输出幅度与屏幕上显示的值相一致。默认的幅度设置为 1V（峰峰值）。对直流波形没有幅度项。

⑬输出信号频率设置键（FREQ）：用数字键或控制键输入频率值。频率分辨率为 10mHz 或 7 位数。默认频率为 100kHz，但对直流和锯齿波无频率设置。波形不同，允许的最高频率也不同。

⑭参数输入键：包括波形选择键（FUNC）、模式键（MODE）、调制选择键（MODUL）等。

FUNC 键选择的波形可以是标准波形，用户定义并存入存储器的波形，或写入编辑存储器的波形，由∧或∨选择所需波形，在此选择的波形将成为输出波形。默认波形为正弦波。七种标准函数波形如附图 2-4 所示。

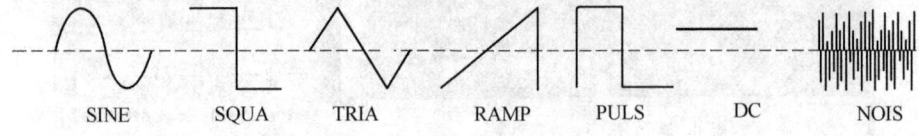

附图 2-4　七种标准函数波形

⑮屏幕显示窗：屏幕显示窗显示的内容如附图 2-5 所示。

3. 使用说明

下面以产生幅度为 1.0V、直流偏置量为 0.5V、频率为 10kHz 的三角波为例来说明 AFG310 型任意函数波形发生器的使用方法。

注意，例中的幅度设置是在函数波形发生器的输出端接有 50Ω 匹

附图 2-5　屏幕显示窗

配负载时的设置方法，如果输出端所接负载发生变化，则其输出电压将随之变化。若输出端开路，则输出电压及直流偏置量将是接有 50Ω 匹配负载时的 2 倍。

1）波形类型的设置。按下波形选择键（FUNC），此时液晶显示器 FUNC 的下方显示"SINE"字样，且光标位于"SINE"处；再按光标上下移动及数值增减键（∧/∨），直到 FUNC 下方的显示变为"TRIA"，再按确认键（ENTER）确认，此时波形发生器输出波形设定为三角波。

2）频率设置。按下信号频率设置键（FREQ），此时液晶显示器的光标在"FREQUENCY"下方的数值处。再按光标上下移动及数值增减键（∧/∨），直到频率显示为 10.0000k（即 10.0000kHz）；或使用数字键直接键入数字，使频率显示为 10，再按单位键（kHz），最后按确认键（ENTER）确认。

3）幅值设置。按下输出幅度设置键（AMPL），此时液晶显示器的光标在"AMPL"处。按光标上下移动及数值增减键（∧/∨），直到幅度显示为"1.000"，或直接键入数字"1.0"，再按单位键（V），最后按确认键（ENTER）进行确认。

以上三步操作完成了输出波形的种类、频率与幅度的设置，波形发生器会产生相应的输出，在示波器上可以看到以零线为对称、幅度为 1.0V、频率为 10kHz 的三角波。

4) 直流偏移值设置。AFG310 型任意函数波形发生器在默认状态下偏移值为 0，即"OFFSET（V）"为 0.000，输出波形是以零线为对称的信号。若例中的电压波形处于 0～1.0V 之间，就需要调整波形发生器的输出偏移值，其偏移值为 0.5V。操作步骤如下：按下直流偏置设置键（OFFSET），此液晶显示器的光标在"OFFSET（V）"处；再按光标上下移动及数值增减键（∧／∨），或键入数字，使"OFFSET（V）"显示为"0.5"，按单位键（V），最后按确认键（ENTER）确认。

附录三　DH1718E—4 型双路直流稳压电源的原理及使用

DH1718E—4 型双路直流稳压电源有稳压、稳流两种工作模式，这两种工作模式可随负载的变化而自动转换。两路电源可以分别调整，也可跟踪调整，因此可以构成单极性或双极性电源。该电源具有较强的过电流与输出短路保护功能，当外接负载过重或输出短路时电源会自动地进入稳流工作状态。电源输出电压（电流）值由面板上的数字表直接显示，直观准确。

一、电源的主要性能指标

输出电压：0～32V；

输出电流：0～3A；

输入功率：250V·A；

负载效应：稳压 $5 \times 10^{-4} + 2$mV，稳流 20mA；

源效应：稳压 $5 \times 10^{-4} + 2$mV，稳流 $5 \times 10^{-4} + 5$mA；

周期与随机偏差：稳压 1mV，稳流 5mA；

输出调节分辨率：稳压 20mV，稳流 50mA；

跟踪误差：$5 \times 10^{-4} + 2$mV；

瞬态恢复时间：20mV，50μs；

数显精度：电压 1% + 6 个字，电流 2% + 10 个字；

温度范围：工作温度 0～+40℃，储存温度 0～+45℃；

可靠性：>5000h。

二、电源面板各部分的作用与使用方法

DH1718E—4 型双路直流稳压电源的面板图如附图 3-1 所示。各部分的作用如下：

①数字显示窗：显示左、右两路电源输出电压或电流的值。

②电压跟踪按键：此键按下，左、右两路电源的输出处于跟踪状态，此时两路的输出电压由左路的电压调节旋钮调节。此键弹出，左、右两路电源的输出为非跟踪状态，左、右两路电源的输出可单独调节。

③数字显示切换按键：此键按下，数字显示窗显示输出电流值，此键弹出，显示输出电压值。

④输出电压调节旋钮：调节左、右两路电源输出电压的大小。

⑤输出电流调节旋钮：调节电源进入稳流状态时的输出电流值，该值便为稳压工作模式

的最大输出电流（输出电流达到该值，电源自动进入稳流状态），所以在电源处于稳压状态时，输出电流不可调得过小，否则电源进入稳流状态时，不能提供足够的电流。

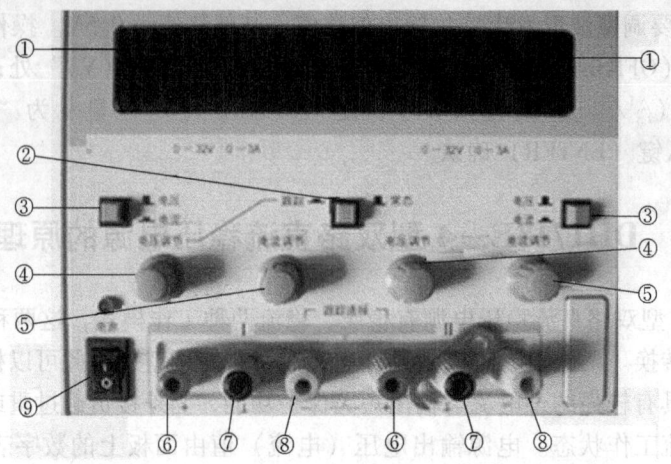

附图 3-1　DH1718E—4 型双路直流稳压电源的面板图

⑥左、右两路电源输出的正极接线柱。

⑦左、右两路电源接地接线柱。此接线柱与电源的机壳相连，并未与电源的正极或负极连接。可通过接地短路片将其与电源的正极或负极相连接。

⑧左、右两路电源输出的负极接线柱。

⑨电源开关：交流输入电源开关。

三、使用 DH1718—E4 型直流稳压电源时应注意的问题

1) 输出电压的调节最好在负载开路时进行，输出电流的调节最好在负载短路时进行。

2) 如上所述，使用输出电流调节旋钮设置电源进入稳流状态的输出电流值，该值便为稳压工作模式的最大输出电流，也是稳压、稳流两种工作状态自动转换的电流阈值。因此，当电源作为稳压电源工作时，如果上述电流阈值不够大，则随着负载电阻的减小，使输出电流增加到阈值后，就不会再增加，这时电源失去稳压作用，会出现输出电压下降的现象，此时应调节电流设置旋钮，加大输出电流的阈值，以使电源带动较重的负载。同样，在作为稳流电源工作时，其电压阈值也应适当调得大一些。

3) 电压跟踪调节只能在左路电源输出正电压（电源输出的负极与地短接），右路电源输出负电压（电源输出的正极与地短接）的情况下才有效，因此欲使电源工作在跟踪状态，应先检查电源接地短路片的位置是否合适。

附录四　FLUKE45 型数字式万用表的原理及使用

FLUKE45 型数字式万用表是一种便携式多功能测量仪表，主要特点是，可在同一测试点上以四位半数字显示同时测量两种不同参数。其面板图如附图 4-1 所示。

一、主要测试功能按钮及指标

直流电压：最大测试输入直流电压为 1000V；

直流电流：最大测试输入直流电流为 300mA；
交流电压：最大测试输入交流电压为 750V，20Hz~100kHz；
交流电流：最大测试输入交流电流为 10A，20Hz~100kHz；
电阻测量：测试范围为 0~∞；
频率测量：测试范围为 5Hz~1MHz；

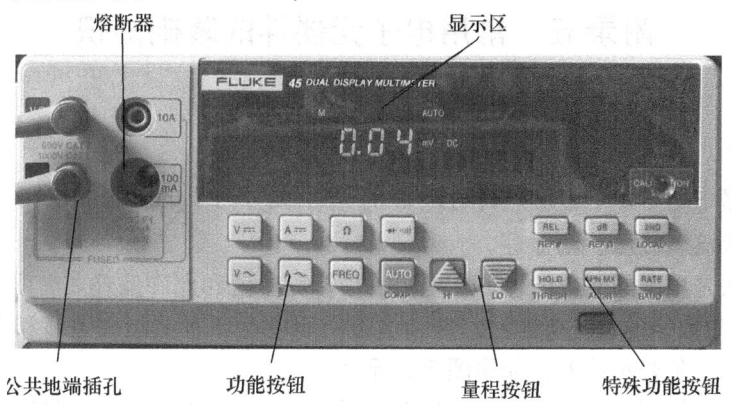

附图 4-1　FLUKE45 型数字式万用表面板图

二、特殊功能按钮及功能

REL：以前次所测值为基准（强制校零），测量相对值关系；
DB：分贝测试；
HOLD：被测量变化停止后的最后一次采样值；
MNMX：被测量变化停止后，在此期间的最大值和最小值；
RATE：测量采样时间，F（快）、M（中）、S（慢）；
2NO：第二显示。

三、量程按钮

"▲"量程增大，每按一次此钮，量程增大 1 位；
"▼"量程减小，每按一次此钮，量程减小 1 位；
"AUTO"在所有测试功能中量程均可自动转换。

四、基本使用方法

打开仪器电源开关，仪器内部开始进行自检，如发现异常，仪器将自动显示故障提示符以便检测维修。如仪器正常，自检完毕后仪器将自动进入直流电压挡及自动量程挡，即可进行测量。在进行电流测量时，为避免误操作，需将测试棒正极插入 FUSED（电流）插孔，方能进行电流测量。

在测试前，首先根据待测量选择好功能挡，再进行测量，在 AUTO（自动量程）状态下，仪器将根据所测信号的大小自动转换量程。若人为地转换量程（按▲或▼），则 AUTO 将退出，再按 AUTO 按钮，将重新选择 AUTO（自动量程）功能。

五、第二显示使用方法

该仪器可以同时测量和显示同一测试点上的两种测试量。按 2ND 按钮开启第二显示功能，再按下与主显示功能不同的功能键按钮，此时仪器将同时显示所选择的两种测试量。

附录五 常用电子元器件的基础知识

一、电阻

电阻在电路中用"R"加数字表示，如 R_1 表示编号为 1 的电阻。电阻在电路中的主要作用为分流、限流、分压、偏置等。

色环标志法是用不同颜色的色环在电阻表面标称阻值和允许偏差。

1）两位有效数字的色环标志法。普通电阻用四条色环表示标称阻值和允许偏差，其中三条表示阻值，一条表示偏差，如附图 5-1 所示。

2）三位有效数字的色环标志法。精密电阻器用五条色环表示标称阻值和允许偏差，如附图 5-2 所示。

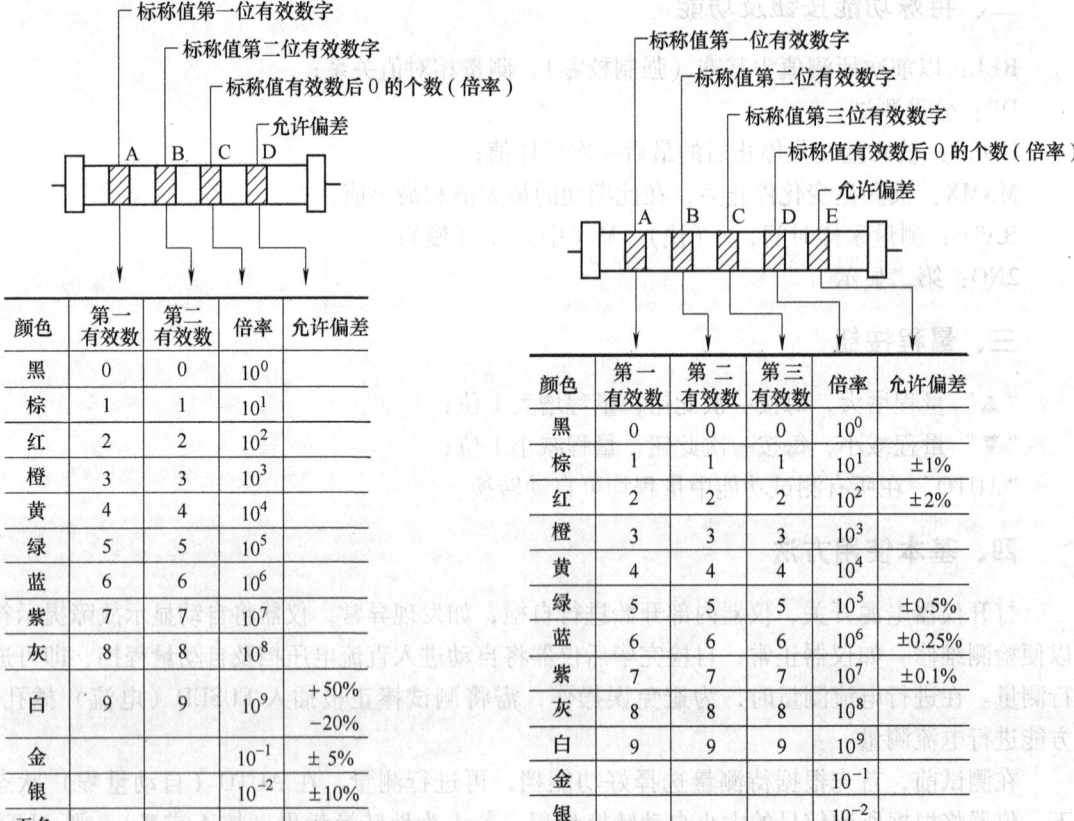

颜色	第一有效数	第二有效数	倍率	允许偏差
黑	0	0	10^0	
棕	1	1	10^1	
红	2	2	10^2	
橙	3	3	10^3	
黄	4	4	10^4	
绿	5	5	10^5	
蓝	6	6	10^6	
紫	7	7	10^7	
灰	8	8	10^8	
白	9	9	10^9	+50% −20%
金			10^{-1}	±5%
银			10^{-2}	±10%
无色				±20%

附图 5-1 两位有效数字的阻值色环标志法

颜色	第一有效数	第二有效数	第三有效数	倍率	允许偏差
黑	0	0	0	10^0	
棕	1	1	1	10^1	±1%
红	2	2	2	10^2	±2%
橙	3	3	3	10^3	
黄	4	4	4	10^4	
绿	5	5	5	10^5	±0.5%
蓝	6	6	6	10^6	±0.25%
紫	7	7	7	10^7	±0.1%
灰	8	8	8	10^8	
白	9	9	9	10^9	
金				10^{-1}	
银				10^{-2}	

附图 5-2 三位有效数字的阻值色环标志法

示例（见附图 5-3、附图 5-4）：

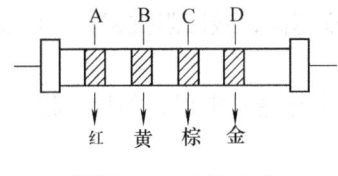

附图 5-3 示例（1）

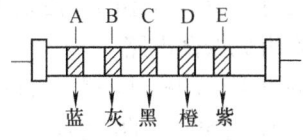

附图 5-4 示例（2）

例如，色环 A—红色，B—黄色，C—棕色，D—金色。则该电阻标称值及精度为 $24 \times 10^1 \Omega = 240 \Omega$，精度为 $\pm 5\%$，如附图 5-3 所示。

例如，色环 A—蓝色，B—灰色，C—黑色，D—橙色，E—紫色。则该电阻标称值及精度为 $680 \times 10^3 \Omega = 680 k\Omega$，精度为 $\pm 0.1\%$，如附图 5-4 所示。

二、电容

1）电容在电路中一般用 C 加数字表示，如 C_{13} 表示编号为 13 的电容。电容是由两片金属膜紧靠，中间用绝缘材料隔开而组成的元件，电容的特性主要是隔直流通交流。

电容容量的大小就是表示能储存电能的大小，电容对交流信号的阻碍作用称为容抗，用 X_C 表示，它与交流信号的频率和电容量有关：

$$X_C = 1/2\pi f C \text{（}f\text{ 表示交流信号的频率，}C\text{ 表示电容容量）}$$

常用电容的种类有电解电容、瓷片电容、贴片电容、独石电容、钽电容和涤纶电容等。

2）识别方法：电容容量的标注方法与电阻基本相同，分直标法、色标法和数标法三种。电容的基本单位用法拉（F）表示，其他单位还有毫法（mF）、微法（μF）、纳法（nF）、皮法（pF）。其中，$1F = 10^3 mF = 10^6 \mu F = 10^9 nF = 10^{12} pF$。

容量大的电容其容量值在电容上直接标明，例如 $10\mu F/16V$。

容量小的电容其容量值在电容上用字母表示或数字表示。

字母表示法：1m 表示 $1000\mu F$，1P2 表示 $1.2pF$，1n 表示 $1000pF$。

数字表示法：一般用三位数字表示容量大小，前两位表示有效数字，第三位数字是倍率。

例如，102 表示 $10 \times 10^2 pF = 1000pF$，224 表示 $22 \times 10^4 pF = 0.22\mu F$。

3）电容容量误差见附表 5-1。

附表 5-1

符号	F	G	J	K	L	M
允许误差	±1%	±2%	±5%	±10%	±15%	±20%

例如，一瓷片电容为 104J，表示容量为 $0.1\mu F$、误差为 $\pm 5\%$。

三、电感

电感在电路中常用 L 加数字表示，如 L_6 表示编号为 6 的电感。

电感线圈是将绝缘的导线在绝缘的骨架上绕一定的圈数制成的。

直流可通过电感线圈，直流电阻就是导线本身的电阻，压降很小；当交流信号通过电感线圈时，电感线圈两端将会产生自感电动势。自感电动势的方向与外加电压的方向相反，阻碍交流的通过，所以电感的特性是通直流、阻交流。频率越高，线圈阻抗越大。电感在电路中可与电容组成振荡电路。

电感的电感量的标注一般有直标法和色标法。色标法与电阻类似，如棕、黑、金、金，表示 1μH（误差 5%）的电感。

电感的基本单位为亨（H），换算单位有 $1H = 10^3 mH = 10^6 \mu H$。

四、晶体二极管

晶体二极管在电路中常用 VD 加数字表示，如 VD_5 表示编号为 5 的二极管。

1) 作用。二极管的主要特性是单向导电性，也就是在正向电压的作用下，导通电阻很小；而在反向电压作用下导通电阻极大或无穷大。二极管具有上述特性，常把它用在整流、隔离、稳压、极性保护、编码控制、调频调制和静噪等电路中。

二极管按作用可分为整流二极管（如 1N4004）、隔离二极管（如 1N4148）、肖特基二极管（如 BAT85）、发光二极管等。

2) 识别方法。二极管的识别很简单，小功率二极管的负极（N 极）在外表大多采用一种色圈标出来，有些二极管也用二极管的图形符号来表示正极（P 极）或负极（N 极），也有采用标志"P"和"N"来确定二极管极性的。发光二极管的正负极可从引脚长短来识别，长脚为正，短脚为负。

3) 测试注意事项。用数字式万用表测量二极管时，红表笔接二极管的正极，黑表笔接二极管的负极，此时测得的阻值才是二极管的正向导通阻值。这与指针式万用表的表笔接法刚好相反。

4) 常用的 1N4000 系列二极管耐压比较见附表 5-2。

附表 5-2

型号	1N4001	1N4002	1N4003	1N4004	1N4005	1N4006	1N4007
耐压/V	50	100	200	400	600	800	1000
电流/A	1						

五、稳压管

稳压管在电路中常用 VS 加数字表示，如 VS_5 表示编号为 5 的稳压管。

1) 稳压管的稳压原理。稳压管的特点就是击穿后，其两端的电压基本保持不变。这样，当把稳压管接入电路以后，若由于电源/稳压器电压发生波动，或其他原因造成电路中各点电压变动时，负载两端的电压将基本保持不变。

2) 故障特点。稳压管的故障主要表现在开路、短路和稳压值不稳定。在这三种故障中，前一种故障表现出电源电压升高；后两种故障表现为电源电压变低到 0V 或输出不稳定。

常用稳压管的型号及稳压值见附表 5-3。

六、变容二极管

变容二极管是根据普通二极管内部 PN 结的结电容能随外加反向电压的变化而变化这一

原理专门设计出来的一种特殊二极管。

附表 5-3

型号	1N4728	1N4729	1N4730	1N4732	1N4733	1N4734	1N4735	1N4744	1N4750	1N4751	1N4761
稳压值/V	3.3	3.6	3.9	4.7	5.1	5.6	6.2	15	27	30	75

变容二极管主要用在高频调制电路上,实现低频信号调制到高频信号上,并发射出去。在工作状态,变容二极管调制电压一般加到负极上,使变容二极管的内部结电容容量随调制电压的变化而变化。

变容二极管发生故障主要表现为漏电或性能变差:

1) 发生漏电现象时,高频调制电路将不工作或调制性能变差。

2) 变容性能变差时,高频调制电路的工作不稳定,使调制后的高频信号发送到对方被对方接收后产生失真。

出现上述情况之一时,就应该更换同型号的变容二极管。

七、晶体管

晶体管在电路中常用 VT 加数字表示,如 VT_{17} 表示编号为 17 的晶体管。

1) 特点。晶体管是内部含有两个 PN 结,并且具有放大能力的特殊器件。它分 NPN 型和 PNP 型两种类型,这两种类型的晶体管从工作特性上可互相弥补。所谓 OTL 电路中的对管就是由 PNP 型和 NPN 型配对使用。

常用的 PNP 型晶体管有 A92、9015 等型号;NPN 型三极管有 A42、9014、9018、9013、9012 等型号。

2) 晶体管主要用于放大电路中起放大作用,在常见电路中有三种接法,为了便于比较,将晶体管三种接法电路所具有的特点列于附表 5-4,供大家参考。

附表 5-4

名称	共发射极电路	共集电极电路(射极输出器)	共基极电路
输入阻抗	中(几百欧~几千欧)	大(几十千欧以上)	小(几欧~几十欧)
输出阻抗	中(几千欧~几十千欧)	小(几欧~几十欧)	大(几十千欧~几百千欧)
电压放大倍数	大	小(小于1并接近于1)	大
电流放大倍数	大(几十)	大(几十)	小(小于1并接近于1)
功率放大倍数	大(约 30~40dB)	小(约 10dB)	中(约 15~20dB)
频率特性	高频差	好	好
应用	多级放大器中间级,低频放大	输入级、输出级或作阻抗匹配用	高频或宽频带电路及恒流源电路

八、场效应晶体管放大器

1) 场效应晶体管具有高输入阻抗和低噪声等优点,因而也被广泛应用于各种电子设备中。尤其用场效应晶体管做整个电子设备的输入级，可以获得一般晶体管很难达到的性能。

2）场效应晶体管分成结型和绝缘栅型两大类，其控制原理是一样的。

3）场效应晶体管与晶体管的比较：

①场效应晶体管是电压控制器件，而晶体管是电流控制器件。在只允许从信号源取较少电流的情况下，应选用场效应晶体管；而在信号电压较低，又允许从信号源取较多电流的条件下，应选用晶体管。

②场效应晶体管是利用多数载流子导电，所以称为单极型器件，而晶体管是既有多数载流子，也有少数载流子导电，被称为双极型器件。

③有些场效应晶体管的源极和漏极可以互换使用，栅压也可正可负，灵活性比晶体管好。

④场效应晶体管能在很小电流和很低电压的条件下工作，而且它的制造工艺可以很方便地把很多场效应晶体管集成在一块硅片上，因此场效应晶体管在大规模集成电路中得到了广泛的应用。

附录六　THM—1 型模拟电路实验箱介绍

THM—1 型模拟电路实验箱主要是由一整块单面敷铜印制电路板构成，其正面（非敷铜面）印有清晰的图形线条、字符，使其功能一目了然。板上设有可靠的集成块插座、镀银长纯铜针管插座及高可靠、高性能的自锁紧插件；板上还提供实验必需的直流稳压电源、低压交流电源以及相关的元器件等。故该实验箱具有实验功能强，资源丰富，使用灵活，接线可靠，操作快捷，维护简单等优点。

整个实验功能板放置并固定在体积为 $0.46m \times 0.36m \times 0.14m$ 的高强度 ABS 工程塑料箱内，净重为 6kg，造型美观大方。

一、组成和使用

1. 实验箱的供电

实验箱的后方设有带熔断器（0.5A）的 220V 单相交流电源三芯插座，箱内设有两只降压变压器，供五路直流稳压电源及为实验提供多组低压交流电源。

2. 面板

如附图 6-1 所示，一块大型（430mm×320mm）单面敷铜印制电路板，正面丝印有清晰的各部件、元器件的图形、线条和字符，反面则是装接其相应的实际元器件。该板包含以下部分：

1）正面左上方装有电源总开关（POWER，ON/OFF）及电源指示灯各一只。

2）高性能双列直插式圆脚集成电路插座四只（其中 40P 一只，14P 一只，8P 二只）。

3）400 多个高可靠的自锁紧、防转、叠插式插座。它们与集成电路插座、镀银针管座以及其他固定器件、线路的连接已设计在印制电路板上。正面板上印有黑线条连接的元器件，表示反面（即印制电路板一面）已经装上元器件并已接通。

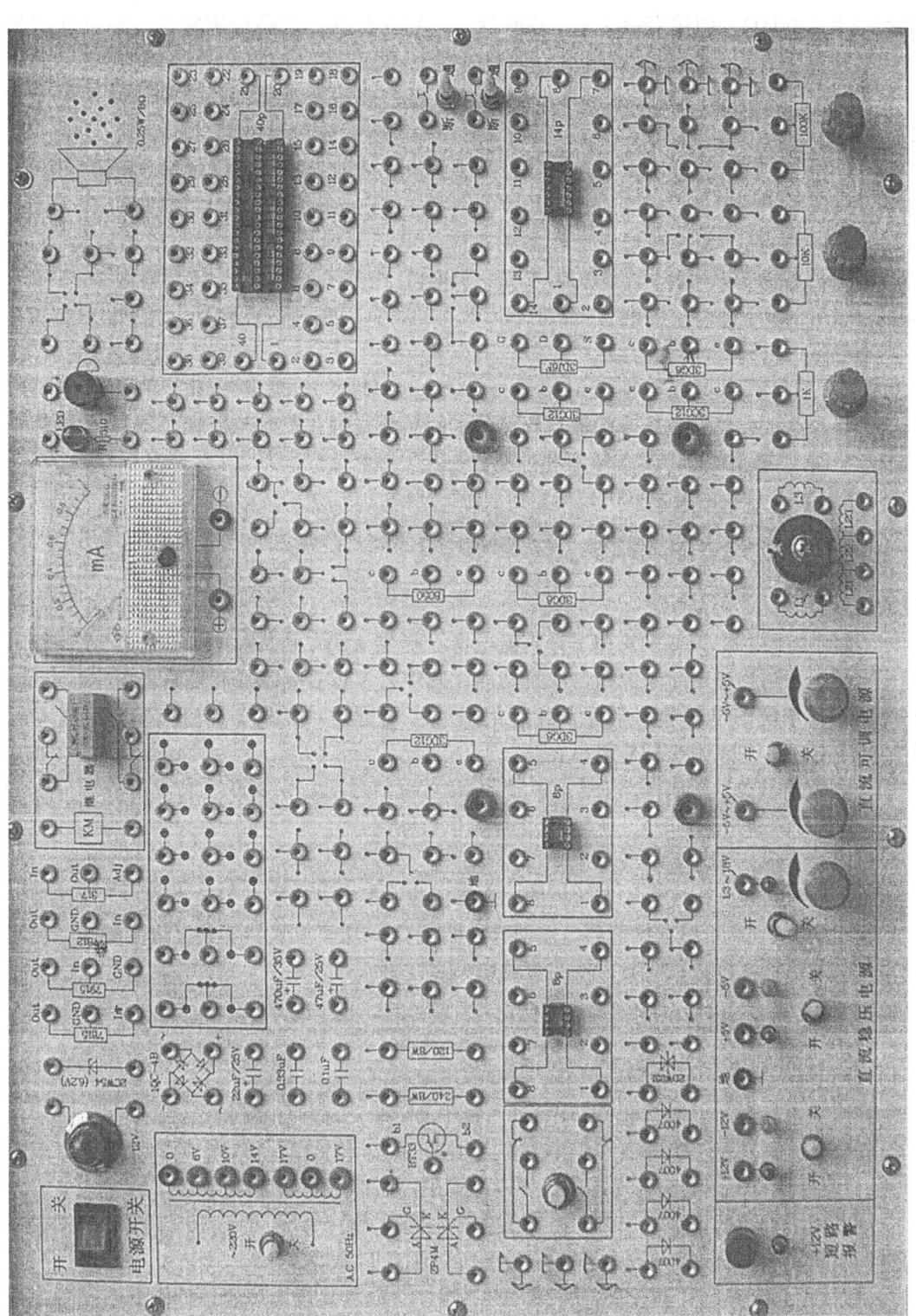

附图 6-1 模拟电路实验箱面板图

所用自锁紧插件，其插头与插座之间的导电接触面很大，接触电阻极其微小（接触电阻不大于 0.003Ω，使用寿命大于 10000 次），在插头插入时略加旋转后，即可获得极大的轴向锁紧力，拔出时，只要沿反方向略加旋转即可轻松地拔出，无需任何工具便可快捷插拔。同时，插头与插头之间可以叠插，从而形成一个立体布线空间，使用极为方便。

4) 400 多根镀银长（15mm）纯铜针管插座，供实验时接插小型电位器、电阻、电容、晶体管及其他电子元器件之用（它们与相应的锁紧插座已在印制电路板一面连通）。

5) 板的反面都已装接着与正面丝印相对应的电子元器件（如三端集成稳压块 7815、7915、LM317 各一只，晶体管 3DG6 三只、3DG12 二只、3CG12 一只，场效应晶体管 3DJ6F，单结晶体管 BT33，晶闸管 2P4M、BCR，二极管，稳压管 2CW231、2CW54，整流桥堆，功率电阻，电容等元器件）。

6) 装有两只多圈可调的精密电位器（100Ω，1kΩ 和 10kΩ 各一只）和碳膜电位器 100kΩ 一只及其他元器件，如蜂鸣器（BUZZ）、12V 信号灯、发光二极管（LED）、扬声器（0.25W，8Ω）、振荡线圈、复位按钮和小型钮子开关等。

7) 精度为 1mA，内阻为 100Ω 的直流毫安表一只。

8) 由单独一只降压变压器为实验提供低压交流电源。在直流电源左上方的锁紧插座处输出 6V、10V、14V 及两路 17V 低压交流电源（AC 50Hz），只要开启电源开关，就可输出相应的电压值。

9) 直流稳压电源（DC SOURCE）直流电源。提供 ±5V、0.5A，±12V、0.5A 四路直流稳压电源，每路均有短路保护和自恢复功能。其中，+12V 电源具有短路告警指示功能。这些电源均有相应的电源输出插座及相应的发光二极管指示，只要开启电源分开关 ON/OFF，应有相应的 ±5V 和 ±12V 输出。

10) 直流信号源。提供两路 −5 ~ +5V 可调直流信号源。只要开启直流信号源分开关 ON/OFF，就有两路相应的 −5 ~ +5V 直流可调信号输出。

3. 主板

主板上设有可装卸固定电路实验板的固定脚四只，配有共射极单管放大器、负反馈放大器、射极跟随器、RC 正弦波振荡器、差动放大器及 OTL 功率放大器等共五块实验板，可采用固定电路及灵活组合进行实验，使实验更加灵活方便。

二、使用注意事项

1) 使用前应先检查各电源是否正常，检查步骤如下：
①开启实验箱上的电源总开关 POWER（置于 ON 端），同时电源指示灯亮。
②开启直流电源的三组开关（置 ON 端），则与 ±5V 和 ±12V 相对应的四只发光二极管应点亮，1.3 ~ 18V 可调电源的发光二极管则随输出电压的增高而逐渐点亮。
③用万用表交流低压挡（<25V 挡量程）分别测量 AC 50Hz，6V、10V、14V 的锁紧插座对"0"的交流电压是否一致，再检查两处 17V 是否正常。

2) 接线前务必熟悉实验板上各元器件的功能、参数及其接线位置，特别要熟知各集成块插脚引线的排列方式及接线位置。

3) 实验接线前必须先断开总电源与各分电源开关，严禁带电接线。

4）接线完毕，检查无误后，插入相应的集成电路芯片后才可通电，也只有在断电后方可插拔集成芯片。严禁带电插拔集成芯片。

5）实验自始至终，实验板上都要保持整洁，不可随意放置杂物，特别是导电的工具和多余的导线等，以免发生短路等故障。

6）实验箱上的各挡直流电源及信号源设计时仅供实验使用，一般不外接其他负载。如作他用，则要注意使用的负载不能超出电源及信号使用范围。

7）实验完毕，应及时关闭各电源开关（置 OFF 端），并及时清理实验板面，整理好连接导线并放置在规定的位置。

8）实验时需用到外部交流供电的仪器，如示波器等，这些仪器的外壳应妥为接地。

附录七 THD—2 型数字电路实验箱介绍

THD—2 型数字电路实验箱主要是由一整块单面敷铜印制电路板构成，其正面印有清晰的图形线条、字符，使其功能一目了然。板上设有可靠的集成块插座及镀银长纯铜针管插座等几百个元器件，实验连接线采用高可靠、高性能的高档弹性插件；板上还装有脉冲源、三态逻辑笔、直流稳压电源以及控制、显示等部件，故该实验箱具有实验功能强、全，资源丰富，使用灵活，接线可靠，操作快速，维护简单等优点。实验箱所用的元器件均经精心选择，属于优质产品，可放心让学生进行实验。

整个实验功能板放置并固定在体积为 $0.46m \times 0.36m \times 0.14m$ 的高强度 ABS 工程塑料保护箱内，实验箱净重为 6kg，造型美观大方。

一、组成和使用

1. 实验箱的供电

实验箱的后方设有带熔断器（0.5A）的 220V 单相三芯电源插座（配有三芯插头电源线一根）。箱内设有一只降压变压器，供四路直流稳压电源用。

2. 面板

如附图 7-1 所示，一块大型（430mm×320mm）单面敷铜印制电路板；正面丝印有清晰的各部件、元器件的图形、线条和字符，反面则是其相应的印制电路板。该板包含以下部分：

1）带灯电源总开关。

2）高性能双列直插式圆脚集成电路插座 15 只（其中 40P 一只，28P 一只，24P 一只，20P 一只，16P 六只，14P 三只，8P 二只）。

3）400 多个高可靠的自锁紧、防转、叠插式插座。它们与集成电路插座、镀银针管座以及其他固定器件、线路等已在印制电路板面连接好。正面板上印有黑线条连接的地方，表示反面（即印制电路板面）已连接好。所用自锁紧插件采用直插弹性结构，其插头与插座的导电面积很大，接触电阻极其微小（接触电阻不大于 0.003Ω，使用寿命大于 10000 次），插头与插头之间可以叠插，从而形成一个立体布线空间，使用极为方便。

4）几十根镀银长（15mm）纯铜针管插座，供实验时接插小型电位器、电阻、电容等分立元器件之用（它们与相应的锁紧插座已在印制电路板一面连通）。

附图 7-1 数字电路实验箱面板图

5）六组 BCD 码二进制七段译码器，CD4511 与相应的共阴 LED 数码显示管在印制电路板一面已连接好。只要接通 +5V 直流电源，并在每一位译码器的四个输入端 A、B、C、D 处加入四位 0000~1001 之间的代码，数码管即显示出 0~9 的十进制数字。

6）4 位 BCD 码十进制码拨码开关组。每一位的显示窗指示出 0~9 中的一个十进制数字，在 A、B、C、D 四个输出插口处输出相对应的 BCD 码。每按动一次"+"或"-"键，将顺序地进行加 1 计数或减 1 计数。

若将某位拨码开关的输出 A、B、C、D 连接在 5）的一位译码显示的输入端口 A、B、C、D 处，当接通 +5V 电源时，数码管将点亮并显示出与拨码开关按动显示的数字一致。

7）16 个逻辑电平开关及相应的输出电平指示。开启 +5V 电源后，当开关向上拨，指向"高"时，则输出口呈现高电平，发光二极管点亮；当开关向下拨，指向"低"时，则输出口呈现低电平，发光二极管不亮。

8）脉冲信号源。开启 +5V 电源后，在输出口将输出四路 BCD 码的基频 Q_1、二分频 Q_2、四分频 Q_3、八分频 Q_4 的方波脉冲信号。其基频的输出频率由调节频率范围波段开关的位置决定，并通过频率细调多圈电位器对输出频率进行细调，且由发光二极管指示有无脉冲信号输出。当频率范围开关置于 1Hz 挡时，发光二极管应按 1Hz 左右的频率闪烁。

9）单次脉冲源。开启 +5V 电源，每按一次单次脉冲按键，在输出口分别送出一个负极性单次脉冲和一个正极性单次脉冲信号，并由发光二极管指示。

10）三态逻辑笔。开启 +5V 电源，将被测的逻辑电平信号通过连接线插在输入口，三个发光二极管即告知被测信号的逻辑电平的高低。"H"亮表示为高电平（>2.4V），"L"亮表示为低电平（<0.6V），"R"亮表示为高阻态或电平处于 0.6~2.4V 之间的不高不低的电平值。

注意：不适于测 -5V 和 -15V 电平。

11）直流稳压电源。提供 ±5V、0.5A 和 ±15V、0.5A 四路直流稳压电源，每路均有短路保护自恢复功能，其中 +5V 电源有短路声光报警。有相应的电源输出插座及相应的发光二极管指示。只要开启电源分开关，就有相应的 ±5V 或 ±15V 输出。

12）实验箱中还设有蜂鸣器一只，指示发光二极管一只，电容若干，继电器一只，复位按钮二只，10kΩ 多圈电位器一只，100kΩ 碳膜电位器一只，并附有充足的实验连接导线一套。

13）面板上设有四个蓝色固定插座，可用来插固定小电路板，以便扩展实验。

二、使用注意事项

1）使用前应先检查各电源是否正常。

①先关闭实验箱的所有电源开关，然后用随箱的三芯电源线接通实验箱的 220V 交流电源。

②开启实验箱上的电源总开关（置开端），开关指示灯亮。

③开启两组直流电源开关（置开端），则与 ±5V 和 ±15V 相对应的四只发光二极管应点亮。

④打开 +5V 电源，此时与连续脉冲信号输出口相接的发光二极管点亮，并输出连续脉冲信号。

单次脉冲源部分的"绿"发光二极管应点亮,按下按键,则"绿"灭,"红"亮。至此,表明实验箱的电源及信号输出均属正常,可以进入实验。

2）接线前务必熟悉实验板上各组件、元器件的功能及其接线位置,特别要熟知各集成块插脚引线的排列方式及接线位置。

3）实验接线前必须先断开总电源与各分电源开关,严禁带电接线。

4）接线完毕,检查无误后,再插入相应的集成电路芯片,然后方可通电;只有在断电后方可拔下集成芯片。严禁带电插拔集成芯片。

5）实验自始至终,板上都要保持整洁,不可随意放置杂物,特别是导电的工具和导线等,以免发生短路等故障。

6）实验箱上的各挡直流电源及脉冲信号源设计时仅供实验使用,一般不外接其他负载或电路。如作他用,则要注意使用的负载不能超出电源的使用范围。

7）实验板上标有+5V处,是指实验时需用导线将+5V的直流电源引入该处,是电源+5V的输入插口。

8）实验完毕,及时关闭各电源开关（置关端）,并及时清理实验板面,整理好连接导线并放置在规定的位置。

9）实验时需用到外部交流供电的仪器,如示波器等,这些仪器的外壳应妥为接地。

附录八　集成电路应用的基本知识

一、数字集成电路的分类及主要性能

目前,在数字系统中使用的集成电路主要分为两大类:一类是用双极型半导体器件作为组件的双极型集成逻辑电路;另一类是用金属-氧化物半导体场效应晶体管作为组件的 MOS 集成逻辑电路。

常用的数字集成逻辑电路如下:

1）晶体管-晶体管逻辑电路（Transistor-Transistor Logic，TTL）,它包括:
- TTL（中速 TTLS 或称标准 TTL）;
- STTL（肖特基 TTL）;
- LSTTL（低功耗肖特基 TTL）;
- ALSTTL（先进低功耗肖特基 TTL）。

2）射极耦合数字逻辑电路（Emitter Coupled Logic，ECL）。

3）MOS 集成电路,它包括:
①PMOS（P 沟道型 MOS 集成电路）。
②NMOS（N 沟道型 MOS 集成电路）。
③CMOS（互补型 MOS 集成电路）,它包括:
- CMOS（标准 CMOS4000 系列）;
- HC（高速 CMOS 系列）;
- HCT（与 TTL 兼容的 HCMOS 系列）。

根据器件使用环境不同,TTL 系列及 HCMOS 分为 54 系列和 74 系列,见附表 8-1。

附表 8-1

应用范围	系列	工作温度范围/℃	电源电压(TTL 系列)/V(DC)
军用	54	-55 ~ +125	+4.5 ~ +5.5
民用	74	0 ~ +70	+4.75 ~ +5.25

常用的集成逻辑电路有 TTL、ECL 和 CMOS 三种系列，各系列的分类及特点见附表 8-2。由表可知，ECL 电路速度快，但功耗大，抗干扰能力弱，一般用于高速且干扰小的电路中；CMOS 电路静态功耗低，且 MOS 电路简单、集成度高，HCMOS 的速度有所提高，故目前在大规模和超大规模集成电路中应用较广；TTL 介于两者之间，当工作频率不高，又要求使用方便且不易损坏时，可选用 TTL。

附表 8-2　三种集成电路性能比较

系列	型号	电源电压/V	门传输延迟时间/ns	门静态功耗/mV
TTL	54/74TTL 54/74LSTTL 54/74ALSTTL	$5 \times (1 \pm 5\%)$（74 系列） $5 \times (1 \pm 10\%)$（54 系列）	10 7.5 5	10 2 1
ECL	CE10K CE100K	$-5.2 \times (1 \pm 10\%)$ $-4.2 \sim -5.5$	2 0.75	25 40
CMOS	4000 54/74HC 54/74HCT	3 ~ 18 2 ~ 6 2 ~ 6	80 ~ 20 10 10	5×10^{-3} 2.5×10^{-3} 2.5×10^{-3}

二、TTL 与 CMOS 数字集成电路使用规则

1. TTL 电路使用规则

附图 8-1 所示是 TTL 电路的输入等效电路和输出等效电路（OC 门除外）。熟悉此等效电路对于 TTL 电路的正确使用是非常重要的。

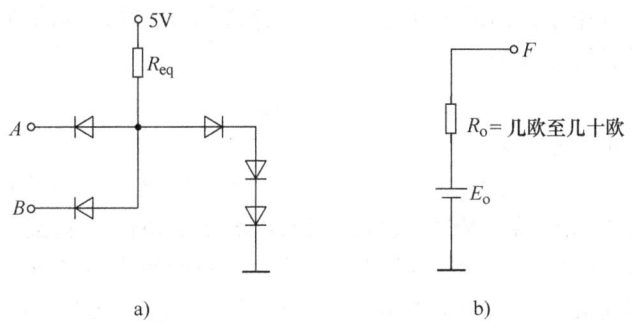

附图 8-1　TTL 电路的输入、输出等效电路
a）输入等效电路　b）输出等效电路

在使用 TTL 电路时应注意以下几个方面：
1）电源要求在（5±0.5）V 之间，超过该范围，集成块将无法正常工作。
2）TTL 电路的多余输入等效处理方法：
①输入端不能直接与高于 +5.5V 的低内阻电源连接，否则将损坏芯片。
②输入端悬空等效于接"1"电平，只适用于小规模集成电路，在大规模集成电路或在数字系统中，不用的输入端悬空易受干扰，破坏电路功能，故不用的输入端应根据逻辑功能的要求接"1"电平或接至某一固定电压 U，且 $+2.4V < U \leqslant 5V$。
③如果在输入端串入电阻 R 再接地，R 值的大小直接影响输入 U_i 的逻辑电平值。当 $R \leqslant 0.7k\Omega$ 时，输入端相当于接"0"电平；而当 $R \geqslant 2.5k\Omega$ 时，输入端相当于接"1"电平。
3）输出端。
①由 TTL 电路的输出等效电路可知：除 OC 门和三态门以外，TTL 电路的输出端不允许并联使用，否则，不但会使电路逻辑混乱，而且会导致电路损坏。
②输出端不允许直接接到 5V 电源或地端，否则会损坏电路。但可以通过电阻与电源相连，提高输出电平。
在电源接通时，不要插拔集成电路，因为电流的冲击可能会造成其永久性损坏。

2. CMOS 电路使用规则

附图 8-2 所示是 CMOS 电路的输入等效电路和输出等效电路（OC 门除外）。

在使用 CMOS 电路时应注意以下几个方面：

1）电源。

①正确连接电源：U_{DD} 应接电源正极，U_{SS} 应接电源负极，不得接反，否则就会造成电路的永久失效。不同的 CMOS 系列电源电压不同，应根据器件手册，选择正确的电源电压。CMOS 器件在不同的电源电压下工作，其输出阻抗、工作频率和功耗也不相同，如果降低 CMOS 的工作电压，必将降低电路的速度或频率指数，设计中必须加以考虑。实验电路中，一般 U_{DD} 接 +5V，与 TTL 电源电压相同。

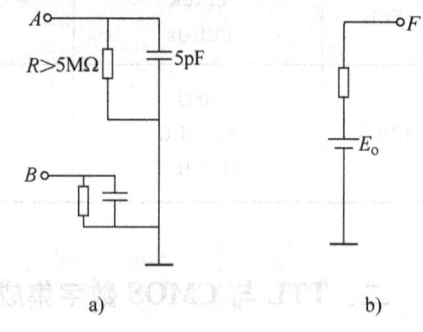

附图 8-2 CMOS 电路输入、输出等效电路
a）输入等效电路 b）输出等效电路

②电路的总功耗是静态功耗与动态功耗之和，CMOS 电路的静态功耗很小，而动态功耗 P 与其工作频率 f、输出端的负载电容 C_L 和工作电源电压 U_{DD} 有关，其计算公式为

$$P = C_L U_{DD}^2 f$$

2）多余端入端的处理方法。

①对输入信号 U_i 的要求为 $U_{SS} \leqslant U_i \leqslant U_{DD}$。由于 CMOS 集成电路的互补特点，造成了在电路内部有一个寄生的晶闸管（VS）效应，当 CMOS 集成电路受到某种意外因素激发，如电感、电火花，使 U_i 大于 U_{DD}，寄生晶闸管自锁，从而产生大电流使电路工作不稳定，甚至烧坏器件。为防止 CMOS 寄生晶闸管触发，使用时应满足 $U_{SS} \leqslant U_i \leqslant U_{DD}$，同时还要求先加电源电压 U_{DD}，后加输入信号 U_i，关机时拆除 U_i，后关 U_{DD}。为防止意外因素激发，应在输入端串接 1~10kΩ 保护电阻，将 I_i 瞬态值限制在 1mA 以下。

②由 CMOS 输入等效电路可知，CMOS 集成电路不用的多余输入端应接 U_{DD} 或 U_{SS}，而

决不能悬空；否则输出状态不稳定，还会产生大电流，使集成电路失效。以上所说不用的多余输入端，包括没有被使用的但已接通电源的 CMOS 电路的所有输入端。

③若输入到 CMOS 集成电路的信号，其上升时间 t_r 和下降时间 t_f 很长时，会使电路功耗增大，并形成瞬态尖峰电流。这个尖峰电流在寄存器、计数器中可能会引起数据丢失，此时，时钟 CP 必须先经过施密特整形，使 t_r 和 t_f 减小。

3) 输出端。

①由 CMOS 输出等效电路可知，CMOS 集成电路的输出端不应直接和 U_{DD} 或 U_{SS} 相连，否则，将因拉电流或灌电流过大而损坏器件。另外，除三态门和 OC 门外，也不允许两个 CMOS 器件并联使用。

输出与大电容、大电感直接相接时，将使功耗增加、工作速度下降，严重时会损坏电路，为此，应在电路输出和大电容之间串接保护电阻 $R \geqslant 10\mathrm{k}\Omega$，并尽量减小容性负载。同一芯片上相同门的输入端和输出端分别并联，可提高工作速度，增加电路的驱动能力。

②CMOS 驱动能力较 TTL 要小得多，一般 4000 系列门可直接驱动两个低功耗肖特基 TTL 电路，HCMOS 系列门由于采用了双缓冲输出结构，其驱动能力得以提高。CMOS 驱动 CMOS 的能力很强，其扇出系数可达 50，考虑到负载电容的影响，CMOS 的扇出系数常取 10~20。

4) CMOS 电路的保护措施。防止静电击穿是使用 CMOS 电路时应特别注意的问题，为防止击穿，可采取以下措施：

①焊接、安装 CMOS 集成电路时，最好采用低瓦数，如 20W 内热式电烙铁。焊接用工作台不要铺塑料板等易带静电的物体，焊接时间不宜过长，避免外界干扰和静电击穿。

②通电测试时，若信号源和电路板使用两组稳压电源，则开机时要先接通电路板电源，再给信号源加电；关机时要先使信号源断电，再断开电路板电源。

③插拔 CMOS 芯片时要先切断电源。

三、TTL-CMOS 的接口电路

在同一数字系统内，应尽量使用同一种系列的集成电路，例如都用 TTL 集成电路或都用 CMOS 集成电路，以避免相互之间不匹配问题。但是，如果不能避免不同系列的集成电路相互连接，应注意器件之间相互匹配问题。

1) TTL 集成电路驱动 CMOS 集成电路。TTL 集成电路驱动 CMOS 集成电路要解决的主要问题是逻辑电平的匹配，因为 TTL 输出高电平的下限值为 2.4V，而 CMOS 输入高电平与工作电源电压有关，即 $U_{iH} = 0.7 U_{DD}$，当 $U_{DD} = 5\mathrm{V}$ 时，$U_{iH} = 3.5\mathrm{V}$，由此造成逻辑电平不匹配。一般的解决办法是，利用集成极开路的 TTL 门电路，以提高 TTL 电路输出高电平，可以方便灵活地实现 TTL 与 CMOS 集成电路的连接，其电路如附图 8-3 所示。图中的 R_L 是 TTL 集电极开路门的负载电阻，一般取值为几百欧到几兆欧。

2) CMOS 集成电路驱动 TTL 集成电路。CMOS 集成电路驱动 TTL 集成电路时，应注意 CMOS 集成电路的驱动能力问题，为提高其驱动能力，一般可以加一个接口电路，如附图 8-4 所示。门 2 是 CMOS 集成电路缓冲/电平变换器，起缓冲驱动或逻辑电平变换的作用，具有较强的吸收电流的能力，可直接驱动 TTL 集成电路。

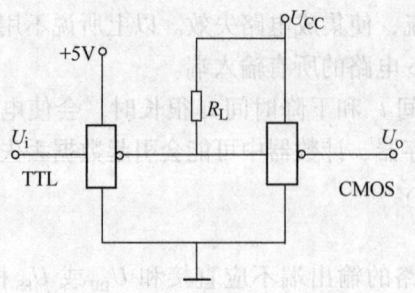
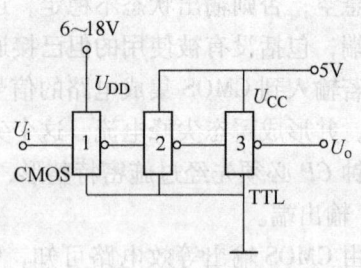

附图 8-3　TTL-CMOS 集成电路接口　　　　附图 8-4　CMOS-TTL 集成电路接口

附录九　PLD 简介及设计流程

一、PLD 简介

PLD（Programmable Logic Device，PLD）种类繁多，国际著名的 PLD 生产厂商有 Altera、Xilinx、Lattice 及 AMD 等，各厂商还有多种不同型号，不同厂商生产的 PLD 结构差别也较大。但是，由于 PLD 的应用设计并不需要了解 PLD 的内部结构，对于有数字电路基础的 PLD 初学者，甚至可以不需要了解 PLD 结构就可以进行初步的应用设计。因此，高密度可编程逻辑器件近年来发展很快，目前已有集成度高达 300 万门以上、系统频率为 100MHz 以上的高密度可编程逻辑器件供用户使用。高密度可编程逻辑器件的使用，使得现代数字系统的设计方法和设计过程发生了很大的变化，现在一个数字系统已经可以装配在一块芯片上，即所谓的片上系统，这样制成的设备体积小、重量轻、成本低、可靠性高，维修也更加方便。

现场可编程阵列（Field Programmable Gates Array，FPGA）与复杂可编程逻辑器件（Complex Programmable Logic Device，CPLD）都是一种用户可编程器件（统称为 PLD），它们是在 PLA、GAL 等逻辑器件基础上发展起来的。同以往的 PAL、GAL 相比，FPGA/CPLD 规模更大，更适合于时序逻辑电路、组合逻辑电路的应用场合，因此，它以编程方便、集成度高、开发周期短、速度快、价格合理等优点，越来越受广大电子设计人员的青睐。

FPGA 与 CPLD 的区别主要是其结构特点和工作原理，通常的分类方法如下：

1）将基于乘积项可编程结构（即可编程的与阵列和固定的或阵列结构）的器件称为 CPLD，如 Lattice 的 ispLSI 系列、Xilinx 的 XC9500 系列、Altera 的 MAX 系列等。

2）将基于 SRAM 查表法结构方式的器件称为 FPGA，如 Xilinx 的 SPARTAN 系列、Altera 的 Stratix、ACEX、APEX 和 FLEX 系列等。

随着百万门级的 FPGA 的推出，单片系统成为可能，Altera 提出的概念为 SOPC（System on Programmable Chip），即可编程片上系统，将一个完整的系统集成在一个可编程逻辑器件中。为了支持 SOPC 的实现，方便用户开发应用，Altera 提供了众多性能优良的宏功能模块、IP 核以及系统集成等完整的解决方案。这些宏功能模块和 IP 核都经过了严格的测试，使用这些模块可以大大减少设计风险，缩短开发周期。能够提供的宏功能模块和 IP 核包括了数字信号处理（如 FIR、FFT 及乘法器等）、图像处理（如旋转、压缩和过滤等）、通信（如信道解码、Viterbi 编解码和 Turbo 编解码)、接口(如 PIC、USB 和 CAN 等总线接口)、处理器及外围功能模块(如 Nios 嵌入式处理器、微控制器、CPU 核、UART 和中断控制器等)。

由于 PLD 的发展和广泛应用,以及半导体技术、集成技术和计算机技术的发展,电子系统的设计方法和设计手段发生了很大的变化,特别是电子设计自动化(Electrical Design Automation,EDA)技术的发展和普及给电子系统设计带来了革命性的变化。传统的"固定功能集成块+连线"的设计方法逐步地退出历史舞台,而基于芯片(可编程逻辑芯片)的设计方法正在成为现代电子系统设计的主流。只要拥有一台计算机、一套相应的 EDA 软件和可编程逻辑器件,在实验室就可以完成数字系统的设计和实现。

二、PLD 设计流程

现代的数字系统设计普遍使用自顶向下的设计方法,这里的"顶"就是指系统的功能,"向下"是指将系统由小到大、由粗到精进行分解,直至可用基本模块实现。自顶向下的设计方法的一般过程大致可以分为四步,如附图 9-1 所示。

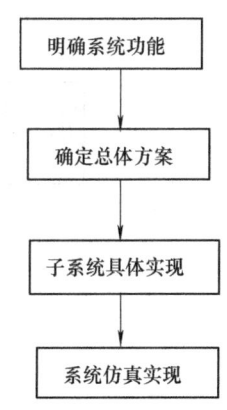

附图 9-1 Top-Down 设计

明确系统功能:对要设计的系统的任务、要求、原理以及使用环境等进行充分调研,进而明确设计目标、确定系统功能,是一件至关重要的事。因为只有把它做好了,后面的设计工作才有意义,才有效率。俗话说,磨刀不误砍柴工,就是这个道理。

确定总体方案:明确了设计目标,确定了系统功能之后,接下来的就是根据系统功能确定出系统设计的总体方案。采用什么原理和方法来实现预定功能,是这一步中必须认真考虑的事。因为同一功能的系统有多种工作原理和实现方法可供选择,方案的优劣直接关系到所涉及的整体数字系统的质量,所以必须周密思考、反复比较和慎重选择。总的原则是,所选择的方案既要能满足系统的要求,又要具有较高的性价比。可以毫不夸张地说,这一步是整个设计工作中最为困难也最体现设计者创造性的一个环节。

系统具体实现:系统方案确定以后,再从结构上对系统进行逻辑划分,得出系统的结构框图。一般把系统从逻辑上划分为数据子系统和控制子系统两部分。然后,再将它们各自划分为多个子系统模块,各模块的输入、输出信号要明确,以利于团队工作。子系统可以依据基础的数字设计确定具体电路的实现,系统如果有控制算法也包括选择控制算法及实现。

系统仿真实现:系统设计完成之后,最好先采用 EDA 软件对所设计的系统进行仿真,之后再用具体器件搭电路,以保证系统设计的正确性。电路实现时,一般依自底向上的顺序进行,这样做不仅有利于单个电路的调试,而且也利于整个系统的联调。因此,严格地讲,数字系统的完整设计过程应该是"自顶向下设计,自底向上集成"。

当各个子系统确定后,就需要借助 EDA 软件进行系统设计实现。附图 9-2 所示是基于 EDA 软件的 PLD 开发流程框图。由框图可见,设计主要包括设计输入、设计处理、功能仿真和时序仿真、器件编程或下载和系统测试五个部分,以下分别介绍各部分的功能特点。

1. 设计输入

设计输入是在 EDA 平台上对 PLD 开发的最初步骤。使用较多的输入方式有两种类型，即图形输入和硬件描述语言输入。

图形输入通常包括原理图输入、状态图输入和波形图输入三种。其中，原理图输入是一种类似于传统设计的原理图输入方式，即在 EDA 软件的图形编程器界面上绘制已设计好的能完成特定功能的电路原理图，方法与用 PROTEL 作图类似，具体方法在 Max + PlussII 设计向导中介绍。

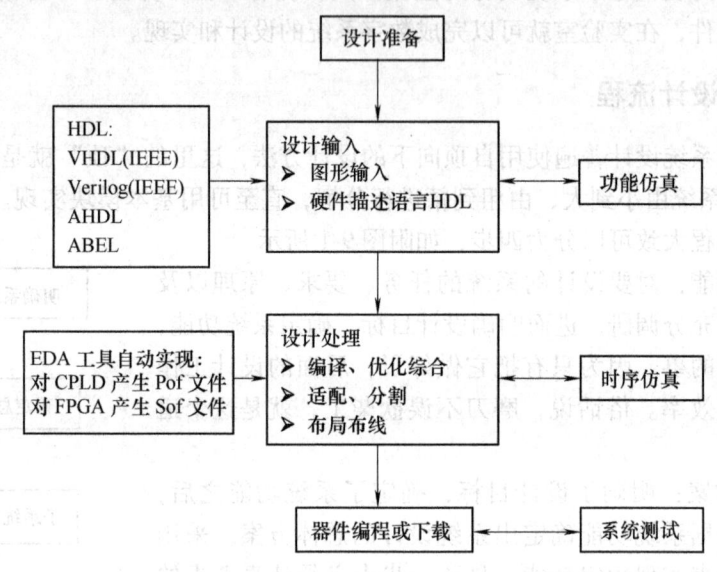

附图9-2　FPGA/CPLD 开发流程框图

硬件描述语言（HDL）输入方式是文本格式，所以比原理图输入简单，使用 EDA 的文本编辑器即可完成。有些编辑器还带有语法提示功能。HDL 是用言语描述电路，直接用于电路的设计，推动电子设计自动化进入电子系统设计自动化时代。目前，国际上越来越多的 EDA 工具接受 HDL 语言作为设计输入，如 Mentor Graphics 的 AutologicII，Candence 的 SPW 和 Altera 的 Max + PlussII 等都可以解决从系统的高层行为描述直接生成 ASIC 器件的一系列技术问题。目前广泛应用的有 AHDL、VHDL 和 Verilog HDL，其中 VHDL 和 Verilog HDL 都是 IEEE 标准的硬件描述语言。VHDL 语言的语法严谨，适合复杂系统的设计。Verilog HDL 的语法近似 C 语言，可读性强，容易掌握，对底层电路的描述功能更强，适合 ASIC 设计。

使用 HDL 进行电路设计与传统的计算机软件编程十分类似，都是在编程器下输入原始程序设计，通过工具将设计"翻译"、"装配"，产生最后执行文件。通过以下的对比可以帮助理解如何使用 HDL 进行电路设计。

2. 设计处理

设计输入后，Max + PlussII 对设计的处理是通过 Compiler 中读取信息并产生编译网表文件、适配器 Fitter 产生报告文件、时序仿真文件、Assembler 生成一个或多个目标文件及设计输入存在的错误报告。

1）自动错误定位。Max+PlussII 对设计 Compiler 处理后，如果设计有错误或警告信息，则给出 Messages Compiler 窗口，列出所有信息，双击每条信息则会在原始设计文件上高亮显示错误位置，同时可以使用信息在线帮助，了解引起该错误信息的原因以及解决的方法。

2）逻辑综合与适配。逻辑综合器是目标器件结构细节、数字电路设计技术、化简优化算法以及计算机软件的复杂结合体。HDL 综合器是将软件设计的 HDL 描述与硬件结构挂钩，是将软件转换为硬件的关键一步，它将电路的高级语言描述转换成可与 FPGA/CPLD 的基本结构相映射的网表文件或程序。整个综合过程就是将设计者的文本或图形设计，依据给定的硬件器件结构和约束控制条件进行编译、优化、转换和综合，最终获得门级甚至更底层电路的描述网表文件。

适配器也称为结构综合器，它包括底层器件配置、逻辑分割、逻辑优化、布局与布线等。它的功能是将综合器产生的网表文件配置于指定的目标器件并产生多种用途的文件，比如对 CPLD 编程的 POF、ISP、JEDEC 等格式的文件，对 FPGA 配置 SOF、JAM、BIT 等文件，面向第三方 EDA 工具的输出文件 EDIF、VHDL、Verilog 文件，适配技术报告文件及用于作精确的时序仿真文件等，其中报告文件展示设计的具体实现以及器件中未使用的资源。适配器通常由 FPGA/CPLD 供应商提供，因为适配器直接与器件的结构细节对应。

3）多器件划分。如果设计太复杂无法装入一个 PLD 器件，Compiler 的 Partitioner 模块可以将设计进行划分以装入同一个器件系列的多个器件中。

3. 功能仿真和时序仿真

功能仿真是直接对 VHDL、原理图描述或其他描述形式的逻辑功能进行测试模拟，以了解其实现的功能是否满足原设计要求的过程，仿真过程不涉及任何具体器件的硬件特性。在设计项目编辑编译后即可进入门级仿真器进行模拟测试。直接进行功能仿真的好处是设计耗时短，对硬件库、综合器等没有任何要求。

时序仿真是接近真实器件运行特性的仿真，仿真文件中包含了器件硬件特性参数，如硬件延迟信息等，因而仿真精度高。

通常首先进行功能仿真，待确认设计文件所表达的功能满足设计者原有意图时，即逻辑功能满足要求后，再进行综合、适配和时序仿真，以便把握设计项目在硬件条件下的运行情况。

4. 器件编程或下载

编程是将适配后生成的下载或配置文件，通过编程器或下载电缆向 CPLD 或 FPGA 进行编程，即将设计下载到对应的实际 PLD，以便进行硬件测试和验证。

通常将对 FPGA 中的 SRAM 进行直接下载的方法称为配置，对 CPLD、OTP FPGA 及 FPGA 的专用配置 ROM 的下载称为编程。

5. 系统测试

将含有载入了设计的 FPGA 或 CPLD 硬件系统进行统一调试，验证设计项目在目标系统上的实际工作情况，排除错误，改进和完善设计。

附录十 部分常用集成电路的功能及引脚图

一、常用 TTL 数字集成电路功能及引脚图

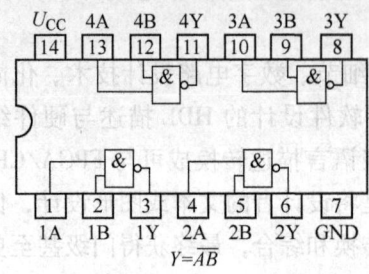

附图 10-1　74LS00（74HC00）四 2 输入与非门

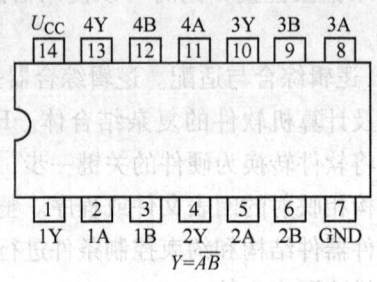

附图 10-2　74LS01 四 2 输入与非门（OC）

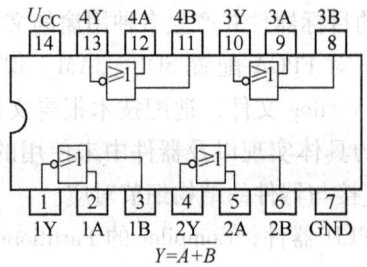

附图 10-3　74LS02 四 2 输入或非门

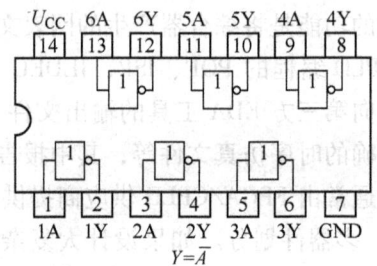

附图 10-4　74LS04 六反相器

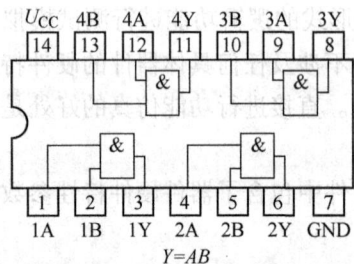

附图 10-5　74LS08 四 2 输入与门

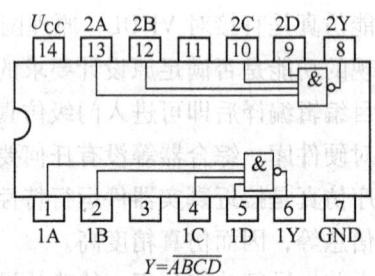

附图 10-6　74LS20（74LS13）二 4 输入与非门

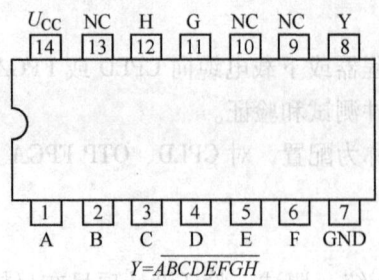

附图 10-7　74LS30 八输入与非门

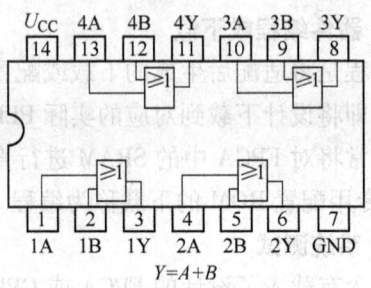

附图 10-8　74LS32 四 2 输入或门

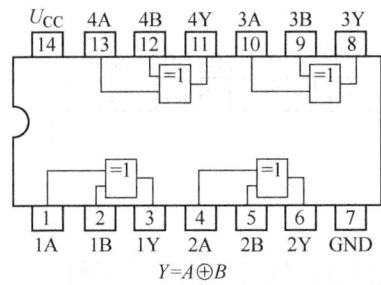

附图 10-9　74LS86 四 2 输入异或门

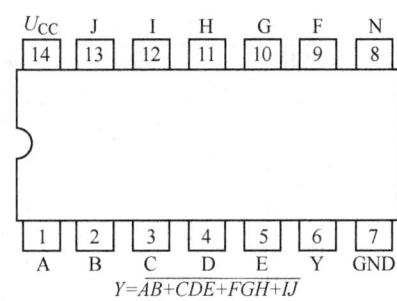

附图 10-10　74LS54 四组输入与或非门

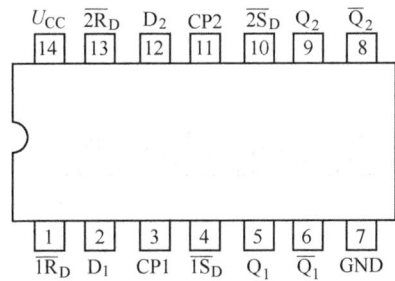

附图 10-11　74LS74 双 D 正沿触发器

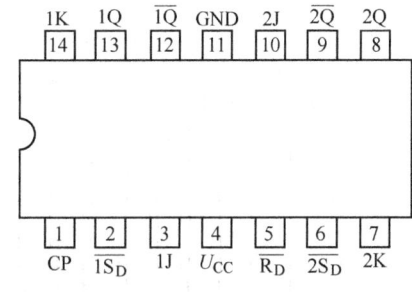

附图 10-12　74LS78 双 JK 负沿触发器

74LS112 功能表

输入					输出	
预置 $\overline{S}_D$	清除 $\overline{R}_D$	时钟 CP	J	K	Q	$\overline{Q}$
L	H	×	×	×	H	L
H	L	×	×	×	L	H
L	L	×	×	×	任意	
H	H	↓	L	L	Q_0	$\overline{Q}_0$
H	H	↓	H	L	H	L
H	H	↓	L	H	L	H
H	H	↓	H	H	翻转	
H	H	H	×	×	Q_0	$\overline{Q}_0$

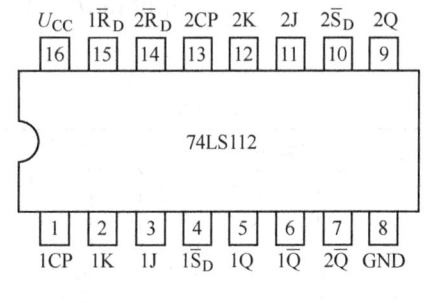

附图 10-13　74LS112 双 JK 负沿触发器

74LS151 功能表

输入				输出	
选择			选通		
A_2	A_1	A_0	S	Y	W
×	×	×	H	L	H
L	L	L	L	D_0	$\overline{D}_0$
L	L	H	L	D_1	$\overline{D}_1$
L	H	L	L	D_2	$\overline{D}_2$
L	H	H	L	D_3	$\overline{D}_3$
H	L	L	L	D_4	$\overline{D}_4$
H	L	H	L	D_5	$\overline{D}_5$
H	H	L	L	D_6	$\overline{D}_6$
H	H	H	L	D_7	$\overline{D}_7$

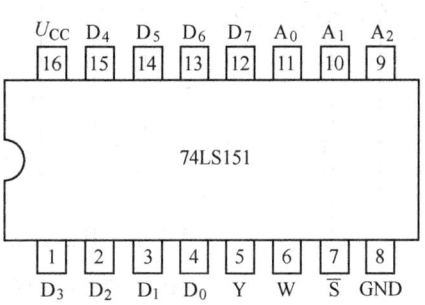

附图 10-14　74LS151 8 选 1 数据选择器

74LS153 功能表

选择		数据输入				选通	输出
A_1	A_0	D_0	D_1	D_2	D_3	$\overline{S}$	Y
×	×	×	×	×	×	H	L
L	L	L	×	×	×	L	L
L	L	H	×	×	×	L	H
L	H	×	L	×	×	L	L
L	H	×	H	×	×	L	H
H	L	×	×	L	×	L	L
H	L	×	×	H	×	L	H
H	H	×	×	×	L	L	L
H	H	×	×	×	H	L	H

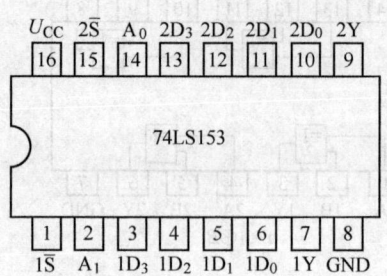

附图 10-15　74LS153 双 4 选 1 数据选择器

74LS138 功能表

输入					输出							
允许		选择										
S_1	$\overline{S}_2+\overline{S}_3$	A_2	A_1	A_0	Y_0	Y_1	Y_2	Y_3	Y_4	Y_5	Y_6	Y_7
×	H	×	×	×	H	H	H	H	H	H	H	H
L	×	×	×	×	H	H	H	H	H	H	H	H
H	L	L	L	L	L	H	H	H	H	H	H	H
H	L	L	L	H	H	L	H	H	H	H	H	H
H	L	L	H	L	H	H	L	H	H	H	H	H
H	L	L	H	H	H	H	H	L	H	H	H	H
H	L	H	L	L	H	H	H	H	L	H	H	H
H	L	H	L	H	H	H	H	H	H	L	H	H
H	L	H	H	L	H	H	H	H	H	H	L	H
H	L	H	H	H	H	H	H	H	H	H	H	L

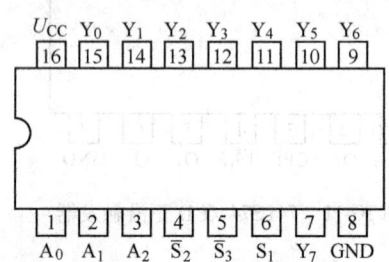

附图 10-16　74LS138 3 线-8 线译码器

74LS90 功能表

复位输入				输出			
$R_{0(1)}$	$R_{0(2)}$	$R_{9(1)}$	$R_{9(2)}$	Q_D	Q_C	Q_B	Q_A
H	H	L	×	L	L	L	L
H	H	×	L	L	L	L	L
×	×	H	H	H	L	L	H
×	L	×	L	计数			
L	×	L	×	计数			
L	×	×	L	计数			
×	L	L	×	计数			

BCD 计数时序					二—五混合进制			
计数	输出				计数	输出		
	Q_D	Q_C	Q_B	Q_A		Q_A	Q_D	Q_C	Q_B
0	L	L	L	L	0	L	L	L	L
1	L	L	L	H	1	L	L	L	H
2	L	L	H	L	2	L	L	H	L
3	L	L	H	H	3	L	L	H	H
4	L	H	L	L	4	L	H	L	L
5	L	H	L	H	5	H	L	L	L
6	L	H	H	L	6	H	L	L	H
7	L	H	H	H	7	H	L	H	L
8	H	L	L	L	8	H	L	H	H
9	H	L	L	H	9	H	H	L	L

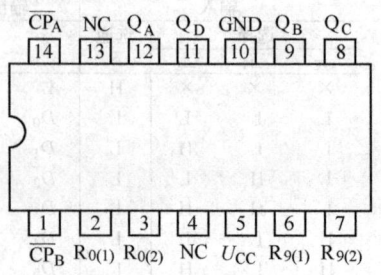

附图 10-17　74LS90 二—五—十进制计数器

注：1. 输出 Q_A 与 CP_B 相接作 BCD 计数；

　　2. 输出 Q_D 与 CP_A 相接作二—五混合进制计数。

74LS192 功能表

输入				输出				进位	借位	工作
清除 CR	置数 $\overline{LD}$	计数向上 CP_U	计数向下 CP_D	Q_A	Q_B	Q_C	Q_D	$\overline{CO}$	$\overline{BO}$	
L	H	↑	H							加计数
L	H	H	↑							减计数
L	L	×	×	A	B	C	D			数据置位
H	×	×	×	L	L	L	L			清除
×	×	↓	×	H	L	L	H	L	H	
×	×	×	↓	L	L	L	L	H	L	

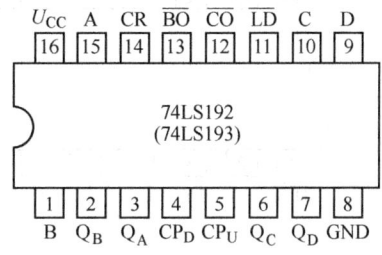

附图 10-18　74LS192 可预置可逆计数器

74LS194 功能表

输入									输出			
清除 $\overline{CR}$	模式 S_1	S_0	时钟 CP	串行 左 SL	串行 右 SR	并行 A	B	C	D	Q_A	Q_B	Q_C	Q_D
L	×	×	×	×	×	×	×	×	×	L	L	L	L
H	×	×	L	×	×	×	×	×	×	Q_{A0}	Q_{B0}	Q_{C0}	Q_{D0}
H	H	H	↑	×	×	a	b	c	d	a	b	c	d
H	L	H	↑	×	H	×	×	×	×	H	Q_{An}	Q_{Bn}	Q_{Cn}
H	L	H	↑	×	L	×	×	×	×	L	Q_{An}	Q_{Bn}	Q_{Cn}
H	H	L	↑	H	×	×	×	×	×	Q_{Bn}	Q_{Cn}	Q_{Dn}	H
H	H	L	↑	L	×	×	×	×	×	Q_{Bn}	Q_{Cn}	Q_{Dn}	L
H	L	L	×	×	×	×	×	×	×	Q_{A0}	Q_{B0}	Q_{C0}	Q_{D0}

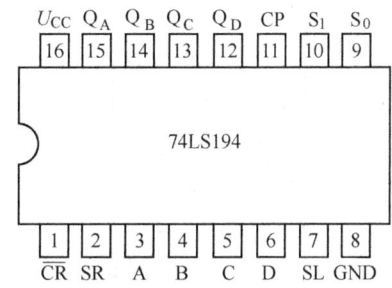

附图 10-19　74LS194 双向移位寄存器

74LS161 功能表

输入								输出			
CP	$\overline{R}$	$\overline{LD}$	P	T	A	B	C	D	Q_A	Q_B	Q_C	Q_D
×	0	×	×	×	×	×	×	×	0	0	0	0
↑	1	0	×	×	A	B	C	D	A	B	C	D
×	1	1	0	×	×	×	×	×	保持			
×	1	1	×	0	×	×	×	×	保持			
↑	1	1	1	1	×	×	×	×	计数			

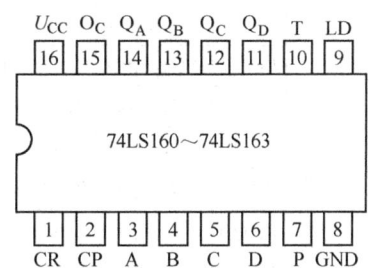

附图 10-20　74LS161 同步 4 位计数器

注：测试：低电平时显示 8，高电平时正常功能。

消隐$_1$（$\overline{BI/RBO}$）：第 1 功能，低电平时消隐；第 2 功能，在输入数据为 0 时，此端为脉冲消隐输出端（低电平有效）。

消隐$_2$（$\overline{RBI}$）：在输入数据为 0 时，此端为脉冲消隐输入端（低电平有效）。

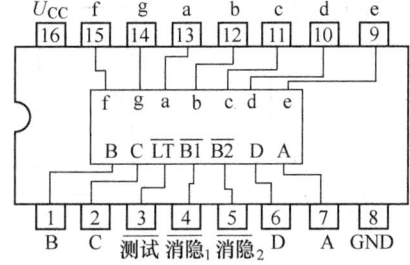

附图 10-21　74LS48 BCD 七段译码器（驱动共阴数码管）

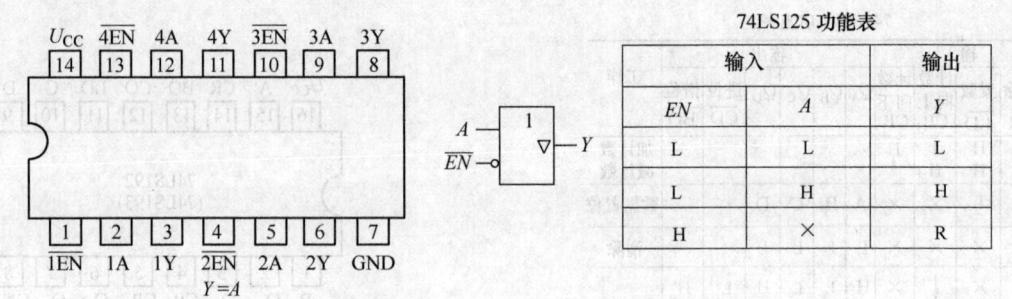

附图 10-22　74LS125 四总线缓冲门

74LS85 比较器功能表

状态	比较输入				级联输入			输出		
	P_3,Q_3	P_2,Q_2	P_1,Q_1	P_0,Q_0	$P>Q$	$P<Q$	$P=Q$	$P>Q$	$P<Q$	$P=Q$
正常状态	$P_3>Q_3$	×	×	×	×	×	×	H	L	L
	$P_3<Q_3$	×	×	×	×	×	×	L	H	L
	$P_3=Q_3$	$P_2>Q_2$	×	×	×	×	×	H	L	L
	$P_3=Q_3$	$P_2<Q_2$	×	×	×	×	×	L	H	L
	$P_3=Q_3$	$P_2=Q_2$	$P_1>Q_1$	×	×	×	×	H	L	L
	$P_3=Q_3$	$P_2=Q_2$	$P_1<Q_1$	×	×	×	×	L	H	L
	$P_3=Q_3$	$P_2=Q_2$	$P_1=Q_1$	$P_0>Q_0$	×	×	×	H	L	L
	$P_3=Q_3$	$P_2=Q_2$	$P_1=Q_1$	$P_0<Q_0$	×	×	×	L	H	L
	$P_3=Q_3$	$P_2=Q_2$	$P_1=Q_1$	$P_0=Q_0$	H	L	L	H	L	L
	$P_3=Q_3$	$P_2=Q_2$	$P_1=Q_1$	$P_0=Q_0$	L	H	L	L	H	L
	$P_3=Q_3$	$P_2=Q_2$	$P_1=Q_1$	$P_0=Q_0$	L	L	H	L	L	H
非正常状态	$P_3=Q_3$	$P_2=Q_2$	$P_1=Q_1$	$P_0=Q_0$	×	×	H	L	L	H
	$P_3=Q_3$	$P_2=Q_2$	$P_1=Q_1$	$P_0=Q_0$	H	H	L	L	L	L
	$P_3=Q_3$	$P_2=Q_2$	$P_1=Q_1$	$P_0=Q_0$	L	L	L	H	H	L

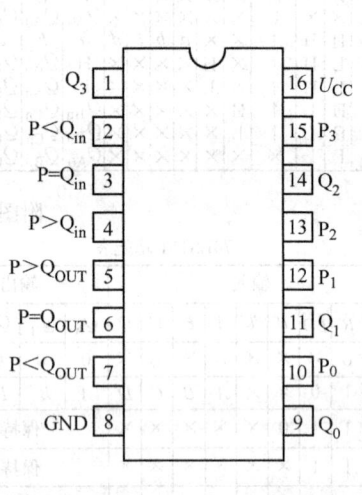

附图 10-23　74LS85 4 位幅值比较器

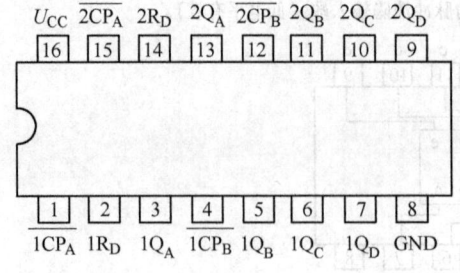

附图 10-24　74LS390 双二—五十进制计数

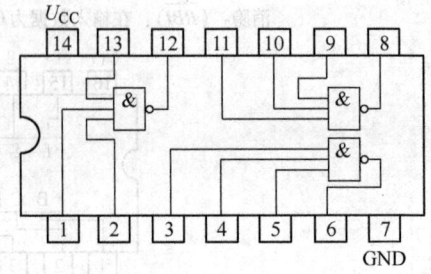

附图 10-25　74LS10 三 3 输入与非门

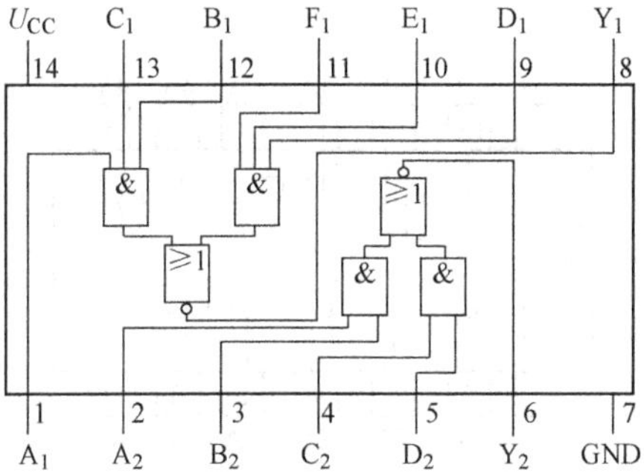

附图 10-26　74LS51 双 2 路 2-2 输入与或非门

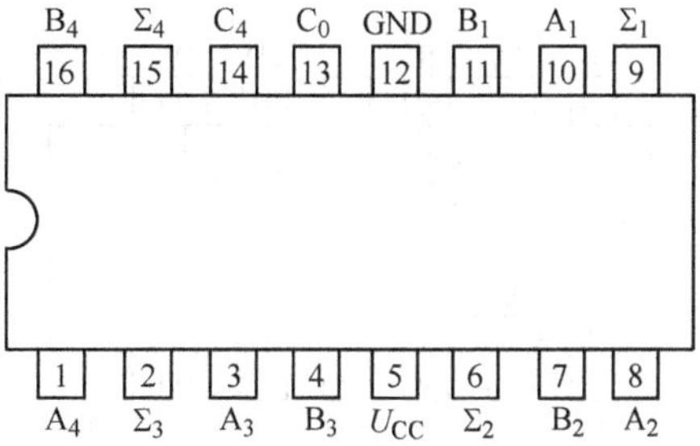

附图 10-27　74LS83 4 位全加器

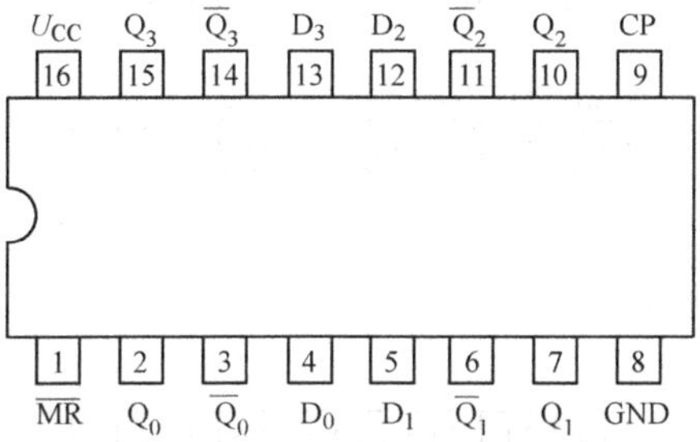

附图 10-28　74LS175 六 D 触发器

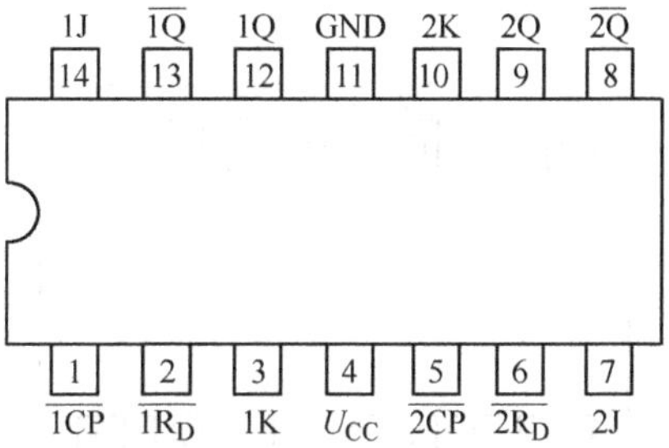

附图 10-29　74LS73 双 JK 触发器

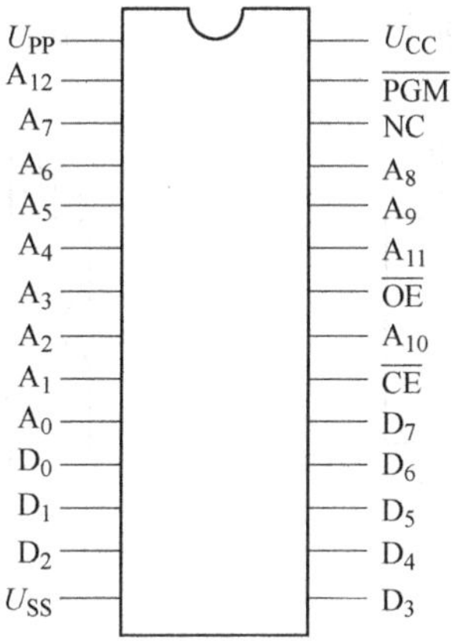

附图 10-30　EPROM-2764

二、常用 CMOS 数字集成电路引脚图

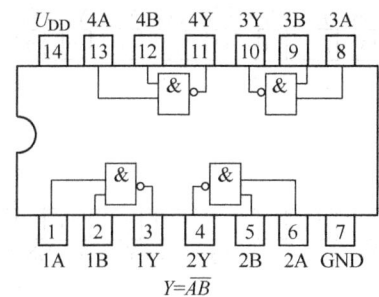

附图 10-31　4011 四 2 输入与非门

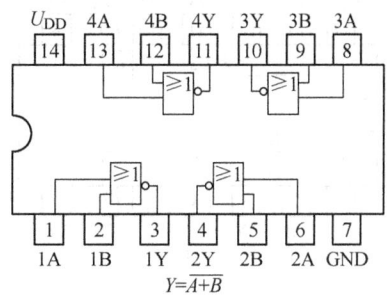

附图 10-32　4001 四 2 输入或非门

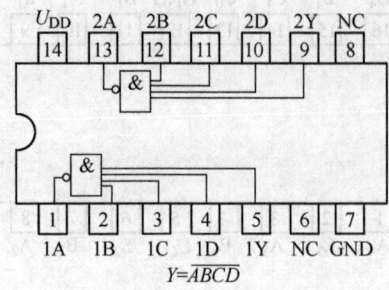

附图 10-33　4012 二 4 输入与非门

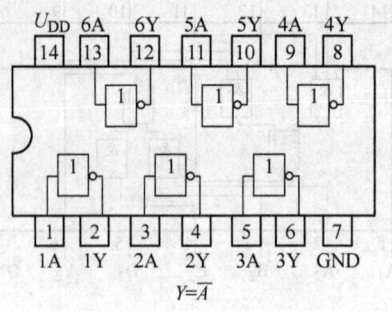

附图 10-34　4069 六反相器

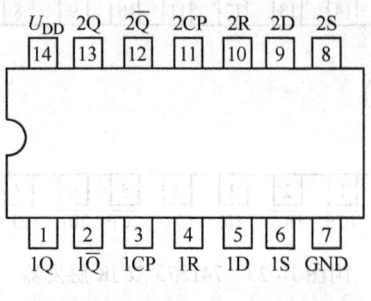

附图 10-35　4013 双 D 触发器

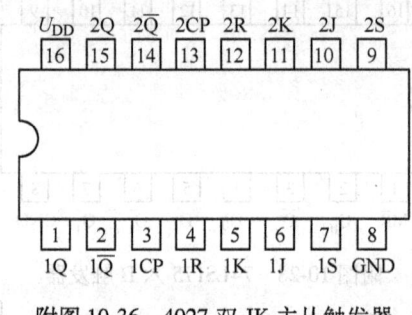

附图 10-36　4027 双 JK 主从触发器

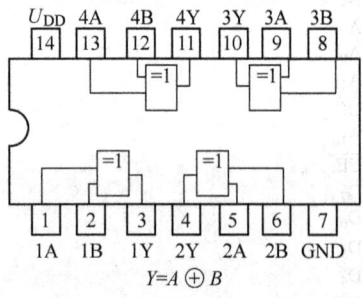

附图 10-37　4030 四 2 输入异或门

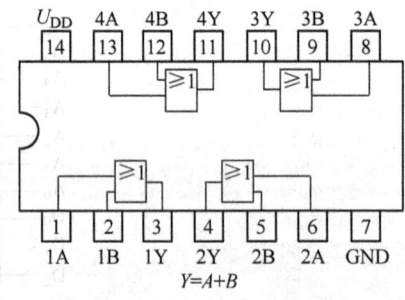

附图 10-38　4071 四 2 输入或门

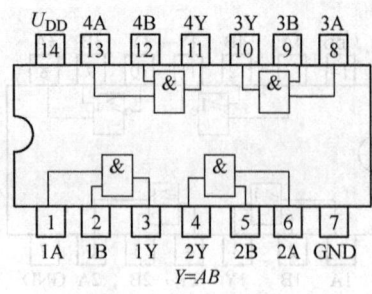

附图 10-39　4081 四 2 输入与门

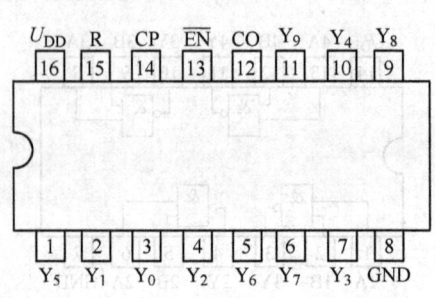

附图 10-40　4017 十进制计数器

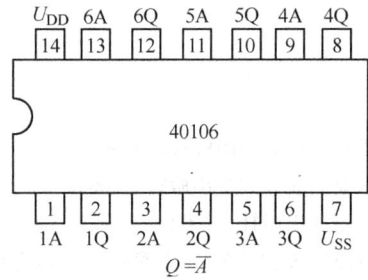

附图 10-41　40106 施密特六反相器

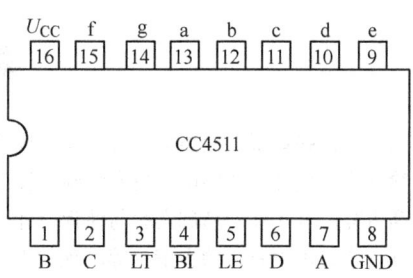

附图 10-42　4511 BCD 码七段译码驱动器

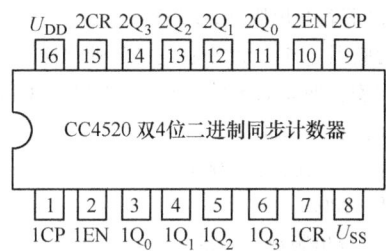

附图 10-43　4520 双 4 位二进制同步加计数器

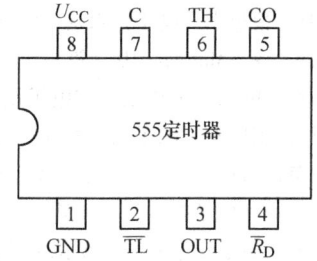

附图 10-44　555 定时器

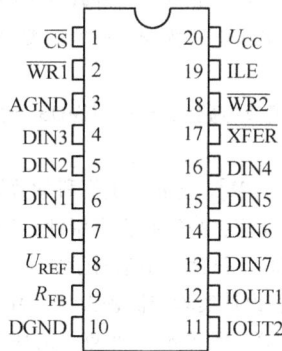

附图 10-45　DAC0832 8 位 D/A 转换器

CC4518 双十进制计数器功能表

CP	EN	CR	功能
ϕ	ϕ	1	$Q_0Q_1Q_2Q_3=0000$
↑	1	0	加法计数
0	↓	0	加法计数
1	ϕ	0	不变
ϕ	↑	0	不变
↑	0	0	不变
1	↓	0	不变

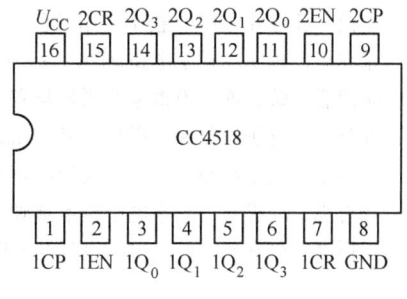

附图 10-46　CC4518 双十进制计数器

参 考 文 献

[1] 高文焕，张尊侨，徐振英，等. 电子技术实验 [M]. 北京：清华大学出版社，2004.

[2] 徐国华. 模拟及数字电子技术实验教程 [M]. 北京：北京航空航天大学出版社，2004.

[3] 高吉祥. 电子技术基础实验与课程设计 [M]. 北京：电子工业出版社，2002.

[4] 孙肖子，田根登，徐少莹，等. 现代电子线路和技术实验简明教程 [M]. 北京：高等教育出版社，2004.

[5] 荆西京. 模拟电子电路实验技术 [M]. 西安：第四军医大学出版社，2004.

[6] 王小海，蔡忠发. 电子技术基础实验教程 [M]. 北京：高等教育出版社，2005.

[7] 聂典，丁伟. Multisim 10 计算机仿真在电子电路设计中的应用 [M]. 北京：电子工业出版社，2009.

[8] 蒋桌勤. Multisim2001 及其在电子设计中的应用 [M]. 西安：西安电子科技大学出版社，2003.

[9] 古天祥，王厚军. 电子测量原理 [M]. 北京：机械工业出版社，2011.

[10] 华成英，童诗白. 模拟电子技术基础 [M]. 北京：高等教育出版社，2006.

[11] 阎石. 数字电子技术基础 [M]. 北京：高等教育出版社，2006.

[12] 康华光. 电子技术基础（模拟部分）[M]. 北京：高等教育出版社，1998.

[13] 康华光. 电子技术基础（数字部分）[M]. 北京：高等教育出版社，1998.

[14] 王立平. 数字电子技术实验讲义 [M]. 北京：高等教育出版社，2004.

[15] 中国集成电路大全编委会. 中国集成电路大全——TTL 集成电路 [M]. 北京：国防工业出版社，1985.

[16] 中国集成电路大全编委会. 中国集成电路大全——CMOS 集成电路 [M]. 北京：国防工业出版社，1985.

[17] 郝鸿安. 555 集成电路实用电路集 [M]. 上海：上海科学普及出版社，1989.

[18] 付家才. 电子实验与实践 [M]. 北京：高等教育出版社，2004.

[19] 姚福安. 电子电路设计与实践 [M]. 济南：山东科学技术出版社，2005.

[20] 侯建军. 电子技术基础实验、综合设计实验与课程设计 [M]. 北京：高等教育出版社，2007.

[21] 刘祖其. 电子技术实验与 CAD 技术应用 [M]. 北京：清华大学出版社，2006.

[22] 杨志忠. 电子技术课程设计 [M]. 北京：机械工业出版社，2008.

[23] 施金鸿. 电子技术基础实验与综合实践教程 [M]. 北京：北京航空航天大学出版社，2006.

[24] 陈耀华. 脉冲与数字电子实验及应用 [M]. 北京：科学文献出版社，2002.

[25] 刘宝琴. 数字电路与系统 [M]. 北京：清华大学出版社，1992.

[26] 潘松，黄继业. EDA 技术实用教程 [M]. 北京：科学出版社，2002.

[27] 张亦华，延明. 数字电路 EDA 入门 [M]. 北京：北京邮电大学出版社，2003.

[28] 华南盾，戴鳌前. 模拟电路测量与实验 [M]. 上海：上海交通大学出版社，1985.

[29] 陈晓文. 电子线路课程设计 [M]. 北京：电子工业出版社，2004.

[30] 沈小丰. 电子线路实验——模拟电路实验 [M]. 北京：清华大学出版社，2008.

[31] 杨志忠，卫桦林. 数字电子技术基础 [M]. 2 版. 北京：高等教育出版社，2009.

[32] 王振红，张常年. 综合电子设计与实践 [M]. 北京：清华大学出版社，2005.